KB216495

코칭심리학

실천 지침

이 도서의 국립중앙도서관 출판예정도서목록(CIP)은 서지정보유통지원시스템 홈페이지(http://seoji.nl.go.kr)
와 국가자료공동목록시스템(http://www.nl.go.kr/kolisnet)에서 이용하실 수 있습니다.
CIP제어번호: CIP2017021051(양장), CIP2017021049(학생판)

| 실천 지침 |

코칭심리학

호 로 Ho Law 지음 | 원경림·김시원 옮김

COACHING PSYCHOLOGY
A PRACTITIONER'S GUIDE

한울
아카데미

Coaching Psychology: A Practitioner's Guide
by Ho Law

This edition first published 2013 © 2013 by John Wiley & Sons, Ltd

Korean translation copyright © 2017 by HanulMPlus Inc.
This translation published under license with the original publisher John Wiley & Sons Limited.

차 례

옮긴이의 말

호 로How Law는 이 책을 통해 코칭심리학의 지식과 기술을 개발하고 실행하는 방법을 이해하기 쉽게 전달하고 있다. 이 책은 실행 지침서이자 일종의 워크북으로서 코칭심리 실습자가 실천할 수 있는 단계별 안내와 연습을 제공해준다. 그래서 이론 중심의 그의 이전 책 *The Psychology of Coaching, Mentoring and Learning* (한국에서는 『코칭심리: 코칭은 행동을 변화시키는 기술이자 예술이다』로 2010년에 출간되었다)을 보충해주는 역할을 하고, 더 깊이 있게 코칭 모델과 기법을 실행할 수 있도록 도와준다. 코칭에 관심 있는 사람이라면 옆에 두고 계속 참조할 수 있는 좋은 자료가 될 이 책이 우리나라 코칭 실행의 수준을 한 단계 끌어올릴 것이라고 생각한다.

이론을 알고 있다고 해도 코칭 현장에서 적용하기는 쉽지 않다. 그러나 이 책은 모든 장에서 이론을 코칭 대화에 쉽게 적용하는 것이 가능하도록 연습 공간을 충분히 제공함으로써 이론에 대한 지식을 활용해 개입하고, 코칭하며, 지도하고, 계획하는 것을 가능하게 한다.

이 책의 가장 큰 장점은 전문 코치는 물론 코칭에 능숙하지 않은 일반인들을 위한 훈련 지침서로 사용할 수도 있다는 점이다. 이 책은 전반적으로 코칭의 토대를 형성하는 이론의 핵심 사항을 요약해 설명한 후에 독자로 하여금 그 핵심 사항이 어떤 방식으로 실제 코칭 상황에 적용되고 응용될 수 있을지 순차적으로 생각할 수 있도록 친절하게 이끌어준다. 따라서 전문가는 물론 아직 코칭을 잘 알지 못하는 비전문가도 쉽게 자신의 코칭 과정을 개발해갈 수 있도록 돕는다.

내용을 간단하게 보자면, 1장은 이 책의 총체적인 구조와 각 장의 내용을 간략하게 서술하고 있다. 2장부터 4장까지는 훈련 과정의 도입부로서 코칭심리학의 역사와 현상학, 그리고 정의를 맛깔나게 서술한다. 2장에서는 윤리적 원칙에 해당되는 이론과 개념을 설명함으로써 코칭심리학의 발전 전반에 관한 이야기와 코칭심리학을 실행하는 실천 단계들을 말해준다. 3장에서는 코칭의 철학적인 기초가 되는 긍정심리학의 발달 과정을 소개하고, 코칭에서 강점기반 성격을 활용하는 접근법을 다룬다. 4장에서는 코칭심리학, 코칭, 멘토링 그리고 학습의 개념을 명료화함으로써 코칭 여행으로 독자를 초대한다.

5장에서는 코칭에 관한 지식을 확장해 조직의 맥락에 적용하는 방법을 연습하게 함으로써 코칭이 조직체 개발의 매개가 될 수 있음을 설득력 있게 제시한다. 특히 기존의 이론과 관련해 코칭이 리더의 자기 계발에 어떻게 도움이 되는지 단계적으로 설명함으로써 조직의 학습 문화와 코칭 문화를 개발하는 방법을 안내하고 있다. 6장에서는 이론을 코칭에 적용할 때 모델에 구현된 기법을 활용할 수 있는 방법을 매우 쉽게 설명한다. 특히 GROW 모델과 보편통합모형 Universal Integrated Framework: UIF을 자세하게 설명하고 있다.

코칭에서 가장 중요한 것 중 하나인 자아의 체계적 개발은 자아 인식과 정서 관리가 그 출발점이다. 7장에서는 자아 인식과 정서 관리를 위한 도구로 게슈탈트 접근법, 신경언어학적 프로그램 Neuro-Linguistic Programming: NLP, 인지행동코칭 Cognitive Behavioural Coaching: CBC, 실존주의적인 접근(ABC 모델), 이야기 접근법을 요약적으로 소개하고 있다. 이 장에서도 각각의 이론들을 체계적으로 이해하도록 한 후, 이해된 지식을 코칭에 적용할 수 있도록 연습 문제를 제공함으로써 코치의 역할을 상세하게 설명한다. 8장은 7장에서 설명한 기법과 도구를 실제로 사용할 수 있게 하는 연습을 주로 한다. 그럼으로써 독자가 코칭 모형과 테크닉을 코칭 대화에 끊임없이 적용시키면서 코칭 기술을 향상시키도록 도와준다. 9장에서는 사례연구를 통해 코칭이 어떻게 실제 세계에 적용될 수 있는지 보여준다. 코칭 과정에서 평가는 가장 중요한 부분임에도 불구하고 실제로는 가장 무시되고 있는 영역이다. 로는 10장에서 코칭과 멘토링 프로그램을 위한 평가의 방법론·수단·기법을 설명한 후, 코칭 실행을 단계별로 평가할 수 있는 ROAMEF 평가 틀을 제공하고 있다. 마지막으로 11장에서는 개인적 성찰과 코칭심리학 실행을 위한 자원과 요령을 다룬다.

이렇게 책이 소개하고 인도하는 단계를 하나씩 따라가노라면 코칭에 능숙하지 않은 코치도 어느새 자신의 코칭 모델을 만들어낼 수 있는 능력을 갖추지 않을 수 없게 될 것이다. 독자들이 이 책을 읽으면서 코칭의 행복한 여정을 마치기 바라며, 마지막으로 이 책이 나오기까지 수고하고 애써주신 한울엠플러스(주)에도 진심으로 감사드린다.

2017년 9월
역자를 대표하여
원경림
(현 남서울대학교 아동복지학과 조교수, 전 한국리더십코칭센터 교수)

추천의 말

왜 코칭심리학은 최근 몇 년 사이에 학문 영역에서뿐 아니라 실천의 영역에서
도 전 세계적으로 등장하고 있을까? 이는 큰 질문인데, 호 로Ho Law의 이 책은
그 질문을 둘러싼 이야기와 대답의 한 부분이다. 코칭을 생활이나 직장에서 실
행하는 측면에서 본다면, 내 견해로는 코칭이 다음의 세 차원에서 근본적인 도
전을 받고 있다.

• 문제 해결
• 과제/프로젝트 운영과 전달
• 인사관리(자아와 타자 둘 다)

　기존 교육체계 대부분이 앞의 세 가지 중 문제 해결과 과제/프로젝트 운
영·전달을 학습·기술·지식의 측면에서 잘 다루고 있다. 그러나 세 번째 영
역인 자기 자신과 타인을 다루는 문제는 기존의 교육체계에서 별로 다루어주
지 않는다. 이것이 코칭의 출현을 설명해주며, 최근에 코칭심리학이 삶과 일의
영역에서 행동과학으로 등장하는 이유가 될 수 있다. 우리가 코칭이라고 부르

는 실행은 일종의 대화이며, 그 대화의 기술에 관한 것이다. 수전 스콧Susan Scott(2002)은 "우리 일, 우리 관계, 그리고 사실상 바로 우리 삶이 성공 아니면 실패로 점점 가다가 갑자기 어느 한순간의 대화로 성공과 실패를 결정짓는다"고 제시한다. 존 휘트모어John Whitmore는 "수행을 최대화하도록 우리 잠재력을 풀어준다"는 의미에서 코칭 대화에 도전과 기회가 내재되어 있음을 지적해준다(Whitmore, 2002). 그러나 코칭심리학은 그 자체로 계속 빠르게 등장하고 있는 영역이며, 증거를 기초로 한 이해에 관한 것이다. 이해의 실행과 그 과정을 우리는 코칭이라고 부를 뿐 아니라, 외적이거나 내적인 방해에 관한 이해와 설명 또한 코칭이라고 부르는데, 그런 방해란 우리 인간이 자신, 그리고 타자와 이런 대화에 능숙해지지 못하도록 훼방하는 경험을 말한다. 그런데 이 코칭 대화로부터 힘을 쌓고 미래를 위한 멋진 비전을 창조하며 관계를 굳게 만들도록 할 수도 있는 가치와 목표와 행동이 나온다.

이 대화는 우리가 어떻게 우리의 개인적 잠재력과 집단 잠재력을 가장 잘 제어할 수 있는지, 그리고 날마다 삶과 일에서 불확실하고 복잡하며 변덕스러운 어려움이 닥치는 세상에서 우리가 어떻게 가장 잘 수행할 수 있는지에 관한 것이다. 스티븐 파머Stephen Palmer가 최근의 논의에서 제시한바, "심리학에서 코칭을 빼낼 수는 있지만 코칭에서 심리학을 뺄 수는 없다"는 말은 정말 바른 말이다. 코칭심리학 및 정신의 작용 방식이 바로 우리가 자신과 타자를 관리하고 이끄는 방법의 핵심이 된다.

호 로는 영국에서 코칭심리학이 등장하는 데 핵심 역할을 해왔다. 2005년 영국심리학회 코칭심리학 분과 특별그룹British Psychological Societies Special Group in Coaching Psychology: BPS SGCP에서 나는 운 좋게도 호와 그 밖의 사람들과 대화할 수 있었다. 그 대화를 통해 아일랜드 심리학회Psychological Society of Ireland: PSI 산하 노동과 조직 심리학 분과Division of Work and Organisational Psychology: DWOP 안에

코칭심리학 그룹Coaching Psychology Group: CPG 설립에 대한 정보를 얻었다. 이 대화로 인해 더 최근에는 2010년 코칭/코칭심리학 고등 디플로마 프로그램Higher Diploma Programme in Coaching/Coaching Psychology을 계획하게 되었고, 그 최종 승인만 남겨둔 상태다. 그 프로그램은 아일랜드에서 심리학 학사를 위한 코칭심리학 최초의 석사 프로그램이다. 이 프로그램은 2013년 9월부터 심리학 비전공자 대상의 유사한 석사 프로그램과 나란히 시작될 예정이다. 이로써 아일랜드 칼리지 코크 대학교University College Cork의 응용심리학 대학School of Applied Psychology에서 최초로 코칭의 학문과 실행을 융합하게 될 것이다. 이는 영국과 아일랜드에 있는 이러한 세 프로그램 중 유일할 것이다.

코칭에 관한 문헌이 일반적으로 광범위하게 많지만, 코칭심리학에서는 그리 많지 않고 이제 늘어나는 중이다. '신념기반 접근법'이 편만하다는 사실이 아직도 너무 명백하며, 그래서 현행 '증거기반 접근법'을 세우고 확대하며 코칭 실행과 코칭심리학을 전문화하는 일은 어려워도 해야 할 일이다.

그것이 바로 호 로와 그의 새로운 이 실행 지침서가 기여하는 바가 특별히 중요하고도 시의적절한 이유다. 이론을 실행과 연결시키며 그의 이전 책인 『코칭심리: 코칭은 행동을 변화시키는 기술이자 예술이다』(Law, Ireland and Hussain, 2007; Law, 2014)와 짝을 이루는 이 워크북은, 코칭심리 실습자가 실천할 수 있는 단계별 안내와 연습을 제공하는 책으로는 최초의 것이다. 이 책은 또한 누구에게나 값진 자료인데, 코칭이나 '지속적 전문성 개발Continuous Professional Development: CPD'에 관심 있는 코칭 코치 경력자나 특히 코칭심리학에 증거기반 접근법을 사용하려는 사람에게는 더욱 그렇다. 이 책의 출판을 환영해야 할 이유는 호 박사가 이 책에서 이론들을 가장 확실하게 적용하고 있으며, 증거를 기반으로 심리학과 성인/아동 학습을 코칭 영역에 들여놓고 있기 때문이다.

코칭은 하나의 언어인데, 지도자, 관리자, 교육자, 건강 전문가, 군인, 그리고 사실상 자신과 타자에게 책임지는 일을 의식적으로 선택하는 사람이라면 반드시 배워야 할 언어다. 코칭심리학은 이 언어에 덧붙여질 수 있는 학문, 조사연구, 실행의 영역이다. 코칭심리학은 이제 전 세계적인 이야기(서사敍事*)의 한 부분이 되었다. 이 책은 코칭심리학의 실행에 대한 우리 이해를 증가시킨다. 나는 내 학생들이 코칭과 코칭심리학을 변화, 성장, 코칭 실행 향상을 위한 효과적인 과정으로 탐구할 때 이 책을 핵심 교과서로 추천할 것이다.

휴 오도너번 Hugh O'Donovan
(칼리지 코크 대학교 코칭/코칭심리학 상급 디플로마 프로그램 공동 학장)

참고문헌

Gallway, W. T. 2000. *The Inner Game of Work: Focus*. New York: Random House(『이너게임: 배우며 즐겁게 일하는 법』, 최명돈 옮김, 오즈컨설팅, 2006).

Law, H. C. 2014. *The Psychology of Coaching, Mentoring and Learning*, 2nd edn. Chichester: John Wiley & Sons, Ltd.

Law, H. C., S. Ireland and Z. Hussain. 2007. *The Psychology of Coaching, Mentoring and Learning*. Chichester: John Wiley & Sons(『코칭심리: 코칭은 행동을 변화시키는 기술이자 예술이다』, 탁진국 외 옮김, 학지사, 2010).

Palmer, S. and A. Whybrow(eds.). 2007. *Handbook of Coaching Psychology: A Guide for Practitioners*. London: Routledge.

Scott, S. 2002. *Fierce Conversations: Achieving Sucess in Work and in Life, One Conversation at a Time*. London: Piatkus(『누드로 대화하기: 단 한 번의 대화가 인생을 좌우한다』, 이수정 옮김, 청림, 2003).

Whitmore, J. 2002. *Coaching for Performance: Growing People, Performance and Purpose*. London: Nicholas Brealey(『(성과향상을 위한) 코칭 리더십』, 김영순 옮김, 김영사, 2007).

● 이와 같이 괄호 안에 동그라미 기호가 표시된 부분은 옮긴이가 부연 설명한 것이다.

머리말

코칭은 성장하는 산업이며, 새로운 영역들로 계속 확대되는 중이다. 코칭 실행에 대한 강한 관심들이 나타나고 있으며, 특히 우리가 현재 사업, 경제, 교육, 재정, 인적 자원에서 전 세계적으로 여러 도전에 직면하는 상황에 처했기에 지도력과 코칭 지도자가 지도력 전문 개발에서 점차 중요해지고 있다.

코칭심리학은 새로운 훈련 분야로 부상 중이다. 영국심리학회British Psychological Society: BPS 안에 코칭심리학 분과 특별그룹Special Group in Coaching Psychology: SGCP 이 2004년에 생겼다. 그리고 2010년에 코칭심리학자 등록처Register of Coaching Psychology가 설립되었다는 사실은, 거기에 등록한 현역 심리학자들이 전문가 자격이 있음을 의미한다. 2008년에는 코칭심리학회Society of Coaching Psychology 가 설립되었고, 2011년에 국제코칭심리학회International Society for Coaching Psychology: ISCP로 명칭이 바뀌었다.

코칭심리학에 대한 관심이 전 세계적으로 계속 늘어나면서, 코치와 심리학자, 그리고 코칭심리학을 발전시킬 전문가를 훈련할 필요성이 증가하고 있다. 학문과 조사연구의 주제로서 코칭심리학이 개설되는 대학교로는 이스트 런던 대학교, 칼리지 코크 대학교, 런던 시티 대학교City University London, 시드니 대학교University of Sydney, 리우데자네이루 연방대학교Federal University of Rio de Janeiro를 거명할 수 있다.

이 책을 쓰는 동기는 코칭과 심리학 분야의 노련한 코치를 돕고, 코칭심리학을 학습과 전문성 개발의 부분으로 연구하는 학생을 도울 수 있는 책의 필요성에 부응하는 것이다. 코칭에 관한 많은 출판물이 있지만 코칭심리학에 관한 것은 별로 많지 않다. 『코칭심리: 코칭은 행동을 변화시키는 기술이자 예술이다The Psychology of Coaching, Mentoring and Learning』(이하 『코칭심리』)가 특별한 책인 이유는 코칭 모델의 근거를 학습이론에 두고 코칭과 멘토링의 이중 관점을 제공하기 때문이다. 이 책은 그 책과 동일한 구조와 코칭 철학을 따르도록 고안되었다. 그래서 독자에게 더 넓은 범위의 코칭 기법과 더 깊이 있는 실행을 제공함으로써 이론에 대한 이해를 전문적으로 실행하도록 돕는 데 특별히 초점을 맞추었다. 예를 들자면, 코칭 맥락 안에서 게슈탈트 접근방식, 유념 연습mindfulness exercise, 성찰적 실행에 대한 부가적인 도구와 연습을 제공할 것이다.

나는 이 책과 더불어 『코칭심리』를 읽도록 강력하게 추천하고 싶지만, 이 책만으로도 코칭심리학자로서 배우고 발전하는 데 도움을 주도록 구성된 실제적인 안내서가 될 수 있다. 그러나 이 책이 코치를 위한 코칭심리학의 결정판이라고는 주장할 수 없다. 한 사람이 쓴 한 권의 책이 코칭과 코칭심리학 분야를 모두 망라할 수 없기 때문이다. 여기에 제공된 코칭의 관점·철학·모델, 심리학의 이론·도구·기법은 내가 30년 동안 심리학에 전문가로, 특히나 10년 동안은 코칭심리학과 관계를 맺으면서 학습하고 전문성 개발을 통해 획득한 지식과 경험의 일부일 뿐이다.

코칭이란 학습에 관한 것이다. 코칭하고 가르치며 감독하고 조사연구 하면서 나도 계속 배운다. 그리고 코칭하는 사람들, 학생들, 동료들과 함께하며 배우는 것도 기쁘고 신나지만, 그것을 이렇게 나누는 일도 즐겁다. 또 나누는 일이 더 학습하도록 만들어준다. 이 책의 저술이 바로 학습과 전문성 개발의 이 즐거운 경험과 순간을 나누는 일이 된다. 나는 독자들이 이 책을 즐겁게 읽고, 적극적으로 배우며, 자기 일과 전문적 개발이나 개인적 계발에 적절한 연습을 하게 되기를 바란다. 배우고 실행한 경험을 독자로부터 듣고, 또 이 책에 대한 피드백과 논평을 받는 것을 나는 언제나 환영한다. 다음의 주소로 보내면 된다.

Ho Law PhD CPsychol CSci CMgr MISCP(Accred)

AFBPsS FCMI FHEA

PO Box 696

Peterborough PE2 9YQ

England, UK

개인: ho.law@ntlworld.com

회사: ho.law@empsy.com

트위터: @empsy

대학: law2@uel.ac.uk

인터넷: drholaw@gmail.com

감사의 말

이 책은 『코칭심리』를 쓰는 18개월 동안 함께 쓴 책이다. 이 '글쓰기 여행'은 2012년 5월 9일 홍콩에서 아버지가 96세로 타계하시면서 쉼표가 찍혔다. 부고를 듣자마자 장례식 참석을 위해 홍콩으로 가야 했다. 나는 이스트•런던 대학교의 동료들로부터 받은 모든 지원에 깊이 감동받았다. 그들은 아주 빡빡한 일정에도 나를 대신해 학생들을 감독하고 과제물을 채점하며 재검사했다. 그들의 지지로 나는 팀과 공동체의 일원임을 느끼는 복을 받았다. 중국 격언에 "금상첨화는 쉽지만, 궁한 사람을 지원하기는 어렵다"라는 말이 있다. 곤경의 때에 진정한 동료애와 우정이 드러난다. 이렇게 훌륭한 팀에 내가 속한 것에 대해 그들에게 감사한다.

내 아버지 이름은 카이 신Kai Sin인데, 그 두 글자의 의미는 '보여줌'과 '친절함'이다. 그 이름이 코칭과 멘토링의 정신을 공명共鳴한다. 나는 이 정신을 마음에 소중하게 지닐 것이며, 하는 모든 일에 이 무조건적인 친절함을 드러내도록 노력하려고 한다. 이러한 정신 안에 살면서, 책을 쓰고 있을 때뿐 아니라 인생 여정에서도 진정으로 필요할 때 나를 도와주고 친절을 베풀어준 사람들에게 감사를 표현하고 싶다.

『코칭심리』의 '감사의 말'에서 했던 말을 여기서 반복하겠다.

책을 쓰는 동안 가족과 친구들을 포함해 감사하지 않을 수 없는 많은 사람이 있었는데, 의도치 않게 많이 빠뜨렸다. 그래서 모든 사람을 각각 언급하지 않고 이 책에 공헌한 사람, 계속 나의 생각을 북돋우는 사람, 나의 코칭 여정 속에 있는 숨어 있는 영웅과 조직을 (성의 알파벳순으로) 거론하겠다.

- 칼라 기브스 박사Dr Carla Gibbes: 이스트 런던 대학교의 전임강사. 친절함과 지원에 감사드린다.
- 리즈 홀Liz Hall: ≪직장에서의 코칭 Coaching at Work≫을 통해 이야기 코칭의 개념을 더 넓은 전문직 사회에 소통시킨 것에 감사드린다.
- 트레버 홀Trevor Hall OBE, CBE: 나의 다문화 여정에서, 나의 전문 경력과 삶에서, 평등과 다양성을 지지하며 계속 북돋아주는 분이다.
- 스티븐 파머 교수: 계속 지지해주며 추천의 글을 갱신해주는 것에 대해 감사드린다.
- 캐머린 프렌더개스트Kaemorine Prendergast: 평등을 위해 싸우는 친절함과 의로움에 감사드린다.
- 아퀼리나 레지널드Aquilina Reginald: 이전에는 코칭을 배우는 내 학생이었으며, 내가 간호학에 코칭을 도입하도록 도와주고, 몰타의 의료 분야에서 지도력 코칭에 대한 사례연구에 기여한 것에 감사드린다.
- 도널드 리들리 박사Dr Donald Ridley: 이스트 런던 대학교의 주임강사. 그의 지지와 지도에 감사드린다.
- 마이클 화이트Michael White: 호주 덜위치 센터Dulwich Centre에서 이야기 접근방식으로 나를 훈련시켜주고, 새로운 생각을 넣어준 데 감사드린다. 그의 정신은 내가 하는 이야기 접근방식 코칭에서 계속 드러날 것이다.

이 책을 위해 나에게 지원과 정보를 제공한 기관은 다음과 같다.

- 코칭협회Association for Coaching: AC
- 영국심리학회 코칭심리학 분과 특별그룹
- 공인경영협회Chartered Management Institute: CMI
- 유럽 멘토링과 코칭 협의회European Mentoring and Coaching Council: EMCC
- 국제코치연맹International Coaching Federation: ICF: 연맹의 국제 코칭 연구의 결과를 출판하도록 허가해준 데 대해 감사드린다.
- 국제코칭심리학회

무엇보다 나의 코칭/멘토링 여정에서 만난 사람들, 내가 사는 피터버러와 케임브리지서 인근 지역의 많은 공간, 많은 곳에서 만난 모든 사람에게 감사하고 싶다. 이곳에서 수많은 코칭과 멘토링 프로그램이 공동체, 개인, 사적·공적 조직을 위해 진행되었으며, 몇몇 사례도 수집·정리되었다. 또한 우리 삶의 경험을 바탕으로 '보편통합모형Universal Integrated Framework: UIF'이 개발되었다.

또 내가 일하는 곳, 특히 이스트 런던 대학교 심리학과의 모든 동료에게 감사드린다. 이스트 런던은 2012년 올림픽과 장애인 올림픽이 열린 곳이다. 그 자리는 진정으로 게임의 정신이 구현되는 곳이다. 말하자면 개인이 최고 역량을 달성하도록 고무하는 곳이며, 이것이 바로 코칭과 멘토링의 정신이기도 하다.

나의 이해에 도움을 주었던 사람이 그 밖에도 훨씬 더 많다. 어쩌면 누구인지 내가 미처 알아차리지도 못했을지라도 그 모든 사람에게 또한 감사한다.

영국 피터버러에서

호 로

면책 선언

이 책에 표현된 견해는 저자의 견해이며, 출판사나 엠프시 회사나 UEL이나 그 어느 누구의 것도 아니다. 이 선언은 출판된 사례를 편집한 이 저자의 권리로 인해 전혀 영향을 받지 않는다. 윤리강령의 비밀보장 요건에 맞추어 어떤 사례연구의 맥락/이야기는 각색되기도 했고, 개인의 정체는 익명이 유지되기도 했다. 이 책에 기록된 사례연구에 함께한 연구자가 기여한 바를 언급하지 않고 생략되었다면, 그것은 전적으로 의도치 않은 일이다.

서론

이 책『코칭심리학: 실천 지침』의 서론을 읽기 시작하는 당신에게 따뜻한 환영의 인사를 건넨다. 당신이 이 책을 읽는 이유는 코칭심리학을 배우고 있거나 (또는 코칭, 멘토링, 상담, 심리학과 같은 연관 과목을 공부하고 있거나), 아니면 경험 많은 코치이기 때문일 것이다. 이 책의 목적은 코칭심리학 영역 안에 있는 코치의 길잡이가 되고, 코칭과 멘토링에서 코칭심리학과 연계되는 전문가의 안내서가 되는 것이다. 당신은 어쩌면 그저 이 주제에 관심 있는 것일 수도 있다. 그것도 좋은 일이다. 코칭심리학을 실행으로 옮기는 이 '여정'에 오른 당신을 환영한다. 이 책은 핵심 교과서인『코칭심리』에 기반을 두고 있지만, 이 책 자체만으로도 완성된 책이다. 읽기 위해 어떤 사전 지식이 필요하지 않다. 따라서『코칭심리』를 함께 읽으면 좋을 책으로 추천하긴 하지만, 이 책만으로도 코칭을 위한 실제적인 안내서나 워크북 그리고(또는) 자기 계발서/전문 계발서로 이용될 수 있다. 어떤 점에서는 이 책이『코칭심리』의 '정반대'로 보일 수 있다. 『코칭심리』가 이론을 자세히 서술하고 실행에 관해서는 간단히 지나갔다면, 이 책은 이론을 간단하게 지나치면서 실행에 관해 더 자세히 설명하기 때문이다. 이 두 책을 다 읽고 싶어지는 코치가 많아지길 기대한다.

역사적으로 보자면 코칭심리학은 운동경기와 신체 훈련의 영역에 적용되어 왔다. 코칭심리학의 최근 논의는 다음과 같은 세 영역을 둘러싸고 이루어지는 것처럼 보인다(Cavanagh and Lane, 2012a, 2012b).

- 코칭 모델
- 전문성
- 증거기반 실행

이 책은 이 영역을 하나씩 다룰 것이다.

목표

이 책의 구조는 『코칭심리』의 구조와 전체적으로 동일하지만, 그 강조점은 확고하게 코칭 실행으로 바뀐다. 심리학의 이론과 원리가 어떻게 개인과 조직을 위한 코칭·멘토링·학습에 적용될 수 있는지를 보여주는 것이 목표이기 때문이다. 더 넓은 본보기를 제공하고 단계별로 완수할 수 있는 실천 연습을 제공하는 것도 목표다.

누구를 위한 책인가?

다음과 같은 사람들을 위해 이 책을 썼다.

- 『코칭심리』를 읽은 독자로서 그 책에 담긴 아이디어를 보충해줄 더 실천적인 안내서를 원하는 사람
- 심리학을 공부하지 않은 코치, 멘토, 트레이너, 기타 전문인으로서 자세한 이론을 원하지는 않지만 기법과 접근방식을 뒷받침하는 심리학 이론에 근거한 실행 안내서가 필요한 사람
- 자기 경험을 코칭, 멘토링, 트레이닝에 적용하기 원하는 심리학자

코치든 심리학자든, 누구에게나 이 책이 계속해서 전문성을 개발하는 데 귀중한 자원이자 코칭 참고 자료가 되기를 바란다.

핵심 내용

1장의 목표는 독자가 이 책의 성격을 신속히 이해하고 정보를 쉽게 찾도록 안내하는 것이다. 이 책의 총체적인 구조와 각 장의 내용을 간략하게 말함으로써 이 책을 쓰는 합리적 근거를 제공한다. 또한 독자의 관심, 경험, 전문적 역량에 따른 각기 다른 수준에서 이 책을 어떻게 사용할지에 대해 제시한다. 2장에서는 코칭의 발전과 코칭심리학의 전문 직종에 대해 간단히 요약한다. 그다음에 코칭심리학을 실행하는 실천 단계들을 설명하며 윤리적 이슈와 실제 이슈에 대한 자각을 강조한다.

3장은 긍정심리학과 학습이론들의 핵심 원리를 개괄한다. 코칭심리학의 정의와 코칭심리학과 관련된 개념인 코칭, 멘토링, 학습은 4장에서 논의될 것이다. 5장은 코칭 프로그램을 조직에 도입하는 방법을 설명한다. 6장에서는 먼저 모델과 기법의 차이를 설명하며 두 가지 모델, 즉 GROW 모델과 보편통합모형을 예로 들 것이고, 그다음에는 당신 자신의 모델을 어떻게 형성할지, 그리고 그 모델을 어떻게 실제로 적용할지에 대해 안내할 것이다. 보편통합모형과 그것을 개정한 통합학습체계Integrative Learning System: ILS의 구조 안에서 적합한 기법과 그에 연관된 실제 연습은 7장과 8장에서 각기 설명될 것이다. 9장은 많은 사례연구를 제공하며 당신 자신의 사례를 수집하도록 권한다. 10장은 증거기반의 틀 안에서 당신의 코칭 실행을 평가하기 위해 어떤 단계들을 밟을 수 있을지 설명할 것이다. 마지막으로 11장은 개인적 성찰을 제공하며, 코칭심리학 실행을 위한 자원과 요령을 제공할 것이다.

이 책의 사용법

당신이 누구인지에 따라, 코칭심리학에서 당신이 어느 수준에 있는지에 따라, 이 책의 사용법은 다양해진다. 처음 읽을 때는 죽 훑어가면서 읽고, 특히 관심 있는 부분을 나중에 되돌아가서 읽을 수도 있다. 당신 직업이 무엇이든, 다른 사람을 실제로 코칭하기 전에 윤리에 관해 말하는 2장을 '반드시 읽기' 바란다. 일단 윤리원칙과 그에 적절한 이론과 개념을 이해한 다음에야 당신의 필요에 알맞은 연습을 고를 수 있다.

네모 칸으로 구획해놓은 '연습' 부분은 이론을 실천과 연결하는 데 초점을 두고 있다. 코칭이나 심리학에 관한 다른 많은 책과 달리 이 책은 연습이 많이 담겨 있어 학습한 것을 실천하도록 도와준다. 이 코칭 연습은 각 장의 주제에 맞추어져 있다.

코칭심리학을 어떻게 이용할지에 대해 몇 가지 귀띔을 얻고 싶은 사람들은 자기가 배우길 원하는 기법을 찾아보고, 7장과 8장 각각에 '안내되어 있는' 연습을 해볼 수도 있다.

만일 당신이 코칭 트레이너나 강사이고 이 책을 훈련 지침서로 사용하기 원한다면, 먼저 책 전체를 읽고 필수 요소들을 모두 확실히 이해하며, 참고할 것을 어디서 찾을지 알고 있어야 한다. 그다음에는 당신의 훈련 프로그램을 세 부분(시작-중간-마무리)으로 나누라. 2~4장은 당신의 훈련 과정에서 도입부로 사용될 수 있다. 이것은 중요하며, 결코 사소하지 않은 과제다. 당신은 코칭심리학의 역사와 현상학, 그리고 정의를 귀에 쏙 들어가게 서술해줄 필요가 있다. 세부적인 것을 말할 필요는 없지만 말이다. 그리고 당신이 진행하는 과정에서 참여자/학생에게 그다음 장들을 참고로 읽어보라고 요청하라. 윤리에 관해서는 (2장에 있는 6R 원칙을 사용해) 훈련 프로그램 초기에, 확실히 어떤 연습도 시작하기 전에 설명할 필요가 있다.

만일 당신이 초보자라면 이 책을 처음부터 끝까지 읽으면서 논리적으로 전개되는 내용을 따라 하고 싶을 수도 있다. 그 경우에는 한 번에 책 전체를 읽으려고 하지 마라. 어떤 장들은 내용이 많아 정말 '무겁고', 훈련이 되어 있는 임상 심리학자에게도 어려울 수 있는 요구 사항이 많다고 생각될 것이다. 당신 개인의 발전에 적합한 읽기 계획을 세우라. 예를 들어 시험 준비나 훈련 과정에 있다면 석 달 동안 읽는다는 계획을 세울 수도 있다.

이 책을 읽을 때 당신 자신의 삶이나 일에서 사용할 기법의 이용 방법을 노트에 적어놓는 것이 유리할 수도 있다. 꾸준히 실행하면서 성찰기록을 계속 만들라(견본이 이 책 부록에 있다).

코칭과 코칭심리학의 현주소

당신은 지금 어디에 있는가?

들어가는 말

이 장은 코칭과 멘토링의 발전 사항을 요약한다. 어떻게 코칭하는지 스스로 평가해보기를 권한다. 말하자면 당신의 강점과 기회를 확인해보는 것이다. 그렇게 하면서 당신의 코칭 실행이 코칭 시장에서 자리를 잡아가게 될 것이다. 이 장을 다 공부하고 보충 독서와 실행을 함께하면 다음의 것을 할 수 있을 것이다.

- 코칭과 코칭심리학의 전문 직종과 그것의 발전 상황, 그것이 성장하는 산업인 이유를 이해하기
- 코치와 코치이coachee 관계의 핵심 측면을 코치의 역할 및 윤리강령과 관련해 서술하기
- 윤리강령과 관련된 윤리원칙 여섯 가지를 서술하기

코칭과 코칭심리학의 발전

코칭 산업

코칭 산업은 최근 기하급수적으로 성장하고 있다. 코칭의 총 매출액이 전 세계적으로 20억 달러 이상이라고 추산된다(ICF and PricewaterhouseCoopers, 2012). 현재의 경제 분위기에도 불구하고 계속 성장하리라 예측된다. 코칭에 관한 글, 그리고 코칭이 개인적인 수행과 조직체의 수행에 어떻게 지렛대로 사용될 수 있는지에 관한 글이 매달 논문이나 잡지에 실리는 것을 볼 수 있다(⇨ 연습 2-1).

코칭 매트릭스

다양한 서비스를 제공하는 코칭 산업은 다음의 네 유형으로 나뉠 수 있다.

① 학술 전문기관
② 기업과 경영 자문기관
③ 프리랜서 코치
④ 사내 코치와 멘토

학술 전문기관

학술 전문기관에는 전문대학, 고등교육기관, 대학교, 그리고 영국심리학회, 경영인협회 Institute of Directors: IoD, 공인경영협회, 공인인력개발기구 Chartered Institute

✍ 연습 2-1

잠시 멈추고 ……

1. 코칭 적용에 관해 (책, 신문, 연구 논문집, 잡지 등에서) 최근 읽은 사례의 목록
   을 만들라.
   ....
   ....
   ....
   ....

2. 앞의 목록 중 한 사례를 선택해 생각하라.
   ① 코칭이 개입됨으로써 무엇이 달라졌는가?
   ② 코칭이 어떻게 차이를 만들어내는가?
   ....
   ....
   ....
   ....

3. 당신의 일을 되돌아보며 그 일이 다른 사람에 대해, 당신의 조직체나 공동체 또
   는 사회에 대해 어떤 적극적인 차이를 만들어냈는지 생각하라.
   ....
   ....
   ....
   ....

of Personnel and Development: CIPD와 같은 전문기관이 포함된다. 이 조직체들은 이 례적으로 사내 코칭이나 멘토링 프로그램이 있다. 코칭이나 코칭심리학에 대한 외부 프로그램이나 과정을 제공하는 기관도 있는데, 그 과정은 직업에 맞춘 단기 과정부터 공식적인 학문 자격증(수료, 디플로마, 석사, 박사)에 이르기까지 다양하다.

코칭과 코칭심리학 전문기관이 많다. 이에 해당되는 기관은 다음과 같다.

- 코칭협회
- 코치-치료사 통합전문가협회 Association of Integrative Coach-Therapist Professionals: AICTP
- 전문 중역 코칭과 감독협회 Association for Professional Executive Coaching and Supervision: APECS
- BACP 코칭: 영국 상담과 심리치료협회 British Association for Counselling and Psycho-therapy: BACP의 한 분과
- 공인경영협회 코칭 분과
- 유럽 멘토링과 코칭 협의회
- 국제코치연맹
- 국제코칭심리학회

이상의 목록이 끝이 아니다. 당신이 덧붙이고 싶은 기관이 있을 수 있다. 당신은 어느 전문기관에 속하는가?

기업과 경영 자문기관

코칭은 시장에 의해 주도되는 훈련 영역이다. 많은 자문 단체가 서비스의 일환

으로 코칭을 제공한다. 이런 유형의 코칭은 다음 사항의 향상을 목표로 삼는다.

- 경력 개발
- 갈등 해결
- 실적
- 순수익
- 투자 수익률
- 인적 자본
- 관계
- 일과 삶의 균형

프리랜서 코치

코칭을 개인 단독으로 할 수도 있고, 큰 회사를 조직해 할 수도 있다. 단독으로 일하는 코치가 상당히 많다(2012년 ICF의 조사에 따르면 전 세계적으로 약 4만 7500명의 전문가가 있다고 추산된다). 그들의 배경은 교육, 훈련, 인사관리, 사업과 경영 자문, 인적 자원, 마케팅에 이르기까지 다양하다. 개인적인 관찰에 따르면, 인생 코치라고 주장하는 개인들의 상당수가 단독으로 코칭하는 경향을 보이며, 그들 중에는 수입을 보충하는 다른 직업을 지닌 경우도 있다(⇨ 연습 2-2).

프리랜서 코치는 그 위상이 별로 높지 않은 경우가 많지만, 그들을 고용하는 비용과 수수료가 조직에 속한 코치보다 상대적으로 저렴하기 때문에 아주 경쟁력 있는 시장을 제공한다. 그러나 독자적으로 일하는 개인 코치의 수가 이렇듯 많고 규제받지 않는 산업이 되어간다는 사실은 코칭 윤리와 수준의 면에서 우려를 낳는다.

사내 코치와 멘토

사내 코치는 조직체 안에서 코칭 서비스를 제공한다. 상당히 많은 경우에 이는 그의 현재 직급이나 역할에 코칭 책임이 추가된 것일 수도 있다. 예를 들어 많은 고등학교와 대학교가 학생과 교직원을 위해 코칭 지원을 한다. 어떤 조직체는 규모와 상관없이 고용인에게 업무 코칭과 멘토링을 제공하고 그것을 계발과 훈련의 일부로 삼는다(⇨ 연습 2-3).

사내 코치 또한 코칭 시장에서 경쟁한다. 그들은 외부 자문 역보다는 자신이 속한 조직체의 맥락을 훨씬 잘 이해하므로 뛰어난 장점이 있다. 또한 그들의 전문성에 대한 비용이 외부 자문 역보다 훨씬 낮은 경향이 있다(봉급의 일부라면 말이다). 내부 코칭 프로그램을 위한 사내 코치 양성을 선호하는 조직체가 많다.

코칭 공급자의 유형은 표 2-1에서 보듯이 네 가지 유형으로 요약될 수 있다.

표 2-1 **코칭 실행의 매트릭스**

구분	내부	외부
기관	사내 코치와 멘토(예: 학술기관과 전문기관)	컨설턴트(예: 사업과 경영)
개인	개인 코치와 멘토(개별 예약과 만남)	프리랜서 코치

이 범주에 속하는 것의 장단점과 어려운 점은 무엇인가?

....

....

....

....

당신이 이미 코치이건 아니건, 장래에 어떤 유형의 코치가 되고 싶은가? 그 이유는?

....

....

....

....

이런 위치에 당신이 있다고 그려볼 때 예상되는 어려움과 장단점은 무엇인가?

....

....

....

....

기술과 지식 개발

✎ 연습 2 - 5

초보 코치가 개발해야 할 아주 중요한 기술이 무엇이라고 생각하는가?

....

관심이 있다면, 앞의 연습에서 당신이 답한 것과 더글러스 매케나Douglas McKenna 와 샌드라 데이비스Sandra Davis(McKenna and Davis, 2009)가 말한 코칭의 성공적 성과를 위한 변수의 네 가지 '작용 요소'를 비교해볼 수도 있다.

① 내담자 요소(40%)
② (코치와 코치이의*) 관계나 동맹(30%)
③ 플라세보 효과나 소망(15%)
④ 이론과 기법(15%)

앞의 목록이 제시하는 바는, 이론과 기법에 대한 지식이 코칭의 성공에서 작은 부분을 기여할 뿐이라는 점이다. 성공적인 성과는 주로, 코치이와 좋은 코칭 관계를 개발하고 유지하는 코치의 노력과 기술 덕분이다. 이 책을 읽음으로써 코칭심리학의 지식과 기술을 더 개발하고, 그 지식과 기술을 어떻게 실행할지 배우게 될 것이다. 그러나 그전에 코칭과 코칭심리학의 윤리원칙을 이해하는 것이 중요하다. 코칭 윤리 준수가 좋은(안전하고 전문적인) 코칭 관계를 개발하고 유지하는 데 도움이 될 것이다.

윤리원칙

윤리적으로 행하는 것이 제일 중요하다

코치 대부분은, 그리고 코치의 서비스를 구매하고 조정하려는 관리자들은 윤리강령이 코칭에서 중요하다는 점에 동의한다. 전문적인 코치/멘토가 되려면 전문가로서 윤리를 준수해야 한다. 많은 전문단체가 그 나름의 윤리와 행동강령이 있으며 구성원에게 강령 준수를 요구한다. 경영대학 중에는 윤리 과목을 개설하는 곳도 있다. 코치/멘토가 비윤리적 행위로 인해 고소당할 수도 있다. 전문 조직체 중 많은 곳에서 구성원에게 전문가 면책 보험에 들도록 요구한다. 평등법Equality Act과 회사법Companies Act 같은 법령은 윤리원칙과 기업의 사회적 책임을 구체화해준다.

많은 사람이 윤리란 단순히 무엇이 옳고 그른지를 학습한 다음 옳은 일을 행하는 것만 포함한다고 믿는다. 예컨대 누구도 "내담자를 해롭게 하지 말라"라는 최소한의 기준에 관해 토론해본 적이 없을 것이다. 그러나 코칭과 멘토링에서 윤리원칙의 적용이 그렇게 명확하지 않을 수도 있는 경우가 수없이 많다.

이 부분은 윤리가 코칭과 멘토링에서 실제로 함축하고 있는 의미에 초점을 둔다. 먼저 윤리가 무엇인지 정의를 내릴 것이다. 전문 코칭과 멘토링의 많은 조직체가 지닌 지식에 기초해 포괄적인 일련의 윤리 지침을 서술하겠다.

윤리에 대한 정의

'윤리ethics'(중세 영어로는 'ethik', 또는 고대 프랑스어로는 'ethique')라는 용어는 '기풍 ethos'과 마찬가지로 '윤리적 ethikos'이라는 그리스어에서 유래한다. 인터넷의

✍ 연습 2-6

당신은 윤리를 어떻게 정의하는가? 윤리는 무엇을 위한 것인가?

....

....

....

....

신속한 검색으로 제공받을 수 있는 정의는 다음과 같다.

- "도덕의 일반적인 성격과 어떤 사람이 선택하는 특정한 도덕을 연구하는 것" (*The Free Dictionary*, 2008)
- 의료윤리나 이 책에서는 코칭 윤리처럼, "전문직에 속한 사람의 행위를 다스리는 규칙이나 표준"(*The Free Dictionary*, 2008)
- "한 개인이나 사회집단이 받아들이는 옳고 그름의 원리"(Wordnet, 2008)

리처드 로슨Richard Rowson(Rowson, 2001)과 호 로(Law, 2006a)의 정의를 채택한다면, 윤리원칙이란 코치와 멘토가 실행할 때 지키는 규칙이라고 정의 내릴 수 있다. 이 규칙들이 코치와 멘토인 당신의 가치를 구현하고, 도덕적 판단과 행동을 정당화한다. 이 정의는 다음과 같이 '인지 과정의 연속성'을 보여준다 (그림 2-1 참조).

① 도덕

그림 2-1 '인지 과정의 연속'으로서의 윤리원칙

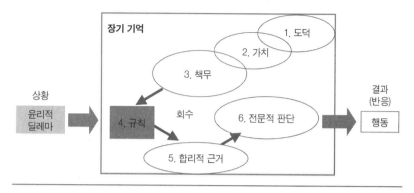

② 가치

③ 책무

④ 규칙

⑤ 합리적 근거

⑥ 전문적 판단

또 마크 더피Mark Duffy와 조너선 패스모어Jonathan Passmore(Duffy and Passmore, 2010)를 참조하라. 그들은 앞의 인지 과정을 더욱 탐구하면서 근거이론을 이용했다(반⅟⁺구조화된 면담과 경험 많은 코칭심리학자 여섯 명의 표적 집단 연구). 그리고 윤리적 결정 내리기를 개발했는데, 그 틀에는 다른 선택사항들에 대한 자각·성찰·탐구가 포함된다. 이해 당사자와의 계약과 슈퍼비전도 그 결정 과정에 속한다.

윤리원칙의 목표는 코치이/멘티와 일반인을 코칭의 위험스러운 실행으로부터 보호하는 것이다. 그 목적은 다음과 같다.

- 안전보장
- 코치이에게 혜택
- 코치이 보호
- 한계선 관리
- 갈등 관리

앞서 언급했듯이 전문기관들은 보통 윤리강령과 실행표준이 있다.

코칭과 코칭심리학의 윤리강령은 자율적인 형식을 띤다. 어떤 전문기관의 구성원이든 그 기관의 강령만 따르면 된다. 예외적인 곳은 영국심리학회다. 그 학회의 회원은 심리학을 실행하는 경우(보통 공인 심리학자들) BPS의 윤리행동강령 Code of Ethics and Conduct을 준수해야 할 뿐 아니라, 건강과 돌봄 전문직 심의회 Health and Care Professions Council: HCPC에 등록해야 하고, 그 협의회의 '행위 수행 윤리 표준 Standards of Conduct, Performance and Ethics'을 준수해야 한다. 최근 영국에서 법이 바뀌었기 때문이다. 이 책을 저술하는 시점에서 제기되는 "HCPC의 규정이 코치와 멘토에게 적용될 것인가?"라는 질문은 논쟁거리가 된다. BPS의 SGCP는 코치와 코칭심리학자가 등록할 수 있도록 준비 중이다.

영국심리학회의 윤리행동강령은 다음의 윤리원칙에 기초하여 일반적인 네 가지 총칙을 심리학자들에게 제공한다.

① 존중
② 역량
③ 책임
④ 일관성 integrity

이러한 원칙이 겉으로는 표준을 정해주고, 내재적으로는 심리학자가 어떻게 실행할지를 알려주지만, 실행의 세부 지침을 제공하지는 않는다. 사실 심리학의 다양한 적용에서 생길 수 있는 모든 상황마다 운영 절차를 제공하는 일은 실제로 불가능할 것이다. 코칭과 멘토링은 임상 실행과 아주 다르고, 조사연구 또한 다른 활동이다. 그래서 대학과 같은 조사연구 기관은 연구자와 학생이 따라야 할 그 나름의 윤리강령이 있다.

『상담심리학 전문 실행을 위한 지침서 The Guidelines for Professional Practice in Counselling Psychology』는 코칭과 멘토링에도 적절할 수 있는 실질적인 지침을 제공한다. 그것은 책임의 원칙을 확대해 말해준다.

① 자신과 고객에 대한 책임
② 자신과 동료에 대한 책임
③ 자신과 사회에 대한 책임

로(Law, 2010)는 많은 코칭 기관의 실행표준들과 윤리강령들을 연결해 윤리원칙 여섯 가지를 제안했다. 그것을 '코칭심리학회의 윤리와 실행 강령을 위한 윤리원칙 6Rs'라고 부르는데, 다음과 같다.

① 권리 rights
② 존중 respect
③ 자인 自認, recognition
④ 관계 relationship
⑤ 대표 representation
⑥ 책임 responsibility

권리와 존중의 원칙은 실제로 함께 엮인다. 그 둘은 엮여서 보통 하나로 표현된다. 앞의 윤리원칙들은 다음과 같은 우리의 실행 강령을 정의해준다.

- 권리와 존중: 코치이가 한 인간으로서 지닌 권리를 존중하라. 코치는 코치이로부터 얻은 정보를 다양한 목적을 위해 사용할 수도 있음을 미리 알려주고 동의를 얻어야 한다. 코치는 코치이의 비밀을 보장하고 유지해야 하며, 그가 정보를 요구하면 응해야 한다. 이 모든 일이 코치이와 논의되어야 하고, 첫 번째 회기에 명확한 코칭 계약서를 제공해야 한다. 또한 코치는 코치이의 나이, 성별, 장애의 유무, 인종, 종교/신념, 성적 지향 등의 측면에서 개인적 차이와 문화적 차이에 민감할 필요가 있다.
- 자인: 자기 능력의 기준과 한계를 인식하라. 코치는 자신의 코칭 능력을 자각하고, 자신의 한계를 인정할 필요가 있다. 능력의 한도 내에서 코칭을 실행해야 한다.
- 관계: 코치이와 좋은 관계와 신뢰를 형성하라. 코치는 코치이와 라포를 형성하고, 코칭 내내 좋은 관계를 유지할 필요가 있다. 코칭/멘토링 관계는 다른 전문 직종과 비교할 때 '독특하며' 이른바 '이중 삼각관계'이다(Law, 2006a). 그 이유는 코칭이, 특히 기업 코칭에서는 서로 다른 이해 당사자들, 즉 코치, 코치이, 고객(기업 코칭을 위임하고 비용을 대는 당사자*)이 연관되기 때문이다. 코치는 이중/다중적인 관계에 놓일 가능성을 특별히 조심할 필요가 있다. 그리고 이런 일이 생기면 다중 역할을 명료하게 하고, 그런 관계로 생길 수 있는 어떤 갈등도 해소해야 한다.
- 대표: 자기 자신과 전문성을 정확하고 정직하게 대표하라. 코치와 멘토는 자기 자신과 전문직을 적절히 대표해야 한다. 자신이 속한 전문기관의 이름을 훼손할 수도 있는 태도로 행동하지 말아야 한다.

• 책임: 자기 자신에게, 코치이/멘티에게, 이해 당사자들에게, 사회에, 전문적인 책임을 지라. 코치와 멘토는 자기 자신과 코치이/멘티를 보호하기 위해, 그리고 법적 책임에 대해 전문적인 면책 보험에 가입할 필요가 있다. 코치와 멘토는 코칭이나 멘토링의 결과에 대해 코치이/멘티가 책임을 지도록 권장해야 하지만, 그 또한 자신의 효율성과 능률이라는 측면에서 코칭의 성과를 평가하고, 적절한 코칭 기록을 보관할 책임이 있다. 그리고 코치이의 어떤 비윤리적인 행위에 대해서도 책임을 져야 한다. 덧붙이자면 코치와 멘토는 '지속적 전문성 개발CPD'과 슈퍼비전을 받음으로써 계속 학습하고 계발해야 한다.

윤리적 코칭이란 코치가 자기 자신, 코치이, 기타 모든 이해 당사자에게 일련의 윤리적인 질문을 하는 성찰적 실행이다. 문헌을 검토해(Law, 2003, 2009 참조) 코칭에 적절한 질문들을 제시한 것이 연습 2-7이다.

✍ **연습 2-7**

당신의 행위는 어떤 면에서 윤리적인가?

....
....
....
....

당신의 조직은 전체적으로 어떤 면에서 윤리적인가?

....

....

....

....

이 복합적인 관계 안에서 당신은 얼마나 취약한가?

....

....

....

....

당신의 조직을 정의해줄 핵심 가치는 무엇인가?

....

....

....

....

당신을 한 사람으로 정의해줄 핵심 가치는 무엇인가?

....

....

....

....

고객, 코치 그리고/또는 멘토란 어떤 사람인가?

....

....

....

....

우선 누구에게 유익해야 하나?

....
....
....
....

코칭심리학자는 누구의 이익을 위해 일하는가?

....
....
....
....

코치의 윤리적 의무는 무엇인가?

....
....
....
....

이해 당사자들 사이에서 각기 다른 가치들을 관리하는 코칭심리학자의 책임은 무
엇인가?

....
....
....
....

그 차이들이 어떻게 관리되어야 하는가?

....

....

....

....

힘이 남용될 가능성이 있는가?

....

....

....

....

비밀보장의 이슈는 무엇인가?

....

....

....

....

대리적 책임(사용자 책임)이란 어떤 의미를 함축하고 있는가?

....

....

....

....

그 문제를 당신은 정확하게 정의 내렸는가?

....

....

....

....

당신이 상대편에 있다면 그 문제를 어떻게 정의 내릴 것 같은가?

....

....

....

....

어떻게 이 상황이 제일 앞으로 나오게 되었는가?

....

....

....

....

당신은 누구에게, 무엇에 충실한가? 코치로서 코치이에게인가, 아니면 고객인 그
조직체에 충실한가?

....

....

....

....

이런 결정을 내리는 당신의 의도는 무엇인가?

....

....

....

....

그로 인해 가능한 결과와 그 의도가 어떻게 비교되는가?

....

....

....

....

당신의 결정이나 행위로 상처받을 수도 있는 사람은 누구인가?

....

....

....

....

당신이 결정을 내리기 전, 그 결정에 영향받을 당사자들과 그 문제를 의논할 수 있는가?

....

....

....

....

당신의 입장이 지금 합당해 보인다면 장기적으로도 그러리라고 확신하는가?

....

....

....

....

당신의 결정이나 행동을 거리낌 없이 슈퍼바이저, 동료, 고객, 가족, 사회 전체에 노출할 수 있는가?

....

....

....

....

당신의 행동이 이해되든 오해되든, 그 상징적 잠재 의미는 무엇인가?

....

....

....

....

당신의 표준에서 예외를 허용한다면, 어떤 상황에서인가?

....

....

....

....

요약

이 장에서는 코칭과 코칭심리학의 발전 전반에 관해 이야기했다. 코치와 코치이의 관계를 발전시키기 위한 핵심 기술을 정의하면서 이 장에서 주장한 것은, 선행 주도적으로 윤리와 윤리적 실행의 이슈를 고려해야 한다는 점이다. 먼저 여섯 가지 윤리원칙6Rs을 소개했는데, 코치나 멘토가 이 원칙들을 실행에 적용하기를 권한다. 요약하자면, 이 책을 읽으며 다음의 윤리적 사안(Law, 2005a, 2005b, 2005c, 2006a)을 기억하는 것이 좋을 것이다.

- 해를 끼치지 말라.

- 행하는 모든 것에 윤리원칙을 효과적으로 적용하라.

- 코치이에게 좋은 서비스를 제공하는 것을 목표로 삼으라.

- 고객과 그 조직의 이익에 최선이 되는 방향으로 행동하라.

- 차이를 존중하라.

- 비밀을 지키라.

- 상대방의 역할을 인정하라.

- 특정 맥락에서 비밀유지의 한계를 넘어서는 법적 요건과 고용 요건이 무엇인지 그 정보를 받아놓으라.

- 만일 비밀유지 의무를 지킬 수 없게 된다면 코치이와 미리 의논하라.

- 이 한계를 코치이에게 명확히 인지시키라.

- 제3자에게 노출해야 하는 구체적인 의무나 법적 요건이 있다면, 코칭 회기 중 코치이에게 그가 더 많은 것을 이야기할 경우 당신이 비밀유지를 할 수 없는 의무에 놓여 있음을 경고하라.

- 한계들에 대한 구두 설명을 서면 계약서로 보충하라.

- '알 필요가 있는' 기초정보를 공유하라(비밀유지를 확대해 실행할 때).

- 신뢰받을 만해야 한다.

- 코치이가 의식적으로든 무의식적으로든 선택한 사항과 그의 통제를 신뢰하라.

- 미리 명확한 정보를 주고 동의를 구하라.

- 코치이가 정보를 기반으로 선택하고 스스로 책임질 수 있게 도우라.

- 이해 당사자들의 가치관이 서로 충돌하는 상황에 대비하라.

- 코치이가 행동하게 돕는 것이 코치가 행동해야 하는 것보다 훨씬 낫다는 점을 이해하라.

- 모든 상호작용은 윤리적 함의를 지닌다는 점을 이해하라.

- 전문성을 기르고 슈퍼비전을 받는 것을 멈추지 말라.
- 코칭할 때 마주치는 딜레마를 슈퍼바이저, 코칭 동료, 그리고/또는 매니저와 의논하라.

코칭심리학의 기초

긍정적으로 생각하기 그리고 학습법 배우기

들어가는 말

긍정심리학과 학습이론은 코칭심리학을 형성하는 두 기둥으로 간주된다. 이 장은 이 이론들을 간단히 부각시키고, 어떻게, 왜 코칭에 적용될 수 있는지를 설명할 것이다. 그리고 코칭에 적용할 수 있는 심리학의 학습이론들을 설명하며 학습과 코칭을 연결시키려 한다. 이때 데이비드 A. 콜브David A. Kolb(Kolb, 1984)의 경험학습 사이클을 포함시킬 것이고, 그 학습 사이클이 어떻게 코칭 과정에 연관되는지, 그리고 지속적 전문성 개발의 일부인 성찰적 실행을 위해 어떤 함축 의미를 지니는지를 포함시킬 것이다. 그래서 독자는 자신의 성찰적 학습이 단계별 절차에 따라 어떻게 이루어지는지 볼 수 있을 것이다(부록에 견본이 있다).

먼저 긍정심리학을 코칭과 관련해 설명한 다음 학습심리학에 관한 문헌을 전반적으로 검토할 텐데, 다음의 주제들이 포함될 것이다.

- 학습 과정
- 성찰 학습
- 구성주의 발달이론
- 사회학습이론

이 장을 다 읽을 즈음에는(모든 '연습'을 다 하고 나서) 다음의 것을 할 수 있게 될 것이다.

① 코칭심리학 기초를 설명한다.
② 긍정심리학과 학습이론이 코칭에서 어떻게 사용될 수 있을지 설명한다.
③ 당신 자신의 성찰과 코칭 실행에 긍정심리학과 학습을 이용한다.

긍정적으로 된다는 것: 긍정심리학과 그것이 코칭에서 갖는 의미

- 당신은 얼마나 행복한가?
- 행복할 수 있게 만드는 것은 무엇인가?
- 자율성과 자아 통제가 동기에 어떤 영향을 주는가?
- 낙관과 희망이 건강에 어떤 영향을 미치는가?
- 지혜를 이루는 것은 무엇인가?
- 재능과 창조성은 어떻게 성과를 낳게 되는가?

• 당신은 얼마나 긍정적인가?

이 질문들에 답하는 일에 대한 관심이 최근 몇 년 사이에 증가하고 있다. 마틴 셀리그먼Martin Seligman과 미하이 칙센트미하이Mihaly Csikszentmihalyi는 그 대답을 탐구한 결과로 긍정심리학이라는 새로운 학문 분야를 도입했다(Seligman and Csikszentmihalyi, 2000). 긍정심리학은 인간의 성품과 행위의 부정적 측면보다는 긍정적 측면(가령 긍정적인 감정, 강점기반 성격, 건강한 제도)에 초점을 맞춘다. 임상 심리학자와 심리치료자는 부정적인 측면에 초점을 맞추는 경향이 있다고 마틴 셀리그먼은 주장한다(Peterson and Seligman, 2004). 긍정심리학은 코칭에 대단히 적절한데, 상담과 심리치료에 출발점을 두고 개인의 최고 기량에 초점을 맞춘다는 유사점이 있기 때문이라고 보통 생각할 수 있다. 그것은 '흐름flow'이라는 개념과도 공명한다. 흐름이란 사람이 수행 능력의 절정에서 기쁨의 감각을 경험하는 상태를 가리킨다(Csikszentmihalyi, 1991). 긍정심리학과 코칭심리학 둘 다 수행 향상과 복지 향상에 관심을 둔다(Linley and Harrington, 2005). 따라서 긍정심리학은 코칭 실행에 기초를 제공해준다(Law, 2014). 긍정심리학은 그 현대적 외양에도 불구하고 유럽 심리학계를 거슬러 올라가 그 흔적을 발견할 수 있다(Allport, 1961; Jahoda, 1958; James, 1902; Jung, 1933; Linley and Joseph, 2004a; Maslow, 1968; Roger, 1963 참조).

긍정적으로 성취하는 삶과 관련해 긍정심리학이 초점을 맞추는 것은 다음과 같다.

① 긍정적 정서: 유쾌한 삶
② 긍정적 성격: 열중하는 삶
③ 긍정적 기관: 의미 있는 삶

긍정적 정서는 시간의 차원을 따라 세 가지 영역을 고려한다.

① 과거: 과거의 긍정적 경험은 만족감, 충만감, 성취감, 자부심, 차분함을 준다.
② 현재: 우리는 현재 순간에 긍정적으로 열중할 수 있고, 그럼으로써 기쁨, 환희, 차분함, 묘미, 사기충천함, 즐거움을 경험할 수 있으며, '흐름'을 경험하는 것도 가능하다.
③ 미래: 우리는 낙관, 소망, 믿음, 신뢰를 가지고 미래를 긍정적으로 바라볼 수 있다.

　긍정심리학이 코칭에 분명히 타당한 이유는 그것이 행복, 지혜, 창조성, 견고함과 같은 인간 경험을 묻기 때문이다. 그런 경험은 인간 발달의 중대한 잠재성을 제공해주고, 따라서 코칭에 유리하게 작용할 것이다. 예를 들어 개인의 특징적인 강점을 이용할 수 있게 해준다(강점기반 코칭 strength-based coaching: SBC). 이미 말했듯이 상담과 심리치료는 내담자에게 무엇이 잘못되어 있는지에 초점을 맞추는 경향이 있다. 특히 내담자의 심리적 문제에 초점을 둔다. 그와 대조적으로 '강점기반 코칭'은 코치이가 잘하는 것과 그의 강점에 초점을 맞춘다. 이는 인생에는 문제가 있기 마련이라는 점을 부인하는 것이 아니다. 자기 바깥으로부터 힘들게 도전해오는 것들이 있어 고군분투한다는 것을 인정한 후에, 그럼에도 인생에는 문제보다 훨씬 더 많은 것이 있음을 강조하는 것이다. 강점기반 코칭은 코치이에게 그가 지닌 '특성 강점 Signature Character Strengths: SCS'과 자원을 일깨워주고, 그래서 그가 초점을 문제로부터 해결책으로 돌려 긍정적인 성과를 이룰 수 있게 해준다. 이제 특성 강점에 관해 간략하게 설명하겠다.
　크리스토퍼 피터슨 Christopher Peterson과 셀리그먼(Peterson and Seligman, 2004)은 '특성 강점' 24가지를 말하는데, 여섯 차원으로 묶일 수 있고 표 3-1로 요약된다.

표 3-1 **특성 강점(SCS) 요약**

장점군	SCS 차원	SCS 요소	설명
1	지혜와 지식	1. 창의성: 독창성, 창조력	지식 획득과 적용으로 구성된 인지적 강점
		2. 호기심: 관심, 참신함 추구, 경험에 개방적	
		3. 개방적인 정신: 증거에 근거한 판단, 비판적 사고	
		4. 학습 의욕	
		5. 견해: 지혜	
2	용기	6. 용감함: 용맹	도전, 위험, 곤경, 두려움, 장애물, 고통, 위협 등에 직면해 목표를 이루겠다는 의지 발휘를 포함하는 정서적 강점
		7. 꾸준함	
		8. 일관성: 진정성, 정직	
		9. 생명력: 열의, 열정, 활력, 에너지	
3	인간미	10. 사랑	'돌봄'과 '친구 맺음'을 포함하는 대인 관계적 강점
		11. 친절함: 관용, 양육, 돌봄, 긍휼, 이타적 사랑, 예의 바름	
		12. 관계적 지능: 정서 지능, 인성 지능	
4	정의	13. 시민의식: 사회적 책임, 충성심, 팀워크	건강한 공동체 삶을 강조하는 시민적 강점
		14. 공정함	
		15. 리더십	
5	절제	16. 용서와 자비	지나치지 않도록 하는 강점
		17. 겸손과 겸허	
		18. 신중	
		19. 자기 조절: 자기통제	
6	초월성	20. 아름다움과 뛰어남에 대한 가치 인정: 경외, 경이, 고양, 초월	더 큰 우주와 연결을 만들어내고 의미를 제공하는 강점
		21. 감사	
		22. 희망: 낙관, 미래에 마음을 둠, 미래 지향	
		23. 유머: 장난스러움	
		24. 영성: 종교성, 신앙, 목적	

당신은 이미 자신의 특성 강점을 사용해왔을 수도 있다. 그러나 그것을 의식적으로 적용한다면 실적이 향상될 것이며, 인생/일을 고양시키고 더 행복해지도록 도와줄 것이다. 어떻게 먼저 자신의 특성 강점을 확인할지, 그리고 나서 그 강점을 당신의 인생 그리고/또는 코칭 상황에 적용할지 보여주겠다.

✐ 연습 3-1   자신의 특성 강점 확인하기

지극히 행복하다고 느끼면서 수행한 가장 최근의 일을 기억해보라.

• 어떤 느낌이었는가?

• 무엇을 하고 있었는가?

• 함께한 사람은 누구였는가?

이제 당신의 특성 강점 목록을 만들라.

....
....
....
....

시간이 더 있다면 VIA® Institute의 웹사이트 http://www.vischaracter.org에 들어
가서 VIA 설문조사Survey에 참여하라.

VIA® 성격연구소Institute on Character는 2001년에 세워진 비영리단체다. 성격 강점에
대한 학문과 실천을 증진하는 것이 목표다. 펜실베이니아 대학교의 마틴 셀리그먼
박사의 홈페이지 '진정한 행복Authentic Happiness'과 관련된다. http://www.authentic
happiness.sas.upenn.edu/default.aspx를 참조하기 바란다.

그 설문조사는 240문항이고 15분가량 걸린다. 조사 결과는 당신의 최고 강점들을
보여준다. 당신의 특성 강점 목록을 적으라.

....
....
....
....

먼저 만든 목록과 설문조사 결과를 비교하라. 비슷한가, 아니면 다른가? 놀라운 점

이 있다면 그것에 대한 당신 생각을 적으라.

....

....

....

....

자신의 특성 강점을 알면 인생에서, 즉 직업 수행뿐 아니라 가족 관계와 사교 관계에서도 잠재력을 충분히 발휘하는 데 도움이 된다.

✍ **연습 3 - 2　자신의 특성 강점 사용하기**

이제 당신의 특성 강점을 확인했으니 그것들을 어떻게 더 많이 사용할 것인가?

• 인생에서

• 가족을 대할 때

• 사교적 반응을 할 때

• 직장에서

코칭에서 던질 질문을 고려해보자.

• 이 강점이 과거에 당신에게 어떤 도움이 되었나?

• 장래에는 어떻게 도움이 될까?

• 이 강점을 당신의 목표에 어떻게 적용할 수 있나?

• 다른 강점들(당신의 설문조사 결과 목록에서 낮은 위치에 있던 강점들)을 어떻게 계발할 수 있을까?

- 당신의 특성 강점을 더 계발하도록 도와줄 수 있는 사람은 누구인가?
- 특성 강점과 더 많이 공명하도록 당신의 인생과 일을 어떻게 계발(재구성)할 수 있겠는가?

이미 말했듯이, 자신의 특성 강점을 온전히 알고 인생과 일에 적극적으로 적용하는 것이 행복을 증대해줄 것이다. 예를 들어 심혈관 환자가 치료 기간에 긍정적인 정서들을 경험하면 그렇지 않은 환자보다 더 빠르게 더 많이 회복된다는 조사연구가 있다(Fredrickson et al., 2000). 긍정적인 정서는 긍정적인 '되돌림 효과undoing effect'가 있는 듯 보인다. 그리고 이러한 효과는 문화와 상관없이 나타나는 것처럼 보인다. 긍정심리학을 더 적용하려면 자료(Hefferon and Boniwell, 2011; Kauffm and Scoular, 2004; Linley and Joseph, 2004a; Linley and harrington, 2005)를 참조하라.

코칭에 학습 적용하기

어떤 점에서는, 코치가 강점기반 코칭을 통해서 코치이 및 코치이의 '자아'에 관한 이런저런 측면들을 알게 된다. 그렇지 않았더라면 그냥 당연하게 여겼을 측면들을 말이다. 따라서 코칭은 전반적으로 코치이에게 학습 환경과 기회를 제공한다고 말할 수도 있다. 학습이 이루어지도록 코치는 적극적으로 코치이를 학습 과정에 끌어들일 필요가 있다. 그럴 때 생기는 질문은 다음과 같다.

- 코칭을 위한 학습 조건은 무엇인가?

- 코치로서 당신은 코칭 환경을 어떻게 준비하고, 코치이의 학습 경험에 최적화되도록 코칭 과정을 어떻게 꾸밀 것인가?
- 이러한 코칭 학습 조건의 요소들은 무엇인가?
- 학습의 심리적 · 사회적 · 신체적 장벽으로는 어떤 것이 있나?

✍ **연습 3 - 3**

당신이 코칭을 받아본 경험이 있다면 그 회기를 떠올려보라. 없다면, 당신 자신의 학습 경험에 관해 생각해보라. 말하자면 학교나 대학에서, 예를 들어 교실에서 교사와 강사에게 배운 경험을 생각해보라. 다음의 목록을 만들라.

① 당신의 학습을 막을 수도 있었던 부정적 경험
② 나쁜 코치/선생의 속성
③ 좋은 코치/선생의 속성

앞서 묘사한 것을 가지고 다음의 질문에 대답하라.
학습의 본질은 무엇인가?
....
....
....
....

학습의 이러한 본질을 설명할 수 있는 어떤 학습이론을 알고 있는가?
....
....
....
....

그림 3-1 학습이론 분류체계

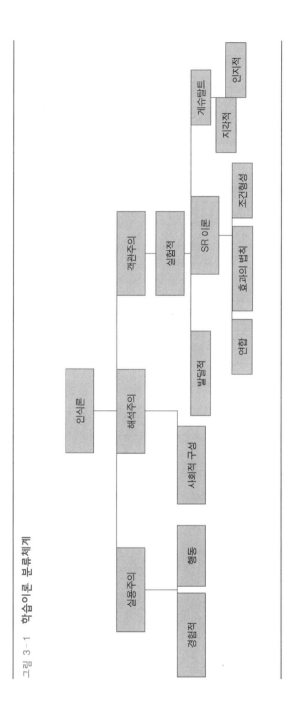

학습심리학

유럽의 심리학 연구 전통에서는 학습이론들이 인식론과 실험적 접근법이라는 의미에서 분류될 수 있다. 인식론적 접근법은 객관주의, 실용주의, 해석주의로 이루어진다(Law, 2014). 실험적 범주 안에는 네 가지 주요한 학습이론이 있다. 연합의 원칙principle of association(Ebbinhaus, [1885]1913), 효과의 법칙law of effect (Thorndike, 1874~1949), 고전적 조건형성classical conditioning(Pavlov, 1849~1936), 게슈탈트 이론이 그것이다. 그림 3-1은 이 학습이론들의 분류체계를 보여준다.

문헌을 검토해보면, 코칭에 적절한 학습이론들이 있다(예: Belenky et al, 1986; Freire, 1992; Kegan, 1982, 1994; Kolb, 1984; Lave and Wenger, 1991; Loevinger and Blasi, 1976; Mentkovski et al, 2000; Mezirow, 1991, 1996, 2000; Perry, 1970; Taylor, Marienau and Fiddler, 2000; Wenger, 1998). 이 문헌들이 담고 있는 내용은 다음과 같다.

- 학습 과정
- 성찰적 학습
- 구성주의 발달이론
- 사회학습이론

이 주제들을 나는 차례로 부각시키려고 한다.

학습 과정

코칭은 학습과 마찬가지로 과정이다. 그래서 시작과 중간과 끝이 있다. 그다

그림 3-2 수정된 콜브의 학습 사이클

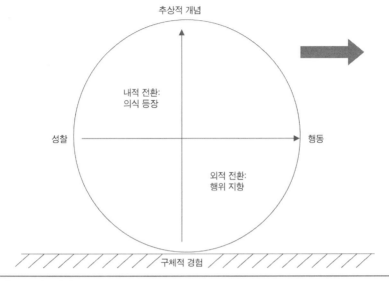

자료: Kolb(1984) 참조.

음에 새롭게 다시 그 모든 것을 시작한다. 이는 학습 사이클(Kolb, 1984)이라고
알려진 순환을 이룬다. 그림 3-2는 이 순환과정의 단계를 보여준다.

학습 사이클은 네 단계로 이루어진다.

• 구체적 경험: 학습자는 문제나 도전이 될 수도 있는 상황을 경험한다.
• 성찰: 학습자는 시간을 갖고 그 경험을 성찰한다. 이것이 학습 과정의 중요
  한 부분이고(Merriam, 1994; Vaill, 1996), 코칭에도 중요한 부분이다(Anderson,
  Knowles and Gilbourne, 2004).
• 추상적 개념: 학습자는 배운 것을 이해하고 의미를 구성할 필요가 있다.
• 행동: 학습자는 자기가 배운 새로운 개념을 확인하기 위해 적극적으로 실험
  해볼 필요가 있다.

표 3-2 **학습 스타일**

구분	내적 전환	외적 전환
내적 인지	사색가	평가자
외적 지각	감지자	행동가

✍ **연습 3-4**

표 3-2를 참조해 당신이 어떤 학습 스타일을 선호하는지 말해보라.

....

....

....

....

그 학습 스타일이 당신의 행위에 대해서 지니는 의미는 무엇인가?

....

....

....

....

코치이의 학습 스타일이 어떤지 당신은 어떻게 아는가?

....

....

....

....

코치이의 학습 스타일을 확인했다면, 그의 학습에 최적화되도록 만들기 위해 코칭을 어떻게 조절할 것인가?

....

....

....

....

학습 스타일마다 강점과 약점은 무엇인가?

....

....

....

....

코치이의 학습 스타일이 코칭에 어떤 의미를 줄 수 있는가?

....

....

....

....

어떤 사람은 배운 것을 잘 개념화하지만(사색가), 행동계획을 세워 실험할 준비를 하는 사람도 있다(행동가). 어떤 사람은 실제로 경험해서 배우는 것을 선호하고(감지자), 어떤 사람은 경험한 것을 생각하느라 시간을 쓴다(평가자). 표 3-2는 이러한 네 가지 학습 스타일을 요약해준다.

앞서 말한 학습 스타일은 피터 허니Peter Honey와 앨런 멈퍼드Alan Mumford (Honey and Mumford, 2006)의 구분과 다음과 같이 상응한다.

- 행동가 - 활동가
- 감지자 - 실용주의자
- 평가자 - 성찰하는 사람
- 사색가 - 이론가

당신 자신의 학습 스타일을 찾으려면 80문항이나 40문항인 '학습 스타일 질의 응답서 Learning Styles Questionnaire'(Honey and Mumford, 2000, 2006)를 그저 완성하기만 하면 된다. 그러나 사람들은 자기가 어떤 학습을 좋아하는지 본능적으로 아는 것처럼 보일 때가 많다. 그러므로 (학습 스타일이란 무엇인지를 일단 알게 되면) 자신의 학습 스타일을 직관적으로 확인하는 경우가 많다. 이것을 다음과 같이 요약할 수 있다.

- 행동가는 다른 사람들과 함께 일하고 실제로 활동에 참여하는 등 행동을 취할 준비가 되어 있다.
- 성찰하는 사람은 행동을 결정하기 전에 시간을 두고 해결책(좋은 점과 나쁜 점)에 관해 생각하기 좋아한다.
- 이론가는 어떤 해결책이든 의미와 목적을 붙이기 좋아한다.
- 실용주의자는 이론을 실천에 적용하고 싶어 한다.

연습 3-4에서 이해할 수 있듯이 학습 스타일은 각각 그 나름의 강점과 약점이 있다. 이 책은 우리 자신과 코치들이 네 가지 학습 스타일을 모두 익숙하게 다룰 능력을 지닌 **성찰하는 현장 코치** reflective practitioner가 되도록 개발하려는 의도가 있다(Schön, 1983, 1991). 이것을 이제 더 탐구할 것이다.

성찰적 학습

학습 사이클에 따르면 우리는 성찰과 행동(실천 praxis)을 통해 배우고, 그럼으로써 새롭게 생각하는 법을 개발하며, 정보를 얻어서 결정을 내린다[이것을 Freire(1992)에서는 의식화 conscientization라고 하며, Brookfield(1998), Jarvis(1992), Mezirow(1996)에서는 해방시키는 학습 emancipatory learning이라고 말한다]. 성찰은 다음과 같이 정의될 수 있다.

경험에 관한 생각과 느낌을 둘 다 포함하는 인지 과정이며 그럼으로써 경험에 관한 새로운 평가 · 이해 · 통찰과 더불어 새로운 의식이 등장한다(Law, 2014; 또한 Brookfield, 1998; Boud, Keogh and Walker, 1985 참조).

성찰이란 자기평가의 한 형태이다. 코칭 훈련에서 우리가 훈련받는 사람에게 자주 요구하는 것은, 코칭 실습에 관해 되돌아보는 글(코칭 기록부)을 쓰라는 것이다. 이것이 그들의 지속적 전문성 개발의 부분이 되어야 한다. 코칭 기록부는 다음과 같은 학습 사이클의 성찰 단계를 따라 그 형식이 구성될 수 있다(예를 들어 Gibb, 1988 참조).

① 서술: 구체적 경험을 하면서 생겼던 일을 기술하라.
② 인식과 정서: 자신의 생각과 느낌을 성찰하라. 그 일/사건에 관여되어 있는 동안 무엇을 생각하고/느끼고 있었는가?
③ 분석: 무슨 일이 일어난 것인지 이해하고, 그 경험으로부터 의미를 끌어내도록 하라. 그 경험이 당신에게 무엇을 말해주는지 이야기할 수 있겠는가?
④ 평가: 그 경험의 좋은 점과 나쁜 점, 그 결과로 얻은 이득과 치른 대가를 평

그림 3-3 **성찰의 여섯 단계**

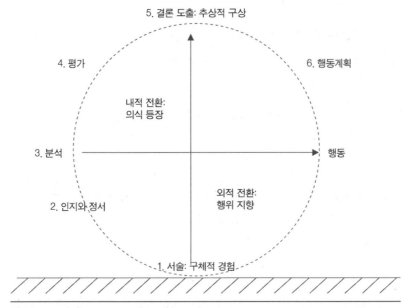

5. 결론 도출: 추상적 구상

4. 평가

6. 행동계획

내적 전환:
의식 등장

3. 분석

행동

2. 인지와 정서

외적 전환:
행위 지향

1. 서술: 구체적 경험

자료: Kolb(1984)와 Gibb(1988)를 섞은 모델.

가하라.

⑤ 결론 도출: 배운 것의 의미와 교훈을 요약하라. 개선된 점을 찾으라. 일어난
일에 비추어볼 때 그 일을 다르게 할 수 있었을까? 무엇을 다르게 할 수 있
었을까?

⑥ 권고/행동계획: 이후의 학습과 개선을 위해 행동계획을 세우도록 권고하라.
다시 비슷한 상황에 부닥치면 무엇을 할 것인가? 자신을 더 발전시키고 실
적을 향상시키기 위해서 무엇을 할 계획인가?

그림 3-3은 앞의 단계들이 학습 사이클 안에서 움직이는 길을 그려준다. 이
러한 성찰기록부 견본이 이 책 말미에 부록으로 있다.

구성주의 발달이론

구성주의 발달이론은 학습이론을 인간 발달 및 의미 부여 과정에 연결시킨다 (Belenky et al., 1986; Kegan, 1982, 1994; Kohlberg, 1981; Loevinger and Blasi, 1976; Perry, 1970; Piaget, 1954). 이 부분에서는 다음 항목에 초점을 맞출 것이다.

* 장 피아제Jean Piaget(1925~1980)가 말하는 아동과 청소년의 인지발달단계(Piaget, 1954)
* 대니얼 J. 레빈슨Daniel J. Levinson 등(Levinson et al., 1978)이 말하는 성인의 발달단계
* 레프 비고츠키Lev Vygotsky(Vygotsky, [1926]1962)가 말하는 사회적 협동 학습

아동발달에 대한 피아제의 이론

피아제(Piaget, 1954)는 아동의 인지발달이 다음과 같은 단계로 이루어진다고 제시했다.

① 감각운동기(출생~2세): 감각적 인지의 발달과 운동 반사를 통해 반응할 수 있는 능력(예: 쥐기, 빨기, 주의를 끌려고 대상을 조작함, 다른 사람의 행위 모방)
② 전 조작기前造作期(2~7세): 상징적 표현이 가능한 언어능력과 인지능력 발달, (자기 관점에서) 세상을 정물적으로, 또 자기중심적으로 보면서 상상할 줄 아는 능력 발달
③ 구체적 조작기(7~12세): 논리적 추론 능력과 다중적인 관점 발달
④ 형식적 조작기(12~25세): 추상적 추론 능력 발달

어디서나 아동의 인지발달은 개인차가 아주 크지만, 피아제의 이론에 대한 지식은 부모와 교사가 아동과 청소년에게 개입·코치·지도하는 일을 계획하는 데 안내 역할을 할 수도 있다(예를 들어 Pask and Joy, 2007; van Nieuwerburgh, 2012 참조).

레빈슨의 인생구조 이론

레빈슨 등(Levinson et al., 1978)은 어른이 되어도 발달이 멈추지 않는다고 주장한다. 사람들은 대부분 평생에 걸쳐 인지가 계속 발달한다는 것이다. 레빈슨은 계절에 비유해 성인의 발달이 다음의 단계를 거친다고 제시한다.

① 봄(아동기와 청소년기: 출생~20세)
② 여름(성인 초기: 17~40세)
③ 가을(성인 중기: 40~65세)
④ 겨울(성인 후기: 60세 이상)

표 3-3 **성인발달단계**

인생 단계 명칭과 연령	정의
성인 전환 초기(17~22세)	독립성 수립, 새로운 아이디어에 대한 개방성, 능력에 대한 불확실성
예비 성인기(22~28세)	자신감을 특히 부모와 자기 자신에게 증명하기, 자신만의 관계를 가지는 독립성 확보
30대 전환기(28~33세)	관여하는 일과 관계에 의문을 던지는 시기, 변화를 선택하고 이전의 경력 선택들 및 관계들과 결별
뿌리내리는 시기(33~40세)	절정 국면, 이전 경력에서 노력한 일의 혜택을 거둠, 인생의 이 국면에서 시간의 한계를 의식함, 정착 시작
중년 전환기(40~45세)	자기가 어떤 '사람일 것이라고 생각되는' 그 모습에 지치는 사람도 있음, 어떤 사람에게는 위기의 시기이며 그런 사람은 '인생에 이게 전부인가?'라고 의문을 던짐, 자신이 이전에 맺은 관계나 일에 의문을 품는 두 번째 시기
다시 안정/열매 맺는 시기 (45~50세)	내면 계발의 시기, 만일 어떤 경력을 쌓았다면 다른 사람을 지도할 수도 있음. 이 단계에서 사람들은 더 정착된 느낌을 갖기도 함
50대 전환기(50~55세)	'다른 세대'에 속한다는 지각이 생김, 청년기의 꿈에 대해 '내가 무엇을 했나/내가 인생에서 정말 원하는 것은 무엇인가?'라고 성찰·분석함
성인 중기(55~60세)	차분한 시기, 이 단계에서는 일에 대한 열정이 사라지기 시작할 수도 있음, 시간은 유한하고 관계가 더 중요하다고 생각함
성인 후기 전환기(60~65세)	많은 사람에게 은퇴의 시기, 앞으로 남은 세월을 어떻게 살지 질문함

자료: Levinson et al.(1978)에서 각색.

이 단계들의 세부적인 설명은 표 3-3으로 요약된다.

✍ **연습 3-6**

레빈슨의 인생구조 이론이 코칭에 어떻게 적용될 수 있다고 생각하는가?

....

....

....

....

사회구성 패러다임과 인지발달이론들: 비고츠키의 근접발달 영역

비고츠키(Vygotsky, [1926]1962, 1978)는 아동을 대상으로 다양한 단계의 난이도를 가진 실험을 수없이 하며 관찰한 결과, 아동은 또래와 함께 지도받고, 또래와 협동해 공부할 때 더 잘 배운다는 것을 알아냈다. 비고츠키는 '실제적 발달 수준'과 '잠재적 발달' 사이의 학습 격차를 '근접발달 영역proximal development zone' 이라고 이름 붙였다.

✎ **연습 3-7**

'근접발달 영역'이라는 아이디어를 당신은 어떻게 생각하는가? 그것이 어떤 식으로 당신의 코칭 맥락에 적절할 것 같은가?

....

....

....

....

코칭은 사회적 협력의 한 형태로 보일 수도 있다. 코치가 코치이를 지지해 주어 그가 자기 목표를 배우고 발전시키며 성취할 수 있게 한다는 점에서 그렇다. 어떤 면에서는, 비계飛階(건축 중인 건물의 상층부로 접근할 수 있게 설치하는 뼈대 구조물, 비계를 세운다는 'scaffolding'이라는 단어는 원래 비고츠키의 교육이론에서 사용되었다*)에 비유하자면 코칭 과정은 코치이가 근접발달의 영역을 건너갈 수 있는 그런 구조물을 제공한다. 여기서 코치의 역할은 코치이가 '간격이 있는 과제distancing tasks'라고 불리는, (하기 어렵지만) 해낼 만한 일련의 과제를

그림 3-4 근접발달 영역과 코칭/학습 과정

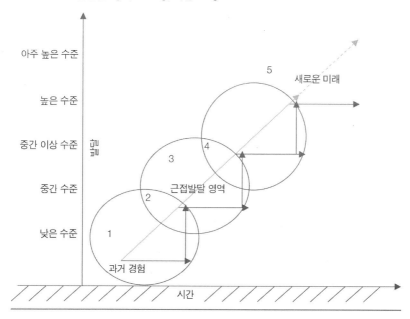

계획해 점증적으로 배우도록 돕는 것이다. 그래서 그들이 근접발달의 그다음 영역으로 움직여가도록 지원한다. 그림 3-4는 이 과정을 그린 것이다.

비고츠키는 발달 수준(그림 3-4에서의 수직선)을 다섯으로 나누는데, 각각의 수준이 지닌 복잡함과 어려운 점의 양이 다르다.

① 낮은 수준: 단순한 과제

② 중간 수준: 비교적 복합적인 과제

③ 중간 이상 수준: 꽤 복합적인 과제

④ 높은 수준: 복잡한 과제

⑤ 아주 높은 수준: 아주 복잡한 과제

비고츠키의 학습이론과 이야기 코칭

'학습 비계 세우기'라는 비고츠키의 이론이 이야기 치유에서 사용되어왔다(White, 1997, 2000, 2006). 이야기 코칭에서도 비슷한 접근방식들이 영국의 저자(Hall, 2006; Law. 2006a; law, Aga and Hill, 2006)들과 덴마크의 레인하르 스텔테르Reinhard Stelter(Stelter, 2007, 2009; Stelter and law, 2009, 2010)에 의해 독자적으로 개발되어 사용되어왔다. 다른 형태의 이야기 코칭도 데이비드 드레이크David Drake 박사(Drake, 2006, 2007, 2008a, 2008b, 2009)에 의해 별도로 호주와 미국에서 개발되어왔다. 이야기 접근법은 두 개의 중심 토대 위에 세워진다.

① 사회/문화의 토대: 성찰과 문화적 은유를 사용해 코치이가 의미를 만들어내도록 도와준다(예: Myerhoff, 1982; Turner, 1967).
② 학습 토대: 비고츠키의 근접발달 개념을 사용해 실천 공동체를 개발한다.

| 사회/문화의 토대 | 이야기 접근법의 코칭 대화는 코치와 코치이 사이에 이루어지는 특별한 형식의 대화 과정으로 간주된다. '이야기 코칭'은 사람에게 초점을 둔 접근방식이다. 그 목표는 코치이에게 발전할 공간을 주는 것이며, 그로써 다음과 같은 내용을 성찰하고 새롭게 이해할 가능성을 주는 것이다.

① 특정한 맥락에 관련된 자신의 경험
② 특정한 관계들, 다른 사람과 조율된 행동, 특정한 사회적 상황에서의 협상 과정

   이야기 접근법에서 탐문을 위한 일차적 변수로 간주되는 것은 코치이의 경험과 관계다.

| 학습 토대 |　　학습은 "경험이 지식으로 변형되는" 과정이다(Kolb, 1984: 38).
학습의 토대는 학습자의 호기심과 열린 마음(근접발달 영역)이다. 학습은 그 이
전 상황과 유사한 상황의 경험에 의해 영향을 받는다. 그러므로 새로운 과제와
상황을 가지고 어떻게 씨름할지에 관한 특정한 기대가 학습에 영향을 미친다.
특정한 상황과 구체적 경험을 예리하게 주목하고 의식함으로써 공부할 자세가
갖추어진다. 학습 맥락에서 학습자는 주어진 과제/환경에 관해 개인적인 의미
를 개발하고 가치를 성찰하게 되는데, 그에게 참여 의지가 있고 실제로 참여해
야 의미가 생긴다.

| 의미의 공동 창조 |　　관계적 의미 만들기는 늘 몇 사람이 관련되며 최소한
두 부분, 즉 코치와 코치이 또는 코치와 집단으로 이루어진다. 이야기 기법은
코치이가 자기 삶을 어떻게 사는지 이야기하도록 도와준다. 다양한 기법을 코
칭 맥락에 맞추어(예를 들어 가족, 성인, 아동과 청소년) 사용할 수 있다. 내 생각
에 이야기 기법을 사용한 코칭의 핵심 특징은 '외현적 대화 externalizing conversation'
와 '다시 저술하기 방법 re-authoring methods'이다.
　　외현적 대화라는 개념은 코치이가 자기 인생 이야기를 할 때 자기 '문제'를
마치 자신의 '개인적 특성'인 것처럼 내면화해온 경우가 아주 많다는 점을 뜻한
다. 예를 들면 다음과 같다.

- 줄거리: "내가 일을 잘못했어요. ……"(문제: 업무를 잘못 시행함)
- 내면화: "내가 잘못이다!"

　　그러나 이야기 기법으로 대화할 때의 기본 입장은 다음과 같다.

- 코치이/멘티는 사람이지 문제가 아니다.
- 문제는 그저 문제일 뿐이다(문제는 그 사람 외부에 있다).

　　코칭 회기에 학습자는 정보를 모아 '쌓기'에서 그 정보를 복잡한 연결 고리로 발전시키는 것(비계 세우기)으로 옮겨가는 경험을 한다. 이렇게 근접발달의 영역을 건너가는 것은 코치와 코치이, 멘토와 멘티 사이에 형성되는 일종의 대화적 동반자('관계적 협력') 관계를 통해서다. 코치는 '비계 세우기'를 제공해 코치이가 근접발달 영역을 건너가도록 돕는다. 즉, 그가 "알고 있는 익숙한" 것에서 "아는 것이 가능"할 수도 있는 것으로 건너가는 발걸음을 뗄 수 있도록 돕는다.

　　코칭 과정은 이야기 대화 형식의 협동 학습으로 간주될 수 있다. 이런 과정에 참여하면서 모든 참여자는 가치 있게 여기는 것과 자기 인생을 위해 의도하는 것에 관한 이야기를 다시 발전시킨다. 이 이야기가 자기 인생과 정체성에 관한 개념으로 간주될 수 있다. 발달이라는 개념이 사람에게 제공해주는 것은 자신의 기능에 대한 감각을 개발하며, 자신의 인생과 관계를 규제하고, 자기 삶을 진행시키며, 자기가 당하는 곤경을 전달하고, 자기 꿈에 대한 장벽을 극복해 자기 실존을 다른 식으로 형성할 수 있는 토대다.

　　코칭이나 멘토링의 과제는 근접발달 영역에 비계를 세워주는 데 기여하는 것이다.

사회학습이론

사회학습이론(Law and Wenger, 1991; Wenger, 1998, 2009)이 말하는 학습에는 다음과 같은 특징이 있다.

- 자연스러움(인간 본성의 일부)

- 의미 있음(새로운 의미 창조)

- 경험적임(사회적 경험)

- 중개 agency

- 사회적 구조와 패턴을 가진 '실천 공동체'

- 문화

- 변혁(정체성 계발)

- 집단적 역사 개발

- 테두리(다중적인 형태의 구성원)

- 에너지와 힘을 지닌 사회적 관여

- 상상력

- 균형 맞춤 alignment

- 집단성(사회적 응집)

- 공간(그 안에서 대화와 학습이 일어난다)

- 시민의식(참여자의 헌신을 지속시키는 윤리 규범)

- 리더십(다른 사람이 학습하도록 북돋고 학습체계나 학습 조직을 조율하며 관리하는 핵심 인물)

- 통치 governance(그 체계의 배치를 지도하는 '통치' 원리)

✎ **연습 3 - 8**

앞에서 설명한 사회학습이론을 근거로 다음의 질문을 생각해보라.

- 어떤 종류의 사회적 경험이 학습을 구성하는가?

- 어떤 종류의 사회적 상호 반응이 학습에 최적화한 조건을 만들어주는가?
- 어떤 사회적 맥락이 이런 상호 반응을 가장 잘 이끌어내는가?
- 어떤 형식과 구조가 학습을 (방해하지 않고) 강화하는가?

....
....
....
....

학습심리학을 적용해 코칭과 멘토링의 틀을 개발하기

학습이론을 검토하면 세 가지 본질적인 요소가 나타나는데, 다음과 같다.

- 경험
- 성찰
- 의미

우리는 학습 사이클(그림 3-2)과 근접발달 영역(그림 3-4)을 합쳐 역동 코칭 모델(그림 3-5)을 만들 수 있다. 그림 3-5를 참조하라. 이미 서술한 성찰의 하부 단계 여섯 가지를 그 학습 사이클 안에서 볼 수 있는가?

지금까지 그 모델에서 빠진 연결 고리는 무엇인가?

그 과정 안에서 의미가 만들어지는 곳은 어디라고 생각하는가?

그림 3-5 **모델 합병: 학습 사이클과 코칭 과정**

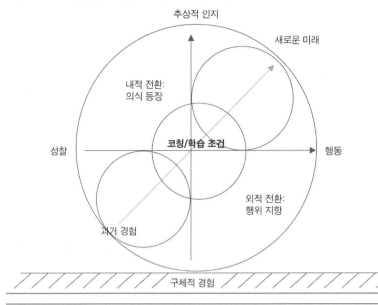

그림 3-6 **역동 코칭-학습 모델**

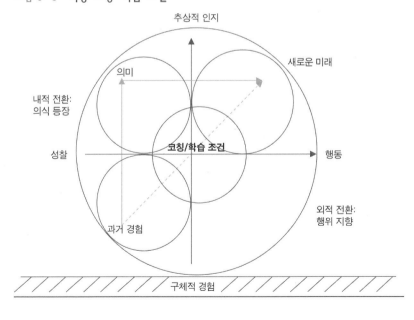

그림 3-5의 인지적 (성찰) 과정에 의미 만들기를 개입 단계로 추가해 더 완전한 코칭 학습 모델이 만들어졌다(그림 3-6 참조).

요약과 성찰

이 장은 긍정심리학의 발달 과정을 코칭을 위한 철학적 기초로 설명하기 시작해, 코칭을 위해 특성 강점을 사용하는 것, 즉 강점기반 코칭으로 알려진 접근법을 설명했다. 강점기반 코칭의 본질을 요약하기 위해 코치가 해야 할 것은 다음과 같다.

① 코치이의 문제들이 그에게는 진짜 문제라는 것을 인정하라. 정직하라.
② 코치이의 특성 강점, 즉 그가 가장 잘하는 것에 집중하라. 긍정적이 되라.
③ 코치이가 강점을 발전시키고 능력을 배양하도록 격려하라.
④ 코치이가 행동할 힘을 충전시키라.
⑤ 코치이의 강점이 더 발전하도록 도울 수 있는 사람들을 그에게 연결시켜 주어라.

이 장에서는 다양한 학습이론이 소개되었고, 이 이론들이 코칭 학습 모델에 기여하는 바가 무엇인지 확인되었다. 여기서 요약된 학습의 특징은 다음과 같다(Law, 2013도 참조하라).

• 행동하기(사교 활동)
• 자각

- 장벽(연결 과제)

- 무엇인가 되기(존재함, 정체성)

- 챔피언(리더, 조정자, 조력자, 코치)

- 변화

- 공동체: 사회시스템

- 대화

- 문화

- 노출

- 윤리

- 관리

- 의미(목적의식)

- 다중 관점

- 새로운 가능성

- 실천

- 책임

- 자아 정체성

- 공간

당신이라면 앞의 목록에 무엇을 덧붙이겠는가?

정의
코칭심리학, 코칭, 멘토링, 학습

들어가는 말

이 장은 코칭심리학, 코칭, 멘토링, 학습에 관해 정의를 내리는 목록과 같다. 그러나 시작하기 전에 코칭이 무엇인지 생각해보고, 당신이라면 어떻게 정의 내릴지 고려해보는 것이 도움이 될 것이다.

• 당신 개인에게는 코칭이 무엇인가?
• 전문적 의미에서는(이론상으로나 실천적으로나) 무엇이 코칭인가?

또한 다음의 질문도 고려해보라.

• 코칭심리학, 코칭, 멘토링, 학습의 유사점과 차이점은 무엇인가?

• 그 정의가 문화에 따라서 바뀌고 다양할까?

멘토링과 코칭의 정의

사람들은 같은 분야에 있는 멘토가 멘티보다 지식 · 경험 · 지혜가 더 많으리라고 생각하는 경향이 있다. 멘토를 믿을 만한 안내자라고 생각하는 것이다(Daloz, 1999). 예를 들면 호메로스Homeros의 『오디세이Odyssey』에 나오는 멘토Mentor(오디세이의 친구로서 오디세이의 아들을 돌보고 교육하는 임무를 맡았다. 그 때문에 그의 이름 '멘토'가 후에 스승이라는 의미의 보통명사가 되었다*)나 중국의 공자孔子가 그런 사람이다. 많은 코치와 멘토가 그 둘의 테두리를 분명하게 긋지만(예를 들어 Parsloe, 1992), 어떤 사람은 그렇지 않다(예를 들어 CIPD, 2012; Willis, 2005). 내가 주장하고 싶은 것은 최근 코칭과 멘토링에서는 별로 구별점이 많지 않고, 그 기술의 바탕과 실천 모델의 면에서 많은 부분이 겹친다는 점이다.

밥 가비Bob Garvey(Garvey, 2011)는 멘토링을 발달 과정으로 간주한다. 또한 멘토링은 심리학적이고 사회적일 수도 있고(Levinson 1997; Levinson et al., 1978; Sheehy, 1977, 1996), 그리고/또는 전문적일 수도 있다(Clutterbuck, 2004).

✎ **연습 4-1**

멘토링과 코칭의 정의를 포괄적으로 조사해보라. 전문기관도 포함해 조사해보라. 예를 들면 다음과 같다.

• 코칭협회(http://www.associationforcoaching.com/about/about0.3htm)
• 공인인력개발기구(http://www.cipd.co.uk/hr-topics/coaching-mentoring.aspx#

Informationpage)

- 유럽 멘토링과 코칭 협의회(http://www.emccouncil.org/src/ultimo/models/Down load/102.pdf)
- 국제코치연맹(http://www.coachferderation.org/)

이 기관들에서 말하는 정의를 조사해보고 나서 코칭과 멘토링의 특징을 비교 · 대조하라.

....

....

....

....

이제 당신이 얻은 결과를 다음의 특징에 비추어 요약하라.

- 격식: 그 과정이 형식적인가, 아니면 비형식적인가?
- 계약: 계약 기간은 얼마나 되는가? 장기간인가, 아니면 비교적 단기간인가?
- 초점: 코칭이나 멘토링의 초점이 무엇인가?
- 지식/경험: 어떤 종류의 지식 또는 경험이 코치나 멘토에게 필요한가?
- 목표/안건: 코칭/멘토링의 목표는 무엇인가?

내 이해대로 표 4-1에서 요약했다. 그것을 당신의 이해와 비교해보아도 좋다.

표 4-1 **코칭과 멘토링의 유사점과 차이점**

특징	코칭	멘토링
격식	더 많음	덜 함
계약	단기	장기
초점	업무 수행	경력/개인적인 일
지식/경험	일반적	특정한 것
목표/안건	이중적	단일

학자들이 다양하게 이런저런 형식으로 나름의 정의를 내리지만, 앞의 본질은 다 집어넣고 있다. 이것을 다음과 같이 요약할 수 있다.

- 코치이의 업무 수행을 용이하게 만들어준다(Downey, 1999; Law, 2002; Parsloe, 1992; Whitmore, 2002).
- 사람들의 잠재력을 풀어준다(Law, 2002; Whitmore, 2002).
- 학습과 개발을 강화한다(Downey, 1999; Parsloe, 1995; van Nieuwerburgh, 2012).

코칭을 정의 내리기 위해 내가 사용하기 좋아하는 은유는 '여행'이다. 그것은 '코치'가 코치이를 A(그가 현재 있는 곳)로부터 B(그가 미래에 있기를 열망하는 곳)로 옮겨주는 '차량'처럼 행동한다는 아이디어를 보여주기 때문이다.

✍ **연습 4 - 2**

코칭 스타일은 (조력하기부터 지시적인 접근법까지) 다양하다. 당신은 어떤 스타일의 코칭을 하는가?(왜 그렇게 하는가?)
이 스타일들이 당신 자신의 학습뿐 아니라 코치이의 학습과 어떻게 관계되는가?
당신은 학습을 어떻게 정의할 것인가?

....
....
....
....

학습의 정의

3장에서 이미 알았겠지만, 코칭은 학습심리학에 기반을 두어야 한다는 것이 나의 주장이다. 마시 퍼킨스 드리스콜Marcy Perkins Driscoll(Driscoll, 2005)은 학습을 한 사람의 업무 수행 잠재력의 변화라고 정의한다. 이 정의가 학습 과정에 관해 말해주는 것은 무엇인가? 그리고 그것은 3장에서 당신이 읽은 학습 사이클과 어떤 관계가 있는가?

학습 과정을 보는 또 다른 방법은 시스템 관점으로 보는 것이다(그림 4-1). 이 시스템 관점을 구성하는 것은 다음의 요소들이다.

- 투입input
- 수단means
- 산출output
- 성과outcome

✍ **연습 4 - 3**

앞의 구성요소를 이루는 각각의 재료를 서술하라.

투입: ....

수단: ....

산출: ....

성과: ....

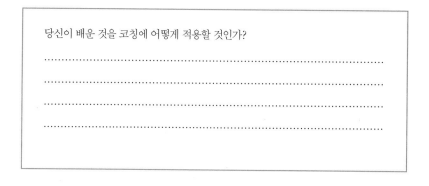

당신이 배운 것을 코칭에 어떻게 적용할 것인가?

....

....

....

....

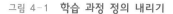

그림 4-1 학습 과정 정의 내리기

코칭심리학의 정의

당신은 코칭을 정의했고, 코칭과 멘토링의 유사점과 차이점이 무엇인지 확인했다. 또한 학습이 코칭에 어떻게 적용될 수 있는지에 관해서도 배웠다. 그렇다면 코칭심리학이 무엇인지 어떻게 정의 내릴 것인가?

영국심리학회 코칭심리학 분과 특별그룹에 따르면 코칭심리학은 다음과 같이 정의된다.

(코칭심리학이란*)...... 개인적인 삶과 일의 영역에서 안녕과 수행 능력을 강화하기 위한 것이며, 기존 학습법이나 심리학적 접근법에 기반을 둔 코칭 모델에 의해 뒷받침된다(BPS SGCP, 2006; Grant and Palmer, 2002와 Palmer and Whybrow, 2006을 각색).

코칭심리학을 위한 '보편통합모형'

호 로, 세라 아일랜드Sara Ireland, 줄피 후사인Zulfi Hussain(Law, Ireland and Hussain, 2007)은 코칭을 위한 '보편통합모형'을 다음과 같이 서술한다.

> (보편통합모형은*) 개발하고, 변화를 일으키며, 문화를 염두에 두는 과정 속에 있는 심리학의 학습이론에 의해 뒷받침된다. 그 틀을 실행하면 유연성과 유동성이 테두리를 넘어 확장될 수 있다.

이 틀 안에서 제안되는 것은 코칭 실행을 다음 네 차원에서 검토하는 것이다.

① 개인적 차원
② 사회적 차원
③ 문화적 차원
④ 전문적(직업적) 차원

✍ **연습 4-4**

코칭의 다양한 정의와 그 정의에 관련된 개념들을 살펴보았다. 이제 코칭에 관한 당신 자신의 정의를 만들어보라.

....
....
....
....

그림 4-2 **코칭의 정의**

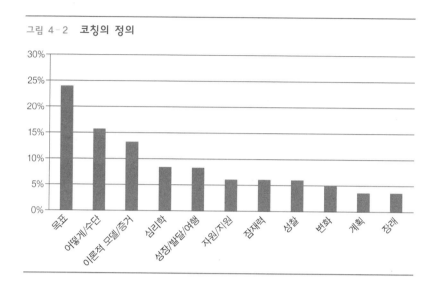

이 네 차원은 6장에서 더 탐구될 것이다. 지금은 한 차원씩 생각해보는 것이 유용할 것이다. 당신은 자신의 코칭 실행과 학습을 어떻게 개발할 것인가?

나는 이 질문을 대학교의 코칭 프로그램 지원자들에게도 묻는다. 몇 년 동안 내가 주목한 바로는 그들이 다음 항목을 가장 공통적으로 언급한다는 사실이다(빈도 순서로 나열되어 있다. 그림 4-2 참조).

① 목표: 코치이가 자기 목표에 초점을 맞추고 달성하도록 도와주는 기술

② 어떻게/수단: 코칭 기법

③ 이론적 모델/증거: 코칭을 뒷받침하며 증거기반 실천에 근거를 둔 이론과 모델

④ 심리학: 코칭심리학

⑤ 성장/발달/여행: 코치이가 성장하고 발달하도록 돕는 기술

⑥ 자원/지원: 코치이가 자신의 잠재력을 풀도록 돕는 자원을 지님

⑦ 잠재력: 코치이가 자기 잠재력을 발달시키고 성취하도록 도움

⑧ 성찰: 코치이가 과거의 선택을 생각해보도록 격려

⑨ 변화: 코치이가 자기 행위를 변화시키도록 돕는 능력

⑩ 계획: 코치이가 자기 행동을 계획하도록 도움

⑪ 장래: 코치이의 장래에 초점을 맞추도록 돕는 기술

　이상의 목록이 보여주는 바는, 일반적으로 코칭에 관심 있는 사람들은(전문적으로 훈련받은 사람이 아닐지라도) 코칭이 무엇인지 알고 있으며, 자기가 무엇을 배우리라고 기대하는지에 관해 꽤 괜찮은 아이디어가 이미 있다는 점이다. …… 그러니까 더 배워보자.

요약과 성찰

만약 『코칭심리』를 읽어보았다면, 그 책에서 내가 코칭-멘토링이 연속체라는 아이디어를 지지하는데 그 아이디어는 학습심리학에 기반을 두며, 그 아이디어의 실행은 유동적이고 유연해야 하며, 그래서 다른 맥락과 문화에 적용할 수 있어야 한다고 주장함을 알아차렸을 것이다. 이 장에서는 코칭의 정의, 코칭심리학, 그리고 이런 것들이 멘토링이나 학습이론과 같은 다른 개념들과 어떻게 연관되는지에 대해서도 생각해보았다. 코칭의 정의들은 코칭의 본질을 담고 있다. 즉, 코칭에 요구되는 지식과 기술을 보여준다. 당신은 이 기술들을 더 개발하고 실행하도록 다음 장들로 초대되어 이 코칭 여행을 함께하게 될 것이다.

코칭과 멘토링으로 학습하는 조직

조직체에 코칭/멘토링 프로그램을 어떻게 소개할까?

들어가는 말

3장에서는 코칭 토대를 형성하는 학습이론 몇 가지와 긍정심리학을 검토했다.
4장에서는 코칭에 대한 다양한 정의를 검토했고, 우리 각자가 어떻게 정의할
지 모색했다. 이 장에서는 코칭에 관한 지식을 확장해 조직의 맥락에 적용할 것
이다.

이 장에서 학습할 것은 학습 조직체 개발의 중요성, 코칭이 조직체의 목표
달성을 도울 방법, 사업 사례 개발의 중요성이다. 또한 조직체와 공동체의 맥
락 안에서 코칭의 역할 및 코칭 내 구조와 구성요소를 배울 것이다.

이 장을 다 읽을 때쯤이면(모든 '연습'을 완성하고 나서) 다음과 같은 것을 할
수 있게 될 것이다.

① 조직체 내부의 일반적인 문제점을 알아차리고 코칭이 어떻게 도울 수 있는지 설명할 수 있다.

② 문화와 체제의 역할을 더 깊이 이해하고 평가해 조직체와 공동체에서 코칭이 할 수 있는 역할을 설명할 수 있다.

③ 사업 계획 및 전략 개발 방식과 과정이 다양함을 이해할 수 있다.

④ 어떤 체계적 사고가 학습 조직체 개발에 사용될 수 있을지 설명할 수 있다.

⑤ 조직체 맥락 안에서 코칭에 이용하는 심리측정의 역할과 가치를 서술할 수 있다.

⑥ 조직체와 공동체 내부 리더십의 역할을 비판적으로 평가할 수 있다.

⑦ 조직체 내부에 코칭을 도입할 행동계획을 세울 수 있다.

변화하는 세상의 도전거리

현재의 경제 분위기에서는 모든 사업체와 조직체가 효율성·유효성 증가와 비용·자원 감소의 압박이 산처럼 누르는 상황에 처해 있다. 근래에 들어 외주, 합병, 협업 관계가 수없이 늘어나고 있다. 더 큰 시장에서 경쟁력을 얻기 위해 계속 구조조정하고 재가동하며 재조직하는 것처럼 보인다(⇨ 연습 5-1).

사례로부터 학습하기

세상의 변화에 맞추려면 계속 배우는 조직이 되어야 한다. 그리고 리더는 새로운 실천 모델을 채택할 필요가 있다(Vaill, 1996; Lipman-Blumen, 1996). 다음의 예는 학습의 중요성을 보여준다.

당신이 아는 조직체(또는 당신이 속한 공동체)에서 경험한 것을 기초로 그 조직체
가 어떻게 변화해오고 있는지를 생각해보라. 그 변화들의 목록을 만들라.

....

....

....

....

적어놓은 변화의 목록을 다시 한번 보라. 이 변화들이 다음의 측면들에 어떻게 관
련되는지를 생각해보라.

• 리더십: 리더의 역량 포함(예: 사장, 매니저, 팀 리더 등)
• 가상 SNS와 같은 새로운 테크놀로지
• 소통
• 지식 전달
• 복합성

그 후 다음의 질문들을 생각해보라.

• 당신이 적은 각각의 변화에 리더가 어떤 영향력을 미쳤는가?
• 어떤 종류의 도전거리에 대처하기 위해 이런 변화가 이루어졌나?
• 그 도전거리에 대처하는 데 그 변화들이 어떻게 성공했는가?

앞의 연습 문제를 성찰하면서 당신에게 떠오른 생각은 그 무엇보다도 조직
문화가 그 조직의 사업 성패에서 핵심 요소일 수 있다는 점이다. 연습 5-2의

두 사례에서 드러나듯이, 한 사례는 비윤리적 기업 리더십 문화를 보여주고, 또 한 사례는 문화 변화가 어려운 일임을 보여준다. 비윤리적인 회계와 경영 관행으로 운영된 전자의 사례는 경영자가 재판을 받는 결과를 낳았다. 후자는 전통적인 가치를 고수하다가 테크놀로지와 시장의 급변에 발맞추는 데 실패했다. 사실 조직의 가치가 조직의 문화를 결정하는 것처럼 보인다. KPMG의 컨설턴트였던 잰 손베리Jan Thornbury(Thornbury, 2000)는 가치 추구 접근법이 어떻게 회사의 문화를 활성화할 수 있는지 설명한다. 그 사례연구들로부터 얻는 교훈에는 다음의 것이 포함될 수 있다.

① 변화는 기회뿐 아니라 위협도 불러온다. 예를 들어 사례 2에서 디지털 테크놀로지의 변화가 어떤 회사에는 파산의 위협이 될 정도의 어려움을 가져다 주었지만, 다른 회사(예: 후지필름)는 그 변화를 포용해 상품을 다양화할 수 있는 기회가 되었다.

② 변화를 성공적으로 관리하고 변화가 제시하는 기회들을 성공적으로 들어 올리려면 변화를 거스르기보다는 포용하는 일이 필요하다.

③ 과거의 성공이 미래의 성공을 담보하지 않는다.

④ 가치는 그 조직 문화의 핵심적인 결정 요인이다.

⑤ 가치는 윤리적일 필요가 있고, 윤리적 원칙이 조직 문화의 일부로 경영 관행에 스며들어 있을 필요가 있다.

⑥ 평등은 성공하는 조직체의 중요한 가치에 속한다. 모든 이해 당사자의 참여와 기여에 공정함, 주인 의식, 동등한 기회가 있음을 인지하는 것이 특징이다.

⑦ 세상이 변화하고 있다면, 조직의 문화도 변화될 필요가 있고, 그래서 그 조직의 가치도 변화될 필요가 있다.

⑧ 성공하는 조직 문화가 되려면, 최고경영진뿐 아니라 모든 구성원(피고용인)이

✍ **연습 5 - 2**

다음 회사에 관한 간략한 서술을 읽으라. (이 두 회사 모두 당시 헤드라인을 장식했지만) 당신이 이 회사들의 실제 사례에 익숙하지 않다면 온라인으로 이 회사들을 조사해보는 것도 좋다.

사례 1: 엔론

2001년에 엔론Enron Corporation(1985년 창립)의 주식시장 가치는 35조 달러였고, ≪포춘Fortune≫이 발표한 미국 500대 기업 중 7위였다. 그러나 2006년에 파산을 선언했다.

사례 2: 코닥

이스트만 코닥Eastman Kodak(1881년 창립)은 미국 사진 현상 설비와 필름 판매에서 주식시장의 90%를 보유했고, 1975년 디지털카메라에 최초로 투자했다. 그러나 2012년 파산 보호 신청을 했다.

당신은 앞의 두 사례로부터 어떤 교훈을 얻었는가?

....

....

....

....

어떤 조직체는 이기는 문화가 있고, 어떤 조직체는 겉핥기식 가치 선언만 있는 것은 무엇 때문인가?

그것이 가치에 관한 문제가 될 때 그 차이를 만드는 것은 무엇인가?

당신이 원하는 문화를 어떻게 정의 내리기 시작할 것인가?

당신이 가치 선언을 자랑스럽게 선포한 후 해야 할 일은 무엇인가?

목적을 가지고 참여해야 한다.

⑨ 따라서 어떤 조직체의 학습 능력(고객의 피드백을 수용할 능력 포함)과 변화
능력은 성공의 중요한 요소가 된다.

⑩ 세상이 변하기 때문에 리더십과 실제 운영을 계속 재평가하고 갱신해야 한
다. 이것이 가치 있게 여겨지고, 그 조직체의 업무 수행과 생산성 증가를 개
선하는 데 연결될 필요가 있다(예를 들어 제조업. Koskela, 1992 참조).

⑪ 조직체의 사고체계, 가치, 관행이 변화하려면 그 조직체 내부의 모든 수준
에서 소통이 이루어질 필요가 있다.

⑫ 리더십은 (이사회와 최고경영진에서뿐 아니라) 거의 모든 수준에서 개발되어
야 한다.

변화의 의미

앞부분에서의 첫 번째 학습 포인트는 '변화'라는 단어의 의미를 실제로 반영해준
다. 한자는 보통 두 단어가 짝을 이루어 그 의미를 충분히 서술한다. '변화'가 한
자로는 실제로 두 단어(한국말 한자어로는 한 단어의 두 음절*)로 이루어진다. 개

변改變이거나 변화變化다. 한자의 각 단어는 그 자체의 뜻이 있다.

개改: 개정하다, 바로잡다, 수정하다

변變: 변화하다, 변형하다, 탈피하다

화化: 녹이다, 되다, 바뀌다, 옮겨가다

따라서 상황이 바뀔 때 위협거리가 생긴다. 즉, [(벌레의*) 탈바꿈처럼] 구조적 변혁이 임박한다. 동시에 그것은 행동할 기회가 되기도 한다. 과거의 잘못을 수정하며, 상황을 바로잡고, 현재의 상태를 개정해 새로운 것이 될 기회를 제공한다.

출발시키기

어떤 조직체를 학습하고 개발시키는 첫 단계는 그 조직체의 사업을 검토하면서 시작된다(Verity, 2006). 전형적인 접근법들 중에는 다음과 같이 SWOT 분석과 PESTEL 분석이 있다.

✍ **연습 5 - 3**

당신이 관심을 둔 조직체를 하나 선택해 SWOT 분석과 PESTEL 분석을 하라. 물론, 코칭 회사를 세워서 운영 중이라면 이 연습을 당신의 조직체인 그 회사에 대해서 해도 된다.

SWOT(강점Strengths, 약점Weaknesses, 기회Opportunities, 위협Threats): 표 5-1을 채우라.

표 5-1 SWOT 매트릭스

강점	약점
⋯⋯⋯⋯⋯⋯⋯⋯⋯⋯⋯⋯⋯⋯⋯	⋯⋯⋯⋯⋯⋯⋯⋯⋯⋯⋯⋯⋯⋯⋯
⋯⋯⋯⋯⋯⋯⋯⋯⋯⋯⋯⋯⋯⋯⋯	⋯⋯⋯⋯⋯⋯⋯⋯⋯⋯⋯⋯⋯⋯⋯
⋯⋯⋯⋯⋯⋯⋯⋯⋯⋯⋯⋯⋯⋯⋯	⋯⋯⋯⋯⋯⋯⋯⋯⋯⋯⋯⋯⋯⋯⋯
⋯⋯⋯⋯⋯⋯⋯⋯⋯⋯⋯⋯⋯⋯⋯	⋯⋯⋯⋯⋯⋯⋯⋯⋯⋯⋯⋯⋯⋯⋯
기회	위협
⋯⋯⋯⋯⋯⋯⋯⋯⋯⋯⋯⋯⋯⋯⋯	⋯⋯⋯⋯⋯⋯⋯⋯⋯⋯⋯⋯⋯⋯⋯
⋯⋯⋯⋯⋯⋯⋯⋯⋯⋯⋯⋯⋯⋯⋯	⋯⋯⋯⋯⋯⋯⋯⋯⋯⋯⋯⋯⋯⋯⋯
⋯⋯⋯⋯⋯⋯⋯⋯⋯⋯⋯⋯⋯⋯⋯	⋯⋯⋯⋯⋯⋯⋯⋯⋯⋯⋯⋯⋯⋯⋯
⋯⋯⋯⋯⋯⋯⋯⋯⋯⋯⋯⋯⋯⋯⋯	⋯⋯⋯⋯⋯⋯⋯⋯⋯⋯⋯⋯⋯⋯⋯

PESTEL(정치적Political, 경제적Economic, 사회적Social, 기술적Technological, 환경적Environ-mental, 법률적Legal 측면): 표 5-2를 채우라.

표 5-2 PESTEL 매트릭스

정치적	경제적
⋯⋯⋯⋯⋯⋯⋯⋯⋯⋯⋯⋯⋯⋯⋯	⋯⋯⋯⋯⋯⋯⋯⋯⋯⋯⋯⋯⋯⋯⋯
⋯⋯⋯⋯⋯⋯⋯⋯⋯⋯⋯⋯⋯⋯⋯	⋯⋯⋯⋯⋯⋯⋯⋯⋯⋯⋯⋯⋯⋯⋯
⋯⋯⋯⋯⋯⋯⋯⋯⋯⋯⋯⋯⋯⋯⋯	⋯⋯⋯⋯⋯⋯⋯⋯⋯⋯⋯⋯⋯⋯⋯
⋯⋯⋯⋯⋯⋯⋯⋯⋯⋯⋯⋯⋯⋯⋯	⋯⋯⋯⋯⋯⋯⋯⋯⋯⋯⋯⋯⋯⋯⋯
사회적	기술적
⋯⋯⋯⋯⋯⋯⋯⋯⋯⋯⋯⋯⋯⋯⋯	⋯⋯⋯⋯⋯⋯⋯⋯⋯⋯⋯⋯⋯⋯⋯
⋯⋯⋯⋯⋯⋯⋯⋯⋯⋯⋯⋯⋯⋯⋯	⋯⋯⋯⋯⋯⋯⋯⋯⋯⋯⋯⋯⋯⋯⋯
⋯⋯⋯⋯⋯⋯⋯⋯⋯⋯⋯⋯⋯⋯⋯	⋯⋯⋯⋯⋯⋯⋯⋯⋯⋯⋯⋯⋯⋯⋯
⋯⋯⋯⋯⋯⋯⋯⋯⋯⋯⋯⋯⋯⋯⋯	⋯⋯⋯⋯⋯⋯⋯⋯⋯⋯⋯⋯⋯⋯⋯
환경적	법률적
⋯⋯⋯⋯⋯⋯⋯⋯⋯⋯⋯⋯⋯⋯⋯	⋯⋯⋯⋯⋯⋯⋯⋯⋯⋯⋯⋯⋯⋯⋯
⋯⋯⋯⋯⋯⋯⋯⋯⋯⋯⋯⋯⋯⋯⋯	⋯⋯⋯⋯⋯⋯⋯⋯⋯⋯⋯⋯⋯⋯⋯
⋯⋯⋯⋯⋯⋯⋯⋯⋯⋯⋯⋯⋯⋯⋯	⋯⋯⋯⋯⋯⋯⋯⋯⋯⋯⋯⋯⋯⋯⋯
⋯⋯⋯⋯⋯⋯⋯⋯⋯⋯⋯⋯⋯⋯⋯	⋯⋯⋯⋯⋯⋯⋯⋯⋯⋯⋯⋯⋯⋯⋯

당신 조직체의 강점과 약점뿐 아니라 지금 직면하고 있는 기회와 위협이 무엇인지 (PESTEL 측면을 이용해) 확인했으면, 당신이 어떻게 도움을 주어야 다음처럼 될 수 있을지 생각해보라.

① 이러한 측면들에 맞출 줄 아는 유능한 조직이 되도록
② 변화에 맞출 줄 아는 학습하는 조직이 되도록
③ 리더가 전문성을 증진하고 역량·효율성·유효성을 학습해 리더십을 개발하도록

첫 번째 질문에 대답하려면 다음 질문이 먼저 생각날 수도 있다.
• 유능한 조직체란 어떤 모습인가?

학습하는 조직체가 유능한 조직체다

내가 관찰하고 문헌을 검토해본 결과, 유능한 조직체는 대체로 변화하는 환경에 대처할 능력과 자원, 방향감각, 윤리적 가치, 이해 당사자들의 만족, 장기간의 목표와 단기간의 목표를 지닌다. 이 요소들은 보통 조직체의 전략이나 사업 계획 안에서 만들어진다. 따라서 어떤 사업이든(작은 사업이든 큰 사업이든, 새로운 사업이든 정착된 사업이든) 그 전략과 사업 계획을 개발해야 한다.

전략과 전략적 계획

전략은 보통 그 조직의 방향과 시야를 확보하며, 그래서 이해 당사자들의 기대

를 채우도록 도와주고, 시장과 환경의 변화에 맞추어 유리한 점을 성취하도록 돕는다(Johnson and Scholes, 1999). 일반적으로 말하자면, 어떤 조직체가 전략을 형성하고 시행할 때 해야 할 일은 다음과 같다(Hodgkinson and Sparrow, 2002).

① 환경과 그 조직체의 전략적 입장 분석
② 선택사항 중 가장 좋은 것이 무엇인지, 그것을 어떤 순서로 행동에 옮길지 확인
③ 전략 시행

앞의 활동과 관련해 비즈니스 영역에서 유명한 전략 개발 접근법은 다음과 같다.

• 분석적 접근법(Porter, 1996)
• 학습 접근법(Mintzberg, 1994)
• 혁신적 접근법(Hamel, 1996)

이것을 하나씩 서술해보면 다음과 같다.

전략 개발에 대한 분석적 접근법

마이클 포터 Michael Porter(Porter, 1996)는 전략 개발을 분석 과정이라고 간주한다. 포터에 따르면 경쟁 맞수가 시장에서 한 조직체의 경쟁력을 결정하는 주요 요인이다. 따라서 자신의 전략적 입장을 확인하는 일에는 경쟁 맞수 분석과 그에 관련된 영향력 분석이 포함된다(그림 5-1 참조).

그림 5-1 5개의 힘에 대한 포터의 분석

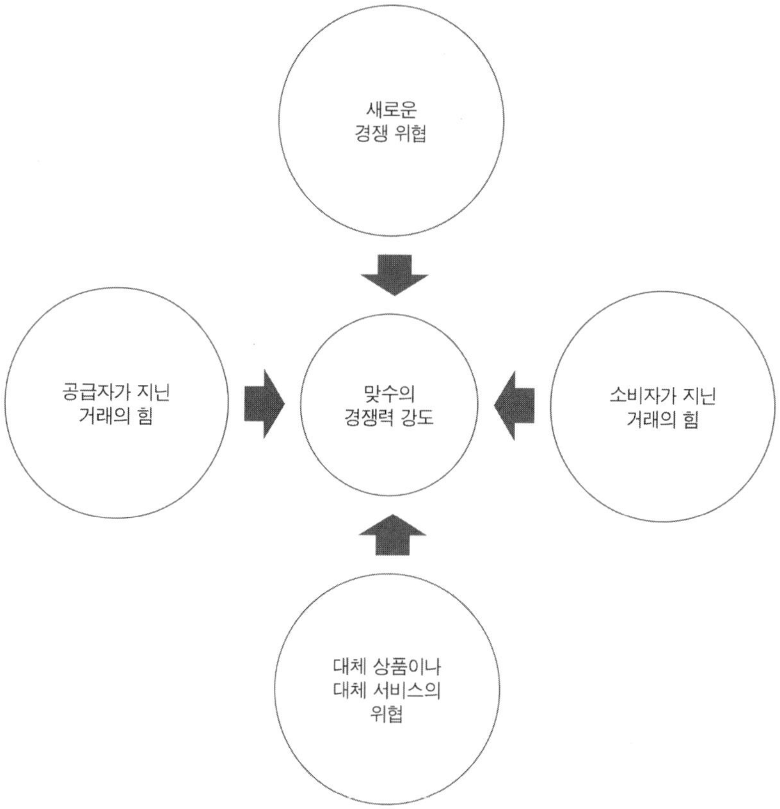

- 새로운 경쟁 위협
- 공급자가 지닌 거래의 힘
- 맞수의 경쟁력 강도
- 소비자가 지닌 거래의 힘
- 대체 상품이나 대체 서비스의 위협

- 새로운 경쟁 위협: 완벽한 경쟁(이윤 제로) 대對 경쟁 제로(최대치의 이윤)
- 대체 상품이나 대체 서비스의 위협: 이전에 든 예처럼 디지털 사진은 필름 사진의 좋은 대체물이 될 수도 있다.
- 소비자가 지닌 거래의 힘(산출 시장): 고객이 조직체에 압력을 가할 힘이 있다. 이것은 구매자와 공급자 비율, 의존도, 대체 상품이나 대체 서비스의 구입 가능성, 가격 민감도, 상품이나 서비스의 독특성에 달린 일이 될 수도 있다.

- 공급자가 지닌 거래의 힘(투입 시장): 공급자의 자원이 희소성이 있을 때 공급 가격으로 인해 공급자가 힘을 갖는다.
- 맞수의 경쟁력 강도: 다른 유사 상품이나 서비스 공급자 사이의 경쟁 증가

조직체는 단순한 생산성 개선과 비용 절감보다는 계속적인 학습·다양화·혁신을 통해 경쟁력을 유지할 수도 있다. 테크놀로지의 변화는 소비자의 행위에 영향을 줄 수 있다. 인터넷 쇼핑의 증가가 좋은 예다. 따라서 포터에 따르면 조직체는 경쟁력 유지 전략을 세울 필요가 있다. 이것은 다음 단계를 밟는다.

① 환경 안에서 시장분석 하기
② 경쟁에서 유리한 위치를 점유할 만한 조직체의 전략적 입장이 무엇인지 확인하기
③ 그 입장에 따른 조직 정책 형성하기
④ 조직체 전반에서 그 정책에 대해 효과적으로 소통하기

전략 개발에 대한 학습 접근법

헨리 민츠버그Henry Mintzberg(Mintzberg, 1994)의 견해에 따르면 변화란 예측 불가능하다. 따라서 전략적 계획을 세우는 어떤 시도도 도움이 안 되며, 심지어는 전략적 사고를 방해할 수도 있다. 전략적 결정을 위해 리더들은 전략의 다음과 같은 다중 양상(정의)을 분명하게 이해할 필요가 있다(다섯 개의 P).

- 계획Plan: 행동계획 정하기
- 계책Ploy: 경쟁자들보다 앞서기 위한 특정 수단 정하기

- 패턴Pattern: 행위 패턴 정하기
- 입장Position: 환경과 관련한 조직의 입장 정하기
- 관점Perspective: 조직체의 집단적 성격(정신) 정하기. 그 관점을 구성원 모두가 공유할 필요가 있기 때문이다.

이 다섯 P를 모두 포괄할 전략은 조직의 학습을 통해서만 떠오를 것이다.

전략 개발에 대한 혁신적 접근법

게리 하멜Gary Hamel(Hamel, 1996)은 전략 개발을 혁신적인 과정으로 간주한다. 규칙을 만들고 받아들이는 자가 있듯이, 규칙을 깨고 현상에 도전하는 자들이 있다. 민츠버그처럼 하멜은 전략이 유동적이고 예측 불가능하다고 믿는다. 따라서 가치가 첨가된 서비스/상품을 공동체가 제공하려면, 그것의 강점과 독특한 판매 포인트를 알 뿐 아니라 그 자체의 핵심 경쟁력을 확인할 필요가 있고, 또한 계속 집단적으로 학습하며 혁신하고 회전할 필요가 있다.

요약하면 전략 개발에 대한 세 가지 접근법은 다음과 같은 것에 기초를 둔다.

① 합리성: 분석 - 선택 - 시행 과정
② 진화 또는 혁신
③ 학습 과정

코치로서 우리는 조직체의 리더들이 조직 전략을 '행동할 만한 지식'(Argyris, 1999에서 빌린 용어)으로 바꾸어 말할 줄 알도록 도울 필요가 있다. 이것은 조직체의 학습을 통해 이루어질 수 있다.

조직체의 학습

학습하는 조직체 개발을 돕기 위해 코치는 내부의 코치이들을 도울 필요가 있다.

- 경험에서 **배우라**(Argyris, 1977; Argyris and Schön, 1978; Cangelosi and Dill, 1965; Cyert and March, 1963; Garvin, 1993).
- **집단학습**을 할 수 있도록 도우라(Handy, 1989; Senge, 1990; Weick and Roberts, 1993).
- 지식을 증가시키라. 그것이 태도와 행위를 변화시키고, 따라서 성과가 **개선된**

다(Duncan and Weiss, 1979; Fiol and Lyles, 1985).

- 규칙적인 **일상**과 절차를 개발하라(Levitt and march, 1988).
- **지식**을 관리하라(Blackler, Crump and McDonald, 1999; Staples, Greenaway and McKeen, 2001; Strata, 1989).
- **공유된 이해**를 종합하라(Ginsberg, 1990).
- 유용한 **지식**을 획득하고 **행위를 변화시키라**(Huber, 1991).
- 암묵적인 지식을 표현함으로써 지식을 생성하라(Nokata, 1991).

  학습하는 조직은 다음의 특징적 과제라는 측면에서 보았을 때 전통적 자원에 기초한 조직과 다르다(Arvedson, 1993; Senge, 1990).

- 목표 설정: 위로부터의 비전 대신 공유된 비전
- 생각과 행동: 자동적(최고위자는 생각하고, 매니저는 행동한다)이지 않고 체계적(모든 수준의 사람이 모두 다 생각하고 행동한다)
- 갈등 해소: 대화, 다양한 의견 통합, 권력관계를 통한 정치적 중재가 아니라 공유된 이해

지식과 지식 관리

문헌 고찰을 통해 공동체가 공유하는 지식은 다섯 가지다.

① 사전적(선언적) 지식: **무슨 일**을 해야 한다고 알려줌(Sackman, 1991, 1992; Zack, 1999)
② 처방적(과정) 지식: 특정 과제가 어떻게 실행**되어야 하는지** 방법을 서술하는

학습하는 조직체가 직면하는 도전 중 하나는 지식 관리다. 그렇다면 조직체가 관리할 필요가 있는 지식은 어떤 종류의 지식인가? 당신이 익숙한 조직체 안에 그런 종류의 지식은 무엇이 있을지 15분 동안 생각해보라. 그다음에 목록을 만들라.

....

....

....

....

절차(Cannon-Bowers and Salas, 1993; Sackman, 1991, 1992; Zack, 1999)

③ 안내 지식: 과제가 **실제로** 이루어지는 방법(Rentsch and Hall, 1994; Sackmann, 1991, 1992)

④ 대인 지식: 누가 무엇을 알고 있는지 아는 것(Moreland, 2000)

⑤ 공리적 (원인) 지식: 조직 내부에서 공유된 태도 · 신념 · 가치(조직 문화의 핵심 부분). 이 지식 자체가 **왜** 특정한 일을 특정 방법으로 행하는지에 대한 설명이 됨(Mohammed, Klimoski and Rentsch, 2000; Sackmann, 1991, 1992, Zack, 1999).

앞의 지식 중 말로 표현되는 지식과 암묵적인 지식을 확인하라.

....

....

....

....

학습하는 조직체와 학습심리학

이전 부분에서 내가 요약한 다섯 유형의 지식은 학습될 수 있고, 다른 사람에게 전달될 수 있으며(한 형태의 지식으로부터 다른 형태의 지식으로 전달될 수도 있고), 그 조직체의 총체적인 역량을 이룬다. 노나카 이쿠지로野中郁次郎(Nonaka, 1991)와 노나카 등(Nonaka et al., 1996)은 조직체의 역량을 네 가지 유형으로 나눈다.

- 사회화: 사람들은 서로 배운다(암묵적 지식에서 암묵적 지식으로).
- 조합(통합): 다른 자원에서 표현된 지식(조직체의 절차, 규칙, 과정)을 조합해 더 큰 복잡한 체계의 형태를 이룬다(명시적 지식에서 명시적 지식으로).
- 명시화: 사람들은 암묵적 지식을 표현함으로써 소통한다(암묵적 지식에서 명시적 지식으로).
- 내재화: 사람의 마음에 내재화된 지식(명시적 지식에서 암묵적 지식으로)

이것은 표 5-3에서처럼 지식 전이 매트릭스로 요약될 수 있다.

조직 역량의 네 가지 유형은 조직 내 개인들 사이의 학습 과정을 통해서 개발될 수 있다. 그림 5-2를 보라.

표 5-3 **지식 전이 매트릭스**

지식	내재/암묵적 지식: 사람 안에 있는	명시적 지식: 과정에서 표현된
내재/암묵적 지식: 사람 안에	**사회화**(사람-사람)	**명시화**(사람-과정)
명시적 지식: 과정에서	**내재화**(과정-사람)	**조합/통합**(과정-과정)

자료: Law(2003).

그림 5-2 학습 사이클과 지식 네트워크

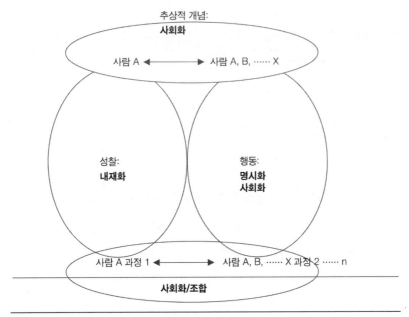

자료: Law(2014).

① 사회화: 사람 대 사람 의사소통(경험)

② 명시화: 행함으로써 학습하기(행동)

③ 내재화: 성찰과 개념화를 통해서

④ 조합: 자동화(성찰한 경험, 또는 행동으로 옮긴 생각)

네트워크 모델은 다음과 같은 것들과 공명하는 과정을 표현해준다.

• 협력 탐구(heron, 1981a, 1981b; Reason, 1988; Reason and Rowan, 1981)

• 자연스러운 탐구나 인간적 탐구(Bell and hardiman, 1989; Lincoln and Guba,

1984)

- **기민한**Agile 코칭 접근법(Davies and Sedley, 2009)

그것은 다음의 과정으로 이루어진다.

- 협력 과정: 모든 이해 당사자와 관련
- 자연스러운 과정: 자연스러운 상황에서
- 조사연구 과정: 탐구
- 지식 획득 과정(명시화): 지식의 변형
- 상호 반응 과정: 경험적 학습 사이클(Kolb, 1984)
- 감사監査 과정: 지식과 절차 인증
- 조직체의 과정: 조직체 문화에 민감한 특정 맥락

그것은 다음의 활동과 연관된다.

① 자료 축적과 정보 수집(구체적 경험)
② 성찰
③ 추상적 개념(또는 지식 표현)
④ 행동계획

'자연스러운 지식공학natural knowledge engineering: NKE'과 **기민한 코칭**' 같은 실행에서는 학습 과정 통합이 다음의 원칙들을 채택하는 일일 수도 있다.

① 고객의 만족을 최우선으로 생각한다.

② 변화하는 요구 조건들을 환영한다(대상 고객에게 경쟁력 있는 강점을 개발하느라 늦어질지라도).

③ 몇 주 안이나 몇 달 안으로 작업의 원형을 자주 전달하라. 그 기간이 짧을수록 더 좋다.

④ 사업 컨설턴트와 테크놀로지 전문가가 프로젝트 전반에 걸쳐 날마다 함께 일한다.

⑤ 의욕 있는 개인들을 중심으로 프로젝트를 구성하고, 필요한 환경과 지원을 제공하며, 그 일을 해낼 것이라고 신뢰한다.

⑥ 개발팀에게, 그리고 개발팀 내부에서 정보를 전달하는 가장 효율적이고 유효한 방법은 마주 보고 대화하는 것이다.

⑦ 작업 원형은 진행의 일차적인 측정이 된다.

⑧ **기민한** 과정들이 지속 가능한 개발을 조장한다. 후원자, 개발자, 사용자는 꾸준한 속도를 계속 유지할 수 있어야 한다.

⑨ 기술적인 뛰어남과 좋은 디자인에 계속 주의를 기울인다.

⑩ 일들을 단순하게 유지한다.

⑪ 그 자체로 조직적인 팀을 개발한다.

⑫ 개선을 위해 계속 노력하기: 팀이 어떻게 하면 더 효율적이 될지 정기적으로 성찰하며, 그다음 그것에 맞추어 행위를 조율하고 조정한다.

http://www.agilemanifesto.org/principles.html를 참고하라.

리더십과 조직 코칭

최고위 팀의 역할

✍ **연습 5-7**

지금까지 전략적 계획, 지식 관리, 학습하는 공동체, 공동체의 역량을 읽고 나니 최고위 팀의 역할이 어떠해야 한다고 생각하는가? 목록을 만들라.

....

....

....

....

지식, 지식 학습, 지식 실행이 조직 전체를 통해 관리·전달되도록 보장하는 데 최고위 팀이 중요하다는 점을 알아차렸을 것이다. 그러면 학습하는 조직체의 최고위 팀은 어떤 모습이어야 할까? 얼마나 많은 사람이 그 팀에 속할까? 팀 구성원들은 기술, 지식, 경험, 문화라는 면에서 어떤 식으로 섞일 것인가?

앞의 질문에 대해 많은 학자가 조사연구를 해놓았다(Chattopadhyay et al., 1999; Lioukas and Chambers, 1998; Markoczy, 1997; Miller et al., 1998; Murray, 1989; Smith et al., 1999; Sutcliffe and Huber, 1998; Wiersema and bantel, 1992). 로 등 (Law et al., 2007)과 로(Law, 2014)는 그 결과를 요약·제시했다. 최고위 팀을 위한 "다양성의 최적화된 수준"이 있으며, 그 팀과 조직체 수행도의 관계는 역으로 된 U자 형태로 나타난다는 것이다(그림 5-3).

그림 5-3 조직의 수행 대 최고위 팀의 다양성

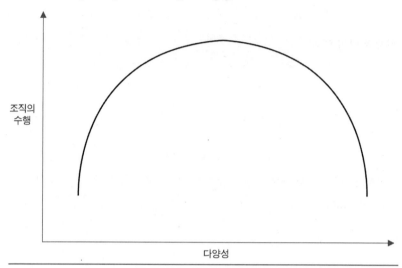

자료: Law(2014).

✍ **연습 5-8**

그림 5-3에서 본 다양성과 조직 수행의 관련성을 전제로 하여, 당신은 고위 경영진이 고도의 성과를 내도록 개발하길 원하는 회사의 사장을 어떻게 코칭할 것인가? 만일 당신이 그 팀의 구성원도 코칭한다면, 그들이 비전과 신념과 가치를 공유하도록 돕기 위해 어떻게 코칭할 것인가? 최고위 팀의 모습은 어떤가? 최고위 팀 리더의 특성은 무엇인가? 그의 핵심 역량은 무엇인가? 그는 어떻게 팀을 이끌 것인가? 그는 어떤 리더십 스타일을 지녔는가? 코치로서 당신은 그의 리더십 스타일을 어떻게 계발할 것인가?

....

....

....

....

다시 말해서, 조사연구가 보여주는 것은 모든 상황에 적합한 단 하나의 리더십 스타일은 없다는 점이다. 리더가 효율적이려면 다양한 스타일의 리더십 (서너 가지 스타일)을 차용해, 상황과 상대하는 사람에 따라 그에 맞추어 적절하게 적용할 필요가 있다고 한다(Fitzsimmons and Guise, 2010). 리더십 스타일에 공통적으로 포함되어 있는 것은 다음과 같다.

• 친화력: 팀 구성원들 사이에 업무상 좋은 관계 보장
• 진정성: 개인적 카리스마와 진심
• 코칭: 피고용인의 수행을 그 조직의 목적에 맞추어 개선
• 지시적: 행동을 명령
• 변혁적: 목적의식을 가지고 사람들이 행동하도록 힘을 부여
• 감화적(비전): 팀 구성원들이 전진하도록 고무

진 리프먼블루먼Jean Lipman-Blumen(Lipman-Blumen, 1996)은 이른바 '연결하는 리더십 모델Connective Leadership Model'을 주창한다. 리더는 관계적이고 도구적인 리더십 기술을 더 많이 배워서 다양한 관리 상황에 채택할 필요가 있다는 것이다. 공인경영협회CMI가 정의 내린 리더십이란 다음의 성격을 지닌다.

① 사람들을 이끈다.
② 고객의 욕구를 만족시킨다.
③ 변화를 관리한다.
④ 정보와 지식을 관리한다.
⑤ 프로젝트·과정·자원을 관리한다.
⑥ 스스로를 관리한다.

CMI의 '리더십을 위한 핵심 역량competences for leadership'을 리프먼블루먼의 '연결하는 리더십 모델'과 비교하라(http://www.achievingstyles.com/asi/achieving_styles.asp 참조). 어떤 스타일의 리더십이 어떤 역량의 영역 안에서, 어떤 상황에서 더 적합한지 확인하라. 그 리더십 스타일과 역량으로부터 당신 자신의 리더십 모델을 개발하라. 회사 중역을 코칭할 때 당신은 이러한 모델(역량-리더십 스타일)을 어떻게 적용할 것인가?

....

....

....

....

조직체 내부의 심리측정

연습 5-9를 한 다음, 코치이가 어떤 스타일의 리더십을 선호하는지 어떻게 찾아 채택하게 만들 것인가? 당신은 연습하면서 학자들이 다양하게 제안한 심리측정평가 사용법을(Law, 2014; Passmore, 2009) 모두 해보았을 수도 있다. 심리측정평가를 이용하면 코치가 다음을 하는 데 도움을 받을 수도 있다.

- 코치이에게 필요할 수도 있는 개발의 영역이 무엇인지 확인하기
- 코치이의 성격을 이해하기
- 코치이의 자각을 증가시키기

- 코치이의 강점을 그 조직 내부에서의 그의 역할과 맞추어주기
- 코치이에게 그 자신에 관해, 그가 개발할 필요가 있는 영역에 관해 피드백을 주고 행동계획을 개발하도록 돕기

✍ **연습 5-10**

당신의 코칭 회기에 관해 생각해보라. 코치이가 자신의 강점과 선호를 자각하도록 어떻게 도울 것인가? 그가 현재의 역할이나 장래의 역할을 완수하려면 그의 어떤 영역을 더 개선해야 할 것인지 발견하도록 어떻게 도울 것인가?

....
....
....
....

이 부분에서는 리더십 코칭에서 심리측정 도구의 사용과 그 의미에 관해 더 살펴볼 것이다. 예를 들어, 코치이의 변혁적 리더십 스타일은 ELQ™(Alimo-Matcafe and Prichett, 2008)로써 평가될 수 있고, 정신적 강도强度는 MTQ Mental Toughness Questionnaire48(Clough and Strycharczyk, 2012)로써 잴 수 있다. 이것들을 차례로 간략하게 말하겠다.

버나드 바스Bernard Bass(Bass, 1985)의 변혁적 리더십 스타일은 최근에 아주 인기가 많아졌다. ELQ는 코치이의 변혁적 리더십 스타일을 평가하도록 고안된 전방위 피드백 도구로서 유용하다. 그것은 코치이를 다음과 같은 측면에서 평가한다.

① 진정한 관심을 보임

② 접근 가능성

③ 할 수 있게 만들어줌

④ 다른 사람을 고무함

⑤ 비전 수립 공유

⑥ 개발 문화 지지

⑦ 변화에 민감한 조력

⑧ 일관성 있는 행동

⑨ 솔직함과 꾸준함

⑩ 변화 격려

⑪ 인맥 관리

⑫ 복합적 문제 해소

⑬ 결단력

⑭ 팀으로서의 노력에 초점을 둠

정신력 강도 모델은 회복력(Dyer and McGuiness, 1996)과 견고함(Kobasa, 1979)과도 연결된다. 그것은 강한 정신력을 지닌 사람과 관련된 행위와 성과를 다음의 네 차원에서 말해준다.

• 통제

• 도전

• 적극적 참여

• 확신

표 5-4 일반적인 심리측정 도구

도구	측정
OPQ32	직무 수행에 특별히 타당한 성격의 차원들
Wave	크게 다섯으로 나눈 성격 모델
Neo	크게 다섯으로 나눈 성격 모델
HDS	성격의 '숨은 면(Dark Side)'(Hogan Development Survey)
MBTI	성격 유형 네 가지: 외향/내향, 감각/직관, 느낌/사고, 인지/판단
16PF	성격의 주요한 16가지 차원

이 도구(MTQ48)는 스트레스가 많거나 변화하고 있거나 어려운 일에 도전하는 환경에서 일하는 사람을 코칭하는 코치가 자신을 평가하는 데도 유용할 수 있다. 그리고 이런 힘든 일들을 어떻게 확인하고 대처할지 평가하는 데도 유용하다. 그러나 정신력이라는 성격이 효율적인 리더가 되는 데 충분한 요소인가? 강인한 정신력의 리더가 개발할 영역은 무엇인가? 그런 리더는 통제 · 헌신 · 확신에 대한 자기 욕망 때문에 다른 사람들을 못살게 굴 위험이 있을 수도 있다. 그들은 무감각하고 너그럽지 못하며 용서 없는 사람으로 인식될 수도 있다(Clough and Strycharczyk, 2012). 따라서 MTQ48에서 좋은 평가를 받은 리더에게도 다른 평가와 개발 방법이 필수적일 수 있다. 표 5-4는 당신이 코칭할 때 유용하다고 생각할 수도 있는 다른 심리측정 도구들을 요약한 것이며, 구입 가능한 도구들이다.

코칭 문화 개발하기

지금까지 우리가 주장해온 것은 학습하는 조직체 개발의 중요성이었다. 그리고 이와 관련해 리더가 자신을 계발하도록 코칭이 어떻게 도울 수 있을지 논의했다. 개인의 계발과는 별개로, 그리고 조직체 전체를 하나로 보는 것과 별도로, 당신은 조직체가 학습 문화를 개발하도록 어떻게 도울 것인가?

놀랄 것 없이, 코칭 개발이 우리 대답일 수도 있다. 조직체에 코칭 문화가 있는지 그 여부를 어떻게 알 수 있는가?

✎ **연습 5-11**

당신이 아는 조직체를 하나 생각해보라. 아니면 학습하는 조직체는 어떤 모습일지
상상해보라. 그 특징의 목록을 만들라.

....

....

....

....

구성원이 다음과 같다면 코칭 문화가 있는 학습하는 조직체라고 할 수 있다.

① 피고용인의 학습 역량 개발에 열심히 관여한다.

② 비非지시적 지도 스타일

③ 열정

④ 분명한 목표

⑤ 팀 내부의 좋은 관계

⑥ 자율

⑦ 가치 학습

그런 조직체는 대체로 다음과 같은 경향이 있다(Chaplain, 2003; Hardingham et al., 2004: Megginson and Clutterbuck, 2005; Law, 2014 참조).

① 개방적이고 인정해주며 존중하는 분위기
② 학습하는 환경
③ 전방위 코치와 멘토 과정이 준비되어 있음
④ 유능한 팀
⑤ 정기적으로 성과 검토
⑥ 팀들 내부에서 집단적 인정과 보상
⑦ 코칭과 학습 관행이 배어 있음

✐ **연습 5-12**

앞의 특징들을 전제로 하면, 누가 이런 문화를 개발하는 데 핵심 인물이 되어야 한다고 생각하는가?(Law, 2014; Wenger, 2009 참조)

....
....
....
....

✐ **연습 5-13**

어떤 조직체가 내부에 코칭 프로그램을 소개하면서 사업 사례 하나를 제시해달라고 요청한다면 어떻게 시작하겠는가?

```
.....................................................................................
.....................................................................................
.....................................................................................
.....................................................................................
```

사업 사례의 전형은 다음처럼 구성될 수도 있다(더 세부적인 것은 Law, 2014 참조).

- 전략적 요소: 더 멋진SMARTER 목적을 지닌(즉, 구체적이고 Specific, 측정 가능하며 Measurable, 동의/달성 가능하고 Agreeable or Achieving, 현실적이며 Realistic, 적기 遍期가 있고 Time bound, 평가 가능하며 Evaluable, 검토 가능한 Reviewable) 표적들(130쪽 참조*)
- 경제적 주장들: 비용과 이득/효율성
- 재정적 실행 가능성
- 상업적 측면
- 프로젝트 운영계획

✎ **연습 5-14**

코칭 프로그램을 어떤 조직에 도입하기 위한 사례를 얻은 다음에는 코칭 문화를 어떻게 그 조직 안에 심을 것인가?

```
.....................................................................................
.....................................................................................
.....................................................................................
.....................................................................................
```

피터 호킨스Peter Hawkins와 닉 스미스Nick Smith(Hawkins and Smith, 2006)는 다음의 단계를 제시한다.

① 조직체 내부의 몇몇 구성원을 위한 개인 코칭을 소개하라.
② 조직 차원의 코칭과 멘토링 프로그램을 개발하라.
③ 코칭 주도력을 지원하라.
④ 코칭을 인사관리와 업무관리 기능의 한 부분이 되도록 이식하라.
⑤ 코칭을 리더십 스타일과 관리 능력의 한 부분으로 개발하라.
⑥ 계속 학습하고 학습 문화를 굳히라.

그림 5-4는 그 과정을 요약한다.
요약하자면, 학습 문화를 개발하고 조직 문화에 좋은 코칭 실행을 심으려면 다음의 것들이 있어야 한다.

① 리더십 개발
② 조직 내부의 인간관계적 지원social support
③ 조직 조정
④ 협력하는 동반 관계
⑤ 학습 공동체들

학습 문화는 모든 이해 당사자가 서로 이득이 되는 방식으로 각자의 일에서 학습 과정에 스며들어야 유지될 수 있다. 그래서 학습 실천 공동체를 개발하는 것이 중요한 측면이 된다. 다음 부분에서는 이것에 초점을 맞출 것이다.
실천 공동체란 한 무리의 개인들(구성원들)이 상호작용을 통해 공동의 목표를 추

그림 5-4 **코칭 문화 개발하기**

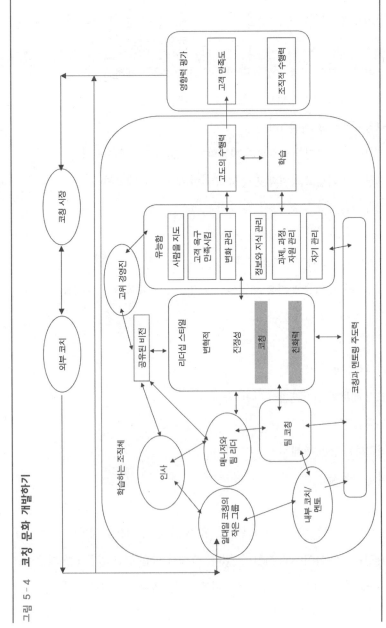

영향력 평가
- 고객 만족도
- 조직적 수행력

코칭 시장
외부 코치

고위 경영진
- 유능함
  - 사람을 지도
  - 고객 욕구 만족시킴
  - 변화 관리
  - 정보와 지식 관리
  - 과제, 과정, 자원 관리
  - 자기 관리

고도의 수행력
학습

공유된 비전

리더십 스타일
- 변혁적
- 진정성
- 코칭
- 촉진력

학습하는 조직체

인사
매니저와 팀 리더
일대일 코칭의 작은 그룹
내부 코치/멘토
팀 코칭

코칭과 멘토링 주도력

자료: Law(2013).

✍ **연습 5 - 15**

몇 분 동안 다음 질문을 생각해보라.

• '학습 실천 공동체'란 무엇인가?
• 그것은 어떤 모습을 띠는가?
• 특징은 무엇인가?

그 핵심 인물, 과정, 시스템, 구성요소의 목록을 만들라.

....
....
....
....

구하고, 참여 규칙을 배우며, 기술과 지식을 개발하는 공동체다(Lave and Wenger, 1991; Wenger, 1998, 2011). 그것이 담고 있는 핵심 요소는 다음과 같다.

• 지식의 영역: 공유된 학습 욕구(기업)
• 공동체: 집단학습을 하면서 발달함
• 실천: 조직 내부 인간관계의 상호 반응과 자원(공유된 실행 목록)으로, 결국 실천에 영향을 미침

에티엔 웽거 Etienne Wenger(Wenger, 1998, 2011)는 실천 공동체의 개발에 다음과 같은 것이 필요하다고 제안했다.

연습 5-16

당신이 실천 공동체의 정의를 이해했다면, 실천 공동체를 개발할 때 무엇이 필요할 것이라고 생각하는가? 당신은 그것을 언제 어떻게 코칭에 이용할 것인가?

....

....

....

....

① 사교적 학습 공간
② 학습하는 시민의식
③ 사교 모임을 잘 운영하는 사람social artist(핵심 코디네이터)
④ 학습 주도

요약과 성찰

이 장에서는 조직의 맥락에서 코칭이 어떻게 도입되고 자리 잡을 수 있는지를 배웠다. 우리는 조직 문화의 중요성과 어떻게 학습 문화가 유지될 수 있을지에 대해 이야기했다. 요약하자면 학습하는 조직체는 다음의 것들로 이루어진다.

• 투입: 경험
• 과정: 사람들이 계속 학습할 수 있도록 하는 일상과 절차

- 산출: 행위, 제품과 서비스, 행동, 전력前歷
- 성과: 공유된 이해와 **가치**, 확장된 수용력, 향상된 숙련도, 고객 만족

당신 자신이 코치로 발전하기 위해서는 다음의 것들에 유능해질 필요가 있다.

- 자각
- 공감
- 자신과 코치이가 지닌 다른 차원의 성격들에 대한 이해
- 사교 능력
- 조력하는 기술
- 학습 기술
- 경청 기술
- 변화 관리
- 애매함에 대한 관용

다음 장들에서는 이 역량들이 어떻게 더 개발될 수 있을지 보여줄 것이다.

GROW 모델과 보편통합모형

자신의 모델을 만들고 적용하라

들어가는 말

5장에서 배운 것은 코칭이 조직체 개발의 매개가 될 수 있다는 것이다. 이 장에서는 개인적 관점과 조직의 관점뿐 아니라 문화의 관점에서도 코칭의 틀을 소개할 것이다. 이는 3장에서 말한 학습이론들에 기초를 둔다. 이 틀로부터 당신 자신의 코칭 모델을 만들 아이디어를 얻기 바란다.

  이 장을 다 읽을 때쯤에는(모든 '연습'을 완성하고 나서) 다음의 것들을 할 수 있어야 한다.

① GROW Goal, Reality, Option, Will 모델(1980년대 영국에서 개발된 코칭 모델로 기업 코칭에 광범위하게 적용되어오고 있다[*])을 이용해 코칭과 멘토링을 이해하기
② 보편통합모형에서 자아의 차원과 사회적 · 문화적 · 전문적 차원의 중요성

을 이해하고, 코칭과 멘토링에서 그 차원들의 역할을 이해하기

③ 자신만의 코칭 모델을 적절히 개발하기

이론, 모델, 기법과 기술

나는 몇 년 동안 코칭과 코칭심리학을 가르쳐오고 있다. 내 경험과 관찰을 통해서 볼 때 많은 학생이 어려움을 겪는 것은 이론과 모델, 그리고 그 적용(기법/도구와 기술) 사이에 괴리가 있기 때문이다. 그러므로 여기서 이 개념들을 명확하게 설명할 것이다. 그전에 먼저 10~15분 정도 이 용어들이 실제로 무엇을 의미하는지 생각해보라.

✎ **연습 6-1**

무엇이 이론이고, 모델이며, 기법인가?

당신이 이해하는 것을 바탕으로 각각에 대해 자신의 말로 정의를 내리라.

이론이란: ....

모델이란: ....

기법이란: ....

....

용어 각각에 대한 예를 들라.

....

....

....

....

나에게는 이론과 모델이 서로 다른 것이다. 모델이란 어떤 복합적인 체계를 추상적으로 단순화한 서술이거나 표현일 뿐이다. 그것은 그 체계가 어떻게 작용하는지에 대한 본질을 보여주는 개념이다. 코칭 모델이 있으면 그것은 당신에게 무엇을 해야 할지 분명히 말하면서 안내할 수 있다. 모델은 또한 당신의 행동을 설명할 근거를 제공할 수 있도록 만들어준다(코치이 또는 고객이나 슈퍼바이저가 당신에게 설명해달라고 요구한다면 말이다). '여행'이라는 은유를 이용한다면, 모델은 코치이 스스로 자기가 어디로 가고 있는지, 그리고 당신이 그를 어떻게 돕고 있는지 이해하도록 도와주는 지도를 제공한다. 인기 있는 GROW 모델이 그 한 예다. 이 모델은 그 과정의 단계들에 관해 당신이 말해줄 수 있게 해준다.

이론이란, 과학적 의미에서 볼 때 이미 테스트했거나 실험해 테스트할 수 있는, 경험적 현상(인과관계, 예를 들어 $Y = aX1 + bX2 + C + e$)에 대해 이미 제안된 설명을 뜻한다. 그러나 모델을 테스트하는 일은 아주 어렵다. 이론들의 예로 조지 켈리George Kelly의 개인 구성 이론과 자극-반응Stimulus-Response: S-R 심리학에서의 학습이론들이 있다(예: 고전적 · 조작적 조건형성).

이론들을 코칭에 적용할 때가 바로 모델에 구현된 기법들을 끌어다 쓸 수 있는 때가 된다. 다시 말하지만, 학생들은 기법과 모델을 자주 혼동한다. 기법이란 아주 특정한 절차다(단계를 따라가는 경우가 많다). 그것은 (어떤 공식을 제공하는) 어떤 이론에 기초를 두거나, (틀/구조를 제공하는) 어떤 모델에 이미 들어 있는 것이다. 예를 들어 꿈 작업은 심리극 모델에 들어 있다. MBTI Myers-Briggs Type Indicator는 카를 융Carl Jung의 이론에 기초를 둔다. 명상/유념 절차는 게슈탈트 심리학에 기초를 둔다. 인지행동치료Cognitive behavior therapy: CBT는 인지행동 심리학에 기초를 둔다. 그림 6-1은 이론 · 모델 · 기법의 차이와 상호 관계를 보여준다.

그림 6-1 **이론, 모델, 기법과 기술**

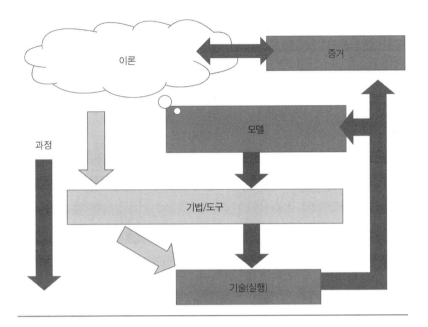

이상에서 명약관화해졌으므로 당신 자신의 코칭 모델이나 포괄적인 틀을 만드는 일의 매력을 쉽게 이해할 것이다. 코칭의 포괄적인 틀(메타모델)을 지니면 다음과 같은 이점이 있다(Lane, 2005).

- 구조: 당신의 코칭 과정을 인도하고 다른 코칭 모델과 연관시키는 구조를 제공해준다.
- 질문: 당신이 그 모델의 과정을 따라 적절히 질문하도록 도와준다.
- 리더십: 코칭에 방향감각을 준다.

이 장에서는 이러한 틀(메타모델이라고 불릴 때도 있다)을 묘사할 것이다. 그러나 간략하게 먼저 전형적인 코칭 모델을 하나 서술할 것이다. 그것은 GROW 모델로 널리 알려져 있고, 코칭 업계에서 실천되고 있는 모델이다(Alexander, 2006; Whitmore, 2002). 이 모델은 일반적인 코칭 과정에 익숙해질 수 있도록 돕는다(이전에 GROW 모델을 접해보았든 아니든 상관없다). 이 모델은 또한 코칭 과정의 단계들에 관해 말해준다. 그리고 당신이, 또 당신의 코치이가 어떤 결과 (예를 들어 코치이의 목표Goal라는 측면에서의 '업무 수행 개선', 또는 '자발성Willingness 단계'에 들어 있는 그의 행동계획 측면에서 특정 행위 변화의 결과)를 예상할지 명료해지도록 도울 것이다.

GROW 모델

이 모델은 코칭 회기를 구성하는 데 유용한 도구가 된다. 이 모델은 **목표**Goals, **현실성** Reality(현 상황), **선택사항** Options, **나아갈 길/자발성** Way forward/Willingness을 논의하고 탐구하는 틀을 제공해준다. 자연스러운 출발점은 '목표'지만 이것이 회기 후반까지 늘 분명한 것은 아니다. 그래서 나중에 다시 돌아볼 필요가 있는 경우도 있다. 이 모델은 단선 구조처럼 보이지만 반복적/원형 과정이기에, '목표'를 세워도 다음 회기에서 검토될 수 있다. **나아갈 길**을 논의한 후에도 **선택사항**으로 되돌아가거나 **목표**를 다시 조정하는 일이 필요할 수도 있다.

GROW 코칭 회기

GROW 모델에 따라 코칭/멘토링의 한 회기를 계획하거나 프로그램 전체를 짤 수도 있다. 첫 단계는 '목표' 설정에 초점을 맞춘다. 그다음에는 현재 상황의 측면에서 '현실성'을 점검한다. 그런 후에 가능한 '선택사항'을 탐구한다. 마지막으로 '나아갈 길'을 합의한다. 실제로는 맥락(주제)을 설정하지 않은 채 '목표'가 무엇인지 확인하기란 쉽지 않음을 알게 될 것이다(Megginson and Clutterbuck, 2009). 그러므로 GROW 모델이 때로는 TGROW('T'는 주제를 뜻하는 'Topic')로 언급될 수 있다. 실제로 코치/멘토는 이 과정에서 단계의 순서를 정할 때 유연할 필요가 있다. 즉, 필요하면 단계들 사이에서 앞뒤로 옮겨 다닐 필요가 있다.

목표

GROW에 따르면 코칭/멘토링의 첫 단계는 코치이의 목표, 표적 그리고/또는 목적을 이해하는 것이다. 다음의 질문을 할 수도 있다.

• 당신의 희망과 꿈은 무엇인가(더 큰 그림, 장기간)?
• 무엇을 이루기 원하는가(단기간으로, 중간에, 또는 장기간으로)?
• 이 회기가 끝날 무렵에 완수되기 원하는 것은 무엇인가(즉각적으로)?
• 코칭/멘토링에 무엇을 기대하는가(과정 자체에 관해)?

✍ **연습 6 - 2**

목표 단계에서 당신은 코치이에게 무엇을 질문할 것인가?

....

....

....

....

코치이의 소망과 꿈을 이끌어낼 때의 질문은 그가 자기 포부를 명확하게 만들고 강화하도록 돕는 것이어야 한다. 그래서 멋지거나SMART 더 멋진SMARTER 목표/목적이 형성될 수 있어야 한다(5장에서 '코칭 문화 개발' 부분에 이미 한 번 거론되었다*).

'더 멋진SMARTER'은 '멋진SMART'이라는 약자를 확장한 것이다(Doran, 1981). 그 약자가 뜻하는 것은 다음과 같다(118쪽 참조*).

- 구체적Specific
- 측정 가능Measurable
- 성취 가능/동의 가능Achievable/agreeable
- 현실적/타당한Realistic/relevant
- 한시적Time bound
- 평가Evaluation
- 검토Review

다음 질문들이 유용하다.

- 구체적: '좋다'는 것은 어떤 것인가(예를 들어 일/삶의 영역이라는 측면에서)? 당신이 거기에 닿았다는 것을 어떻게 알 것인가(여행 은유)?
- 측정 가능: 당신이 성공/진보했다는 것을 어떻게 측정할 것인가?
- 성취 가능/동의 가능: 성취 가능한 것인가? 당신의 부모/계열 매니저/팀이(가) 이것에 동의하겠는가?
- 현실적: 이 열망은 얼마나 현실적인가?
- 한시적: 언제까지?

• 평가와 검토: 우리가 언제 다시 만나 검토하면 좋겠는가? 그것이 효과적이라는 것을 당신은 어떻게 아는가? 이것을 성취하는 데서 오는 이득을 당신은 어떻게 측정하는가?

조사연구에 따르면(Locke and Latham, 1990), 목표 설정은 성공의 중요한 요소다. 따라서 목표 설정은 바람직한 성과 달성이라는 측면에서 코치이/멘티에게는 결정적으로 중요할 수 있다.

그 목표는 도전적인 것일 뿐 아니라 현실적인 것이어야 한다. 만일 너무 어려운 것이면 이룰 수 없게 되고, 너무 쉬우면 흥미를 끌 수 없다. 그 어느 쪽이든 코치이에게 의욕을 일으키는 효과를 얻을 수 없다.

큰 열망을 지닌 비전은 서로 연결되는 더 작은 목표들로 나누는 것이 바람직할 수도 있다. 이렇게 하면 진행 상황을 모니터하고 의욕을 지속시키는 데도 도움이 된다(Lerner and Locke, 1995).

또한 기억해야 할 것은 그것이 코치이/멘티의 꿈이라는 사실이다. 따라서 그 목표는 (다른 어느 누구의 것이 아니라) 바로 그에게 속한다는 것을 제발 기억하라. 이는 코치이/멘티의 적극적인 참여를 증대한다. 코치이/멘티는 목표의 주인이고 목표 달성의 책임도 그가 져야한다(Gollwitzer, Heckhausen and Ratajczak, 1990). 비록 다른 이해 당사자들이 그 길에 연관될 수 있을지라도 말이다.

현실성

현실성을 체크하면 코치이/멘티가 자기 현재 상황을 다시 검토하고, 그럼으로써 자기가 '현재 있는 자리'와 '있기를 원하는 자리' 사이의 간격을 확인하게 된다. 코칭에서는 이것이 자기 목표에 타당한 과거·현재의 수행을 검토하고 과거 기록을 만드는 일과 연관될 수도 있다(가능하다면 다른 사람으로부터 전방위

'현실성' 단계에서 당신은 코치이에게 무엇을 질문할 것인가?

....

....

....

....

피드백을 받는 것도 포함된다). 다음 질문들이 전형적인 것이다.

• 현재 상황은 어떤가?
• 지금까지 이것과 관련해 당신이 해온 일은 무엇인가? 예를 들 수 있는가?
• 장애물은 무엇인가?
• 지금까지 당신 자신의 업적에 관해 어떻게 느끼는가?

선택사항

이 단계는 두 부분으로 이루어진다. 이 단계의 앞부분에서는 (비판적이지 않고, 판단하지 않는 태도로) 최대한 많은 선택사항을 만들어내도록 당신이 가능한 한 창의적이어야 한다. 이로써 코치이가 이전에는 생각해볼 수 없었을지도 모를 가능성의 세계를 전부 열어준다.

코치이가 선택사항 목록을 만들도록 도와줄 도구와 기법은 다양하다. 예를 들어 토니 부잔Tony Buzan(Buzan, 2000)의 '마인드 맵mind mapping', 로버트 크로퍼드Robert Crawford(Crawford, 1954)의 '태도 목록attitude listing', 에드워드 드 보노

Edward de Bono(de Bono, 1970, 1985)의 '여섯 색깔모자(개인의 사고를 체계적으로 묘사하는 데 여섯 가지 색깔의 모자를 이용하는 것으로, 보통 집단토론을 위해 사용된다*)와 무작위 단어six thinking hats and random words', 알렉스 오즈번Alex Osborn (Osborn, 1948)의 '창조적 집단사고brainstorming'가 그런 것이다.

✍ **연습 6-4**

선택사항 단계에서 당신은 코치이에게 무엇을 질문할 것인가?

....

....

....

....

다음의 질문을 할 수도 있다.

- 선택사항에 어떤 것들이 있는가?
- 전에 시도해본 것은 무엇인가?
- 어떤 것을 할 수 있다면 무엇을 할 것인가?
- 마지막으로, 나에게 아이디어를 하나 더 줄 수 있는가?

선택사항 단계의 두 번째 부분은 결정 내리기에 관한 것이다. 앞부분이 새로운 가능성들을 여는 일에 관한 것이었다면, 이 부분은 선택사항의 실현 가능성을 살피면서 실현 가능한 선택들로 좁혀가는 일에 관한 것이다. 이것은 코치이/멘티가 어떤 선택사항이 가장 현실적이고 성취할 수 있을 것 같은지 결정하도록 만들어준다. 다음의 질문을 할 수 있다.

- 선택사항을 하나씩 들여다보자. 하나하나의 장점과 단점이 무엇인가?
- 이것은 실현 가능한가?
- 이것은 비용이 얼마나 들까?
- 이것은 얼마나 시간이 걸릴까?

나아갈 길(또는 자발성)

GROW 모델의 마지막 단계에 도달하면 코치/멘토와 코치이/멘티가 나아갈 길을 합의하고, 그 회기의 성과로 선택된 사항들과 연관된 행동계획을 만드는 것이 일반적이다. 코치/멘토는 또한 코치이/멘티가 그 계획을 밀고 나가는 일에 적극 관여할지, 이 행동을 성취하지 못하도록 그를 방해할 수도 있는 어떤 장애물은 없는지 체크해야 한다.

✍ **연습 6-5**

당신은 이 단계에서 코치이에게 무슨 질문을 할 것인가?

....

....

....

....

다음의 질문을 할 수도 있다.

- 이 회기에서 우리가 동의한 핵심 포인트를 요약할 수 있는가?
- 무엇을 할 예정인가?
- 어떤 장애물이 있을 수 있을까?
- 그것을 어떻게 극복할 것인가?
- 그 장애물을 극복하는 데 누가 당신을 도와줄 수 있는가?
- 당신에게 필요한 지원이나 자원은 어떤 것인가?
- 누구를 연관시키는 것이 필요할까?
- 어떻게 거기까지 갈 것인가?
- 언제까지 갈 것인가?
- 우리가 이것을 언제 다시 검토할까?

보편통합모형

'보편통합모형 UIF'은 로와 아일랜드, 그리고 후사인(Law, Ireland and Hussain, 2007)이 영국의 건강사회복지 분야에서 코칭을 실행하며 처음 개발했고, 아프리카·아시아·중국·유럽의 사업체와 연관된 다국적 프로그램이다. 로가 더욱 개발하고 확대했다(Law, 2014). 덧붙여 말하자면, 정서 지능에 대한 대니얼 골먼Daniel Goleman(Goleman, 1995, 1998)의 연구는 어느 문화에서도 적응할 수 있는 문화적 능숙함에 초점을 둔다. 보편통합모형은 다음과 같은 독특한 특징을 지닌 실용적인 메타모델이다.

① 문화적 환경 존중: 이 틀은 자신의 문화뿐 아니라 타인의 문화를 존중하는 것이 중요함을 강조한다. 코치와 코치이 둘 다에게 문화란 다층적이며, 모든 코칭 상황에 문화적 요소가 존재한다는 점을 이해하도록 장려하는 틀이다.

② 코치/코치이의 유동성: 이 틀은 코치와 코치이 둘 다를 학습자로 본다(내 경험상, 코칭 과정에서 코치가 코치이보다 더 많이 배우는 경우가 많다). 따라서 코치와 코치이 둘 다 코칭에 관해 배우면 이득이 될 수 있고, 다른 맥락에서는 서로 역할을 바꾸어 할 수도 있다. 이것은 그 둘이 코칭 시스템 전체에 대한 지식을 획득할 수 있게 해줄 것이고, 두 역할에서 모두 학습 기회가 생김을 알고 받아들이도록 해줄 것이다. 그것은 코치 역할이 정해진 '틀에 맞춘' 자리라기보다는 옮겨가는 것이고, 학습을 보조하는 것임을 그들 둘 다 확인하도록 도와준다.

③ 연속적 통합체: 이 틀은 코칭과 멘토링을 연속선상의 한 통합체로 본다. 달리 말하면, 이 틀 안에서는 코칭과 멘토링이 서로 교환되어 실행될 수 있다고 본다. 둘 다 유사한 일련의 기술을 공유한다. 그 함축 의미는 멘토가 코칭 모델에 관해 학습하면 매우 자주 유리해질 것이라는 점이다. 때로는 코치가 새로운 영역의 지식을 학습하는 것이 중요할 수도 있다. 그러면 코치이의 사업/전문적인 일의 맥락을 더 잘 이해할 수도 있기 때문이다.

④ 지속적 전문성 개발CPD: 이 틀은 CPD와 슈퍼비전을 코칭 과정에 통합시킨다. 그래서 코치와 코치이 둘 다에게 그들이 함께 배우는 것을 검토할 기회를 제공한다. 즉, '나의 학습'으로부터 '우리 학습'으로 옮겨가게 한다.

⑤ 의사소통 방법과 피드백의 메커니즘: 이 틀, 즉 UIF는 전방위 피드백의 메커니즘을 제공한다. 이것은 코치와 코치이의 관점을 평가해주며 자신들의 역량을 자각하고 더욱 계발할 영역이 무엇인지 확인할 기회를 제공한다.

⑥ 문화적·관계적 지능: 온라인 도구로 이루어진 이 틀을 통해 코치나 코치이

의 문화적·관계적 역량cultural and social competence: CSC을 측정할 수 있을 뿐 아니라 개인 역량과 전문 역량(즉, 다음의 네 가지 차원)도 측정할 수 있다.

요약해서 대략 말하자면, UIF는 네 차원으로 이루어진다. 이 틀의 구조는 그림 6-2에서 볼 수 있다.

① 개인적 역량
② 관계적 역량
③ 문화적 역량
④ 전문적 역량

그림 6-2 **보편통합모형**

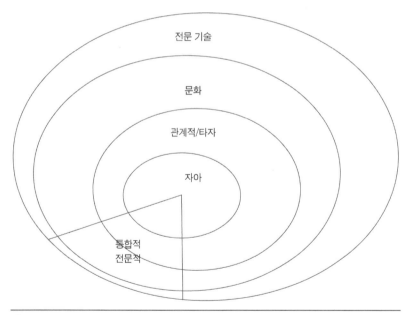

자료: Law, Ireland and Hussain(2007), Law(2013).

이상의 조건들은 코치/멘토 그리고/또는 코치이/멘티의 역량과 관련된다. 이미 말했듯이 코칭의 역량(CSC) 네 가지 차원은 '자기 검토 질의서Self-Review Questionnaire: SRQ' 형식의 온라인 도구로 개발되었다. 이 질의서는 100문항으로, 네 차원을 따라 이루어져 있는데, 응답하는 개인의 코칭 역량을 평가해준다. CSC SRQ를 시험해보는 데 관심 있는 독자는 저자에게 연락하면 된다(이 책 머리말의 연락처 참조). 그 네 차원은 18가지 요소를 지니고 있으며, 로의 책에 자세히 서술되어 있다(Law, 2014). 독자의 편의를 위해 요약하자면 다음과 같다.

차원 1: 개인적 역량

이 역량은 자신을 어떻게 관리하는가에 관한 것이며, 두 부분으로 구성된다.

- 자신에 관한 인식(자기 인식)
- 자신에 대한 관리(자기 조절/자기 관리)

자신에 관한 인식(자기 인식)
자신을 수용하고 소중하게 여기는지 여부를 측정. 자기 내면의 상태·느낌·감정·인지·선호·자원·직관에 대한 자각

| 요소 1: 정서 | 자신의 감정에 대한 자각

| 요소 2: 인지 | 자아 성찰과 평가: 자신의 가치, 자아 존중, 역량, 강점과 약점을 아는 것

자신에 대한 관리(자기 조절/자기 관리)
자기 정서와 동기를 조절해 생산적으로 만들 수 있는 능력

| 요소 3: 동기 | 자신의 목표와 포부를 향해 나아가도록 이끄는 긍정적인 정서. 압박감이 있는 다양한 상황에서도 일관되게 수행할 능력. 장애물과 개인적 어려움이나 비난에 직면해서도 적극적으로 참여하며 자기 목표를 달성하기 위한 행동을 취할 능력. 자신의 정서를 의식하고 관리하며 그것을 생산적으로 조절할 능력. 예를 들자면, 회복력은 일이 잘못되어갈 때 자신을 추슬러 다시 튀어오를 수 있는지 여부를 측정한다.

| 요소 4: 조정 | 방해가 되는 정서와 충동을 조정할 능력. 그것은 당신이 정서적으로 조절되는지 여부를 측정한다. 말하자면 당신이 느낌을 자유롭게 표현하지만 그것을 언제, 어디서, 할지 말지를 조절하는 능력을 측정한다.

| 요소 5: 신뢰성 | 솔직함과 진정성을 의미한다. 이는 당신이 원칙적이고 믿을 만하며 일관성이 있어 다른 사람의 신뢰를 살 수 있는지 여부를 측정한다.

| 요소 6: 양심 | 개인적인 개선과 수행에 대한 책임 감수

| 요소 7: 유연성 | 이것은 당신이 자신의 사고와 행위를 변화하는 상황에 맞출 수 있는지를 측정한다.

| 요소 8: 창의성 | 혁신적이다. 그래서 새로운 아이디어와 참신한 적용을 불편해하지 않는다.

차원 2: 관계적 역량

이 역량은 당신이 관계를 어떻게 관리하는지 반영해준다. 관계적 역량이란 사교적인 상호 반응과 타인에 대한 자각을 통해 개인이 통찰을 얻는 교훈적인 과정이다. 이 역량은 다음의 요소로 이루어진다.

• 다른 사람에 대한 인식(공감)
• 다른 사람에 대한 관리(인간관계 기술)

다른 사람에 대한 인식(공감)

| 요소 9: 이해 (그리고 신뢰) | 상대방의 관점에서 보는 능력. 핵심 이슈를 이해하고 전체 그림을 보며 명쾌한 결론을 내릴 수 있는 능력. 불완전하거나 애매모호한 정보만 있어도 그렇게 할 수 있는 능력. 이것은 당신이 상대방을 신뢰하는지 여부뿐 아니라 당신 자신이 이용당하지 않도록 보호하는지 여부도 측정한다.

| 요소 10: 능력 배양 | 상대방이 자신의 필요를 충족시키고 포부를 달성하도록 돕는다.

다른 사람에 대한 관리(인간관계 기술)

상호 공통점과 공동의 목표가 무엇인지 확인하고, 리더 역할을 하며, 팀의 사기를 관리하고, 갈등을 해소하며, 대인 관계에서 민감하게 소통함으로써 상대방과 영향을 주고받고 협력하며 협동할 수 있는 능력

| 요소 11: 의사소통 |　상대방의 견해를 경청. 자신의 입장과 논리에 관한 메시지를 분명하고 확실하게 제공

| 요소 12: 갈등 해소 조성 |　단호하면서도(당신이 원하는 것을 위해 맞서는 것) 차분하게 상대방을 존중하는 것 사이에서 균형을 잡기 위해 필요한 것을 얼마나 잘할 수 있는지를 측정. 멘티/코치이가 자신의 갈등을 다루도록 돕기. 코치와 멘토는 갈등에 대면해 생기는 감정적 측면과 인간관계적 측면에 관여한다.

| 요소 13: 리더십 조성 고양 |　개인과 집단에게 지도력 제공

| 요소 14: 팀 코칭 |　집단의 목표 달성을 위해 팀 또는 그룹 코칭으로 시너지를 만들어냄

| 요소 15: 변화 코칭 |　변화와 현대화 지지

차원 3: 문화적 역량

이 역량은 우리가 조직체 변화를 어떻게 관리할지 반영한다. 그 조직체의 분위기 변화(코치이/멘티의 문화에 대한 자각, 긍정적 평가, 존중뿐 아니라 그 문화/조직의 변화를 이루도록 돕는 것까지)도 포함된다. 문화적 역량은 다음의 요소로 이루어진다.

• 다른 문화 인식(계도啓導, enlightenment)
• 조직 문화 관리(쟁취 champion)

문화적 역량은 코치이가 다른 사람의 문화·아이디어·가치에 대해 어느 정도나 묻고 공개적으로 응답하느냐를 측정한다. 또한 자신의 가정假定뿐 아니라 다른 사람의 가정에 대해서도 도전하고 질문하는 자발성을 측정한다. 코치와 멘토는 문화들 사이의 경계를 중재하고 다른 사람과 자신의 문화를 연결시킬 능력을 지닌다. 그렇게 함으로써 우리는 자신이 더 큰 집단의식의 한 부분임을 문화적·정신적으로 경험할 수 있다. 우리는 집단 인식과 도덕성이 그 조직체와 사회를 하나로 변혁한다는 점을 인식하고 인정할 수 있다.

다른 문화 인식(계도)

| 요소 16: 긍정적 평가 | 다른 사람의 문화와 종교에 대해 긍정적으로 평가함

| 요소 17: 존중 | 다른 사람의 문화가 지닌 차이점에 대한 존중을 보여줌

조직 문화 관리(쟁취)

| 요소 18: 평등과 다양성 쟁취 | 다른 문화와 배경을 가진 사람들을 통해 고도의 수행을 성취함. 한목소리를 내며 집단적으로 노력함

차원 4: 전문적 역량

여기서는 코치/멘토의 지식과 접근법 몇 가지를 검토할 것이다. 그것이 코칭/멘토링의 성과에 영향을 미치기 때문이다. 그렇기 때문에 코치와 멘토는 전문적인 접근법을 채용할 필요가 있으며, 다른 사람에게 진정한 피드백을 주고, 또 피드백을 받도록 해야 한다.

앞에서 이미 말한 차원들과 그에 연관된 요소들은 코치이/멘티와 그의 포부가 어떤 유형인지에 따라 다양해질 수도 있다. 그래서 당신이 어떻게 관여할지에 초점을 맞추도록 도움이 될 수 있다. 예를 들어 만일 코치이/멘티와 당신의 문화가 같다면, 같은 조직체 안에서 일한다면, 심지어 같은 팀이라면(코칭과 멘토링의 정의상 이런 일은 없을지라도 말이다) 상호 반응에서 문화적인 측면에 신경을 덜 쓸 수도 있고, 그들의 개인적인 발달(자아)이나 인간관계의 반응(예: 사교기술, 정서 지능, 복원력 계발)에 초점을 둘 수 있다.

만일 코치이/멘티가 당신과 다른 문화 그리고/또는 조직체에서 일한다면 그가 코칭 공간에 가져올 문화적 맥락에 특별히 주의를 기울여야 할 수도 있다.

따라서 UIF는 고도로 유연한 틀을 제공해주어 당신이 코칭/멘토링하는 장소에 따라 다른 기술과 기법의 코칭을 적용할 수 있게 해준다. 가령 회사 중역의 코칭에서는 문화/조직 차원에 초점을 맞추고, 인생 코칭에서는 자아의 요소를 더 고려한다.

UIF에 기반을 두고 코칭/멘토링의 역량을 측정해주는 심리측정 도구가, 코치이/멘티에게 피드백을 주며 그가 개발해야 할 영역을 확인해주는 데 사용될 수 있다. 심리측정 도구뿐 아니라 우리가 반드시 신경 써야 할 것은, 측정 결과는 그 질의서에 응답하는 시점에서 그 사람의 상태를 찍은 '사진 한 장'을 제공해줄 뿐이라는 사실이다. 결과는 시간이 흐르면서 그가 발전함에 따라 변할 수도 있다. 그런 도구는 세심하게 이용되어야 코칭/멘토링의 대화를 이끌어가는 강력한 도구가 될 수 있다. 앞의 요소들과 차원들은 표 6-1과 표 6-2로 요약된다.

표 6-1 UIF 실용 모델 차원

역량	1. 개인적(자아)	2. 관계적(타인)	3. 문화적(문화)	4. 전문적(역량)
인식	자아 인식	공감	계도	성찰적 실행
관리	자아 조절	인간관계 기술	쟁취	지속적 전문성 개발

자료: Law(2013).

표 6-2 비교문화적 정서 지능(EI) 요소

차원	요소	질문항목
1. 개인적 역량	1. 정서	5
	2. 인지	5
	3. 동기	5
	4. 조정	5
	5. 신뢰성	5
	6. 양심	5
	7. 유연성	5
	8. 창의성	5
2. 관계적 역량	9. 이해	5
	10. 능력 배양	5
	11. 의사소통	5
	12. 갈등 해소 조성	5
	13. 리더십 조성	5
	14. 팀 코칭	5
	15. 변화 코칭	5
3. 문화적 역량	16. 긍정적 평가	10
	17. 존중	10
	18. 문화적 다양성 쟁취	5
합계		100

자료: Law(2013).

이 모델은 다른 '변형가능 틀meta-framework'과 일치한다(예를 들어 Petrides and Furnham, 2001; Taylor Marienau and Fiddler, 2000). 표 6-3과 표 6-4를 보라.

그 표들은 응답자가 자신의 계발 의도를 평가함으로써 자신의 장래 업무 수행의 개선을 보여줄 지표들을 제공한다. 그 테스트를 완성함으로써 참여자는 자신이 어떻게 느끼는지와 지식을 구성할 자신의 능력을 더욱 자각하게 된다.

표 6-5는 인식론과 개발·실천이라는 측면에서 이 두 모델의 유사점과 차이점을 요약해준다.

표 6-3　정서 지능 구성요소 15개(Petrides and Furnham, 2001)

드러나는 양상	지각
적응력	새로운 조건에 적응하는 유연성
단호함	자신의 권리를 위해 기꺼이 맞섬
정서 표현	자신의 감정을 상대방에게 전달할 수 있음
정서 관리	상대방의 감정에 영향을 줄 수 있음
정서 지각	자신과 상대방의 감정을 분명히 앎
정서 조절	자신의 감정을 조절할 수 있음
충동성(낮음)	자신의 충동을 억제할 수 있음
관계 기술	개인적인 관계를 잘 만들어갈 수 있음
자아 존중	성공감과 자신감
자발적 동기	역경에 처해서도 추진할 수 있음
관계적 역량	탁월한 인간관계 기술을 가지고 네트워크를 형성할 수 있음
스트레스 관리	스트레스를 조절하고 압박감에 눌리지 않음
공감적인 기질	다른 사람의 견해를 수용할 수 있음
행복한 기질	자신의 삶에 즐거워하고 만족할 줄 앎
낙관적 기질	인생의 '밝은 면을 볼' 줄 앎

자료: Law(2014).

표 6-4　UIF와 개발의도 모델 간의 비교

UIF	개발의도 모델
개인적 역량(자아 인식)	알아가는 일을 대화 과정으로 만들어감
개인적 역량(자아 인식: 인지)	자신과 내면의 대화 관계를 만들어감
전문적 역량	지속적 학습자가 되어감
전문적 역량(자아 관리)	자신의 대리인이며 주인이 되어감
관계적/문화적 역량	타자와의 관계 지향

자료: Law(2014).

✍ 연습 6-6

지금까지 당신은 코칭의 두 가지 모델인 GROW 모델과 UIF를 학습해왔다. 이 둘
의 유사점과 차이점을 비교하고 대조할 수 있겠는가?

....

....

....

....

표 6-5 **GROW 모델과 UIF의 비교**

범위	요소	GROW	UIF
인식론	경험기반	O	O
	근거	?	긍정심리학과 학습
	이론	X	O
조사연구	증거기반	?	O
체계	요소들	O	O
		목표	개인적
		현실성	관계적
		선택사항	문화적
		의지	전문적
과정		O	X
		단선적	
구조		O	O
		단선적 · 순환적	공간적
강조점		목표	문화
긍정적 평가	리더십, 중역 코칭	O	O
	인생 코칭	O	O
특징	지속적 전문성 개발과 슈퍼비전	X	O
	코치/멘토/고객 유동성/통합적 연속체	O	O
	문화적 · 인간관계적 역량	X	O
	온라인 자기평가 질문서와 피드백 자동체계		

✍ **연습 6-7**

이 각각의 모델, 또는 이 두 모델의 합성을 하나의 통합 모델로서 당신 자신의 코칭이나 멘토링 실행에 어떻게 적용할 것인가?

....

....

....

....

개정된 UIF

내가 수년간 UIF와 코칭을 가르치면서 경험하고 주목해온 비판과 피드백은 다음과 같다.

① UIF는 유럽식 틀을 유럽 중심이라고 비판하지만, UIF 모델이 보여주는 것은 자아가 그 중심에 있다는 점이다. 그래서 그 모델 자체도 자아 중심적이고 유럽 중심적인 것이 아닌가?

② 네 차원이 다른 형식과 모습으로 조절될 수 있다. 그 네 차원의 관계가 문화에 따라 달라질 수 있기 때문이다.

③ 이 틀을 실제로 적용하는 것은 GROW 모델과 같은 단선적 모델들에 비해 쉽지 않다.

나(Law, 2014)는 다양한 워크숍을 통해 수많은 대안적 UIF 모델을 보여주었다. 여기서는 당신의 관심을 끌 세 가지 모델을 첨부한다(그림 6-3, 그림 6-4, 그림 6-5 참조).

그림 6-3 UIF: 재배열(그룹 A)

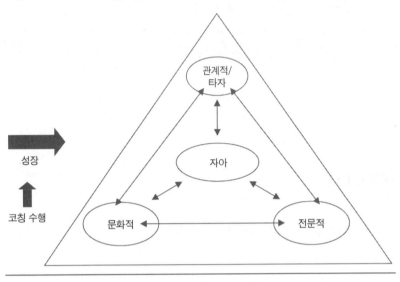

그림 6-4 UIF: 재배열(그룹 B)

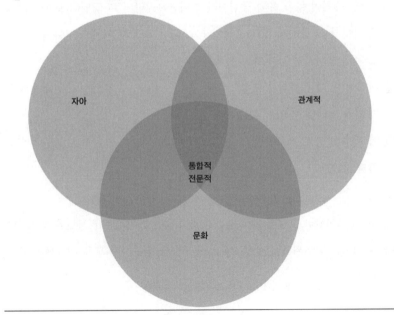

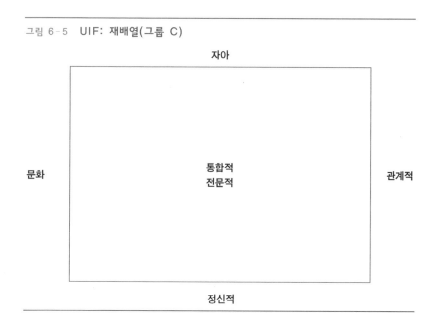
그림 6-5 UIF: 재배열(그룹 C)

자아

문화

통합적
전문적

관계적

정신적

이 그림들로부터 다음의 강조점을 찾아볼 수 있다.

① 그룹 A: 자아라는 개념 ― 이 모델의 구조는 삼각형이다. 자아의 개념이 여
전히 모델의 중심에 놓이지만, 다른 요소들이 순환적 영향력의 동일한 선을
공유한다. 이 구조에서는 코칭이 그 체계 전체의 성장을 조장하기 위해 개
입하는 것으로 간주된다(그림 6-3 참조).

② 그룹 B: 강조점이 통합적이고 전문적인 것에 있다 ― 이 그룹은 전문적 요
소를 자아, 관계적 요소, 문화가 교차하는 중심에 놓는다(그림 6-4 참조).

③ 그룹 C: 새로운 차원인 정신적 요소 ― 이 모델의 구조는 직사각형이다. 앞
의 모델과 비슷하게 전문적 요소를 교차 중심에 놓는다. 이 모델은 다른 차
원들이 그 전문 영역을 (상자로) 둘러싼 동등한 실재라고 간주한다(그림 6-5
참조).

그림 6-3, 그림 6-4, 그림 6-5를 보라. 당신에게는 무엇이 보이는가? 각 구성요소(자아, 관계적, 문화적, 전문적)의 위치라는 측면에서 기록해보라.

각각의 새로운 배열은 무엇을 표현하는가?

그것은 무엇을 뜻하는가?

그것은 무엇을 강조하는가?

....

....

....

....

그림 6-6 개정 UIF: 통합학습체계

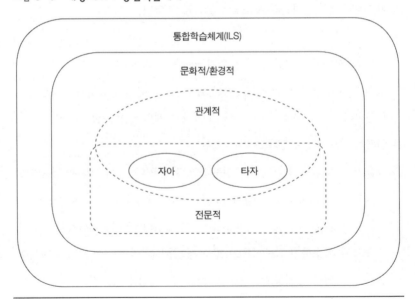

자료: Law(2013).

(3장에서 논의된) 학습하는 문화라는 개념을 근거로 해, 또 체계 접근법을 이용해 '통합학습체계Integrative Learning System: ILS'라고 부르는 새로운 체계가 제안된다(그림 6-6 참조). 이것은 그 구조를 보여주고 각각의 하부체계, 그리고/또는 구성요소(그 경계 등)의 내부 관계를 보여주는 체계 지도를 제공한다.

✎ **연습 6 - 9**

그림 6-6을 보고, 그 의미를 풀어보라.

이 체계(ILS)를 이루는 것은 무엇인가?

관계적 체계를 이루는 구성요소는 무엇인가?

전문적 체계를 이루는 구성요소는 무엇인가?

점선으로 표시된 경계는 무엇이고 실선으로 표시된 것은 무엇인가?

....

....

....

....

당신 자신의 코칭 모델 만들기

지금쯤이면 바라건대, 당신만의 자유로운 코칭 모델 만들기가 어떤 것인지 이해할 것이다. 한번 만들어보지 않겠는가?

✍ 연습 6-10

당신 자신의 코칭 모델을 그리라.
다음의 단계로 시작하는 것도 좋을 것이다.

① 당신의 코칭 과정을 구성한다고 생각되는 요소의 목록을 만들라(이것은 체계
   들, 하부체계들, 구성요소들일 수도 있다).
② 종이 한 장 위에 이 단어들을 그 내부 관계에 따라 이리저리 움직이라. 각 요소
   둘레에 네모(또는 둘레 선)를 그리라(요소 중 어떤 것은 중첩될 수도 있고, 어떤
   것은 요소들 안에 한 요소로 포함될 수도 있음을 주목하라).
③ 그 둘레에 적당한 선(체계의 테두리)을 그리라.
④ 그 배열과 내부 관계를 이해하도록 의미를 붙여보라.
⑤ 마지막으로, 이름을 붙이라. 자신의 코칭 모델을 무엇이라고 부를 것인가?

....
....
....
....

그래서 이제 당신 자신의 코칭 모델이 생겼다. 그것을 당신의 코칭에서 실제로 어
떻게 적용할 것인가? 당신의 코칭 회기에 이 모델을 어떻게 적용할지 코칭 절차를
(단계별로 인도하며) 적으라.

....
....
....
....

성찰과 요약

이 장에서는 서로 다른 코칭 모델(GROW와 UIF)에 대해 배웠다. UIF/ILS는 문화적 환경이 다른 차원(자아와 인간관계적 상호 반응)에 비해 유동적이고 영향력이 있음을 강조하며, 어떻게 이 차원들이 전문적 차원으로 통합될 수 있는지를 강조하는 공간적 모델로 간주될 수도 있다. GROW 모델은 비교적 단순하고 쉽게 이용할 수 있는데, 코칭이 단계적으로 이루어지는 단선적 절차를 보여주기 때문이다. 그러나 코치가 GROW 모델을 곧이곧대로 융통성 없이 따라서는 안 된다.

당신은 가령 UIF와 같은 모델이 구조와 요소의 측면에서 어떻게 변경될 수 있는지도 보았다. 우리는 코칭 역량의 네 가지 차원을 검토했는데, 당신이 여러 문화에 걸쳐 일하는 코치가 되고 싶다면 그 역량을 개발해 발전시킬 필요가 있다. 이상의 체계들과 과정들을 기반 삼아 당신 자신의 코칭 모델을 정립하기 바란다.

다음 두 장에서는 UIF/ILS와 관련된 기법들에 관해 더 배우고, 실용적인 연습들을 할 것이다. 그럼으로써 당신의 코칭은 매끄러운 과정이 될 수 있을 것이다.

기법과 도구

당신의 도구 상자 안에는 무엇이 있나?

들어가는 말

이 장은 다음 사항을 할 수 있도록 도울 도구와 기법의 세트를 제공할 것이다.

- 당신의 코칭 과정 구성하기
- 코치이가 자기 목표를 표현하고 개발할 영역을 확인하도록 격려하기
- 그 과정에 있을 도전거리들을 확인하기
- 당신의 코칭 모델을 계속 다듬기
- 코칭 대화 진행(일대일의 대화 그리고/또는 집단 상황에서의 대화)하기

이런 도구와 기법들이 다음의 UIF/ILS의 구조를 둘러싸고 조직된다.

① 자아의 구조: 자아 인식과 자아 규제

② 관계적 구조: 공감과 인간관계 기술

③ 문화적 구조: 문화의 계도와 쟁취

앞의 기법을 코칭 실행에 통합하려면, 그 기법들을 당신의 '지속적 전문성 개발CPD'의 일부로 계속 실천할 필요가 있다. 8장에서는 그 기법과 관련해 연습을 많이 할 뿐 아니라 다음의 네 번째 차원을 추가로 안내할 것이다.

④ 전문적 구조: 성찰적인 실행과 CPD

자아 체계 개발을 위한 도구

코치이가 '자아'의 차원을 개발하도록 도와줄 수 있는 도구와 기법은 어떤 것이 있는가? 이 질문에 대답하려면, 먼저 자아를 이루는 구성요소와 성분이 무엇인지 확인할 필요가 있다. 그것들에 영향을 미치는 환경이 무엇인지 확인하는 일과 더불어서 말이다(⇨ 연습 7-1). 당신이 만든 목록에 포함될 수 있는 것은 다음과 같다.

• 심리적인 것
  - 정신
  - 정서 · 느낌
  - 인지 · 사고
  - 지각

- 신체적인 것
  - 생리적 · 감각적 인식
  - 두뇌 · 신경계의 통로와 과정
  - 행위

당신이 그 요소들의 상호 관계를 보여주는 그림을 그렸다면, 실제로 이 요소들이 서로 관계되거나 연결되어 영향을 주고받음을 알게 될 것이다. 즉, 총합이 각각의 부분보다 커진다. 예를 들어 (자신의 행위나 남의 행위를 포함한) 신체적 환경이 우리가 어떻게 느끼는지에 긍정적으로든 부정적으로든 영향을 미칠 수도 있다. 우리 감정은 우리 사고를 변화시킬 수도 있고, 그것은 다시 우리 행위에 영향을 줄 수 있으며, 환경에도 영향을 끼칠 수 있다.

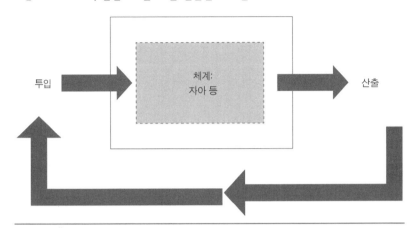

그림 7-1 피드백 순환회로를 지닌 단순한 시스템

투입

체계:
자아 등

산출

간단한 예를 들자면, 춥고 흐린 날 방의 온도가 추위를 느끼게 만들 것이다. 당신이 그 느낌을 자각하게 될 때 '온풍기를 틀어 이 방의 온도를 높여야겠다'고 생각한다. 그래서 당신은 실제로 온풍기를 켜는 행동을 하고, 그것은 그 환경을 변화시킬 것이며, 당신의 느낌도 변할 것이다. 체계라는 용어로 말하자면, 이것은 단순한 피드백 체계로서 대부분의 자연 체계가 이런 특징을 지닌다. 그림 7-1을 참조하라.

이 예로부터 당신이 주목하게 될 점은, 자아 인식이란 사람의 행위에 어떤 변화가 있든 그 변화를 주도하는 첫 단계라는 점이다.

자아 인식 개발과 정서 관리를 위한 도구

이 부분에서 개괄하려는 자아 인식 개발과 정서 관리의 도구는 다음과 같다.

- 게슈탈트 접근법
- 신경언어학적 프로그램Neuro-Linguistic Programming: NLP
- 인지행동 코칭Cognitive Behavioural Coaching: CBC

게슈탈트 접근법

게슈탈트 코칭이 게슈탈트 이론보다는 게슈탈트 치유법에 근거를 둔다고 생각하는 코치와 학생들이 많다. 그러나 게슈탈트 치유법은 코칭 이론도 아니고 코칭 모형도 아니다. 그것은 게슈탈트 이론을 임상의 영역에 적용한 하나의 실천이다. 게슈탈트 이론은 지각知覺에 관한 이론으로서, 인간 존재는 자기가 지각하는 정보를 의미 있는 한 덩어리로 조직할 준비가 되어 있다고 설명한다. 즉, 우리는 불완전한 요소들을 보면서 그것을 온전한 것으로 지각하는 경향이 있다는 것이다(Wertheimer, 1912를 Hergenhan and Olson, 1997에서 재인용). 예를 들어 우리는 세 개의 각 〈 , V, 〉을 볼 때 이미 삼각형을 지각할 준비가 되어 있다. 그것이 변화를 위한 코칭에서 지니는 의미는 그런 변화가 코치이에게 그의 현재 상황에 대한 지각을 변화시키고, 따라서 새로운 의미를 뽑아내도록 몰아간다는 것이다(이것을 나는 통찰 학습이라고 부른다). 하나의 좋은 예는 반만 찬 유리잔을 지각하는 것이다. 부정적으로 지각하는 코치이를 긍정적으로 지각하게 바꾸어주려면 어떻게 해야 할까? 이것이 코칭에서 풀어야 할 도전거리다. 어떻게 할 수 있을지 이 부분에서 설명할 것이다.

게슈탈트 코칭의 핵심 요소는 다음과 같다.

- 자아 인식: 자아 규정과 개인 성장의 출발점으로 간주된다(Gillie, 2009; Magerman and Leshy, 2009; Perls, 1969, 1973; Simon, 2009).

- 조직(그룹 짓기): 우리는 이미 지각하는 정보를 조직화 법칙에 따라 조직한다. 즉, 근접성, 유사성, 폐쇄성, 단순성, 그리고 '모습'과 '근거'의 분리라는 측면에서 조직한다(Koffka, 1935).
- 타자에 대한 자각: 이것은 코칭을 주고받는 관계, 즉 (코치이로부터 코치에게, 코치로부터 코치이에게) 경험 전달에 초점을 맞춘다.
- 세상에 대한 자각(세상이 하나임을 자각)
- 현재: '현재 중심' 태도, '그 순간에 사는 것'이 최고임을 강조한다.
- 자아: 하나의 도구로 간주되고, 그래서 변화하는 데 자아 표현(언어적·비언어적·신체적 제스처)을 이용한다. 말의 언급보다는 행동(행동하지 않음도 행동이다)을 강조한다.
- 동정심compassion: 판단하고 심판하지 않는다.
- 존재함: 지식·이해·의도보다는 경험·정서·자발성을 강조한다.

게슈탈트 심리학과 신경언어학적 프로그램

신경언어학적 프로그램NLP이 심리학 영역 안에 들어오려면, 그 이름 때문에 이론이나 실천 둘 다에서 대단히 타당해야 한다고 생각할지도 모른다. 사실 NLP는 그것이 적용되는 다른 많은 영역에서뿐 아니라 코칭 업계에서도 아주 인기가 많다. 그러나 이런저런 많은 이유로 심리학계와 전문가 세계에서는 별로 인기가 없다. 코칭의 맥락에서는 자아 개념과 관련한 인기와 타당성 덕분에 나는 이 기법을 여기서 간략하게 논의하려 한다.

NLP는 존 그라인더John Grinder와 리처드 밴들러Richard Bandler가 1970년대에 캘리포니아 대학교(샌타크루즈)에서 처음 개발했다. 그 프로그램의 첫 모델은 '메타모델 치유법meta model of therapy'으로 불렸는데, 실제로는 게슈탈트 심리치료사인 프리츠 펄스Fritz Perls와 가족 심리치료사인 버지니아 사티어Virginia Satir 가 사용한 패턴들을 모델 삼아 개발되었다. 그 취지는 치유적인 적용을 위한 명시적 프로그램을 만들어내는 것이었다. 따라서 그 메타모델이 결과적으로 는 게슈탈트 이론의 한 모델인 셈이고, 게슈탈트 심리학의 원리에 기초를 둔 것이었다. 달리 말하자면, 그 메타모델은 게슈탈트 모델로 불리는 것이 더 적 절하다.

NLP 개발의 역사에서 알 수 있듯이, 실천 모델들은 뒷받침되는 분명한 심리 학 뿌리가 있다. 이 주제에 관해 지속적인 조사연구와 개발이 있어왔다(Law and Ackland, 2011). 브루스 그림리Bruce Grimley(Grimley, 2012)는 심리학적으로 이런 통찰을 하는 전임 슈퍼바이저에게 고무되었고, 로와 그림리(Law and Grimley, 2011)의 초고와 후속 연구에 나타난 아이디어에 기초해 NLP 코칭심리학을 이 론적으로, 또 실천적으로 탐구했다. 관심 있는 독자들은 이를 더 알고 싶을 수 도 있을 것이다. 여기서는 코칭에 도움이 될 수 있을 기본 기법 몇 가지를 설명 하겠다.

코칭에 NLP 메타모델 이용하기

NLP에서 메타모델의 목적은 코치이 두뇌의 '정신 지도mental map'(정신의 표명 mental representation)에 들어 있는 한계들에 도전하고, 그 언어의 깊은 구조로부터 의미를 발견하는 것이다. 메타모델이 코칭에서 사용될 수 있는 이유는 코치이 가 그의 가정을 명확히 하도록, 즉 코칭 대화 속에서 그 가정들이 말로 표현되 도록 도와줄 수도 있기 때문이다. 코치가 메타모델을 이용해 묻는 일련의 질문 들에 코치이가 반응해가면서 자신의 가정을 자각하게 되고, 자신의 정신 지도 를 확장 그리고/또는 개정함으로써 새로운 가능성을 보게 된다.

예를 들어 코치이가 언급한 어떤 문장이 불완전하거나 모호하다면(이것을 NLP는 '빈약하게 구성된' 문장이라고 간주한다), 코치는 게슈탈트 언어 패턴의 메타모델을 이용해 그 문장을 명료히 하려고 한다. 그 메타모델을 틀로 이용하는 코칭 대화를 통해 오류를 품은 가정이 (정신의 표명으로부터) 발견될 수도 있다. 이렇게 표명된 것들이 변화를 위한 자원이 되어 코치이가 자기 목표를 효율적으로 달성해야 할 때 도움을 줄 수도 있다.

NLP 메타모델은 게슈탈트 언어 패턴의 집합체다. 각각의 패턴은 다음의 두 단계로 이루어진다.

① 화자에게 이용된 구문론적 패턴을 확인하기
② 이 구문론적 패턴에 도전함으로써 화자가 그리는 가능성의 지도를 확장하기(또는 적어도 명확하게 만들기)

이상의 패턴은 다음의 제작 규칙을 이용해 시행될 수 있다.

규칙 1: 만일 코칭받는 사람이 이용한 구문론적 패턴이 애매하다면
그렇다면 그 패턴에 도전하라.

그 후 다음의 인식-행위 순환 절차에 의해 앞의 규칙이 적용될 수 있다.

• 1단계: 규칙 1을 적용하라.
• 2단계: 더 이상 할 필요가 없을 때까지(즉, 더 이상 애매모호함이 없고 그 상황이 명료해질 때까지) 규칙 1을 반복하라.

앞의 것이 어떻게 작용하는지 다음의 예를 가지고 그려보자.

"가르침은 지루하다"

이 말을 생각해보라. 이 말의 표면적인 구조는 실제로 아주 애매모호하다. 적어도 두 가지(어쩌면 그 이상 더 많은) 방식으로, 두 개의 깊은 구조로 해석할 수 있기 때문이다.

"가르쳐지고 있는 내용이 지루하다"
또는
"X가 가르치는 것은 지루하다"

여기서 X는 사람이고, 그래서 나일 수도 있고 당신일 수도 있으며, 그 사람이나 그 사람들일 수도 있다.

앞의 두 해석 어느 쪽이든 코치이가 언급하는 해석일 수 있다.

메타모델을 이용하는 또 다른 장점은 표면의 구조에서는 삭제된 것을 종종 발견하기도 한다는 점이다. 예를 들어 앞의 깊은 구조의 다른 부분에서는 여전히 그 가르침이 어떻게 이루어졌는지, 언제 어떤 상황에서 지루했는지 등을 알 수 없다. 메타모델을 이용해 더 질문함으로써 그 문장의 의미를 명확하게 만들 것이다.

프리츠 펄스와 버지니아 사티어의 게슈탈트 실행을 모델로 해서 리처드 밴들러와 존 그라인더가 확인한 것은 다음의 패턴이며, 이 패턴이 그들의 접근법에서 공통적으로 나타난다.

- 명사 도전: 누가?

- 동사 도전: 어떻게?

- 보편적인 수량 도전

- 마음 읽기 도전: 다른 사람이 무엇을 생각하는지 당신이 어떻게 아는가?

- 원인-결과가 의미상 잘못 형성된 것에 도전: 구체적으로 어떻게?

- 복합적 등식 도전: '만일 x라면 그렇다면 y'라는 것이 'x = y'를 의미하는가?

존 그라인더는 자기 지식을 '변혁적인 문법transformational grammar'(Chomsky, 1965)으로 이용해 더 많은 구문론을 찾아내어 그 유용함을 확인해냈다. 그 결과 수많은 구문론적 패턴이 메타모델에서 확인되었다. 이 구문론적 패턴이 드러내주는 것은 우리에게 표명된 세상(외부 지도)이 우리가 표명하는 세상(내면 지도)을 어떻게 잘못 표명해주고 있는지에 관해서다. 이 구문론적 패턴들은 그 안에 잠재된 오류적 표명이라는 측면에서 세 가지 일반 범주로 묶일 수 있다.

- 삭제
- 조작
- 일반화

삭제

삭제가 일어나는 것은 우리에게 표명된 세계에 들어 있는 구성요소들의 어떤 조각들이 초기 지각 단계[그라인더는 이것을 '제1접근'이라고 부른다(Bostic St. Clair and Grinder, 2001)]와 후속적 인식(제2접근)에서 놓쳐질 때다. 나는 이 두 단계를 각각 f^1과 f^2로 표시할 것이다. 예를 들어, 대화에서 정보의 어떤 부분은 잘 들리지 않는다. 그것은 화자의 목소리가 너무 작거나 듣는 사람의 귀가 나쁘다는 사실 때문이 아닐 수도 있다. 그 정보가 지각의 과정에서 지워졌기 때문일 수 있는 것이다.

조작

조작은 표명된 세계가 우리가 표명하는 세계에서 조작될 때 나타나는 현상이다. 예를 들어 무언가를 어떤 사람에게 말할 때 당신이 말하는 것을 그가 완전히 잘못 듣거나 다르게 해석하는 것을 때때로 알아차린 적이 있는가? 거미 공포증이 있는 사람은 거미를 볼 때 실제보다 훨씬 크게 볼 수도 있다. 거식증으로 고통당하는 사람은 자신의 신체 치수를 실제 모습보다 훨씬 크게 볼 수도 있다. 그 두 경우 모두 표명된 세계가 조작되었다.

일반화

일반화란 제한된 정보로 결론을 이끌어내는 상황을 말한다. 일반화가 기억을 덜 요구하기 때문이다('인지의 경제' 원칙). 일반화는 우리 지각 속의 모든 이념, 예를 들어 노령차별주의, 인종차별주의, 성차별주의 등을 발생시키는 뿌리다. 그 각각의 경우에 서 있는 사람이 다른 집단의 사람에 대해 고정된 관점을 고수하는 것은 그 집단에 대한 지식이 결핍되어 있기 때문이다(예를 들어 인종에 대한 고정관념).

물론 앞의 범주들은 무작위적이다. 엄격히 말하면, 그 모든 것이 어느 정도 오류적 표명에 속한다. 우리의 장기 기억 안에서 지각 과정과 지식 표명의 결과로 그런 오류적인 표명이 생긴다. 코칭 상황에서 보자면, 만일 코치이가 표명된 세상에서 본질적인 요소들을 많이 잃어버린 내면의 지도를 지니고 있다면, 그가 이용할 수 있는 가능성의 범위에 한계가 있을 수밖에 없다. 그런 코칭 대화 속에 메타모델의 구문론적 패턴을 적절히 이용함으로써 코치는 코치이가 그 표명된 세계에 관해 자신의 표상이 잘못되었음을 자각하고 새로운 가능성들을 발견하도록 도울 수 있다. 표 7-1은 이 패턴들에 대한 묘사, 코치이의 서술, 코치의 반응을 요약해준다.

당신이 메타모델을 코치이에게 적용한 후에도 그가 표상된 세계에 대해 여전히 잘못된 표상을 지니고 있을 수도 있다. 이는 오류적인 표상이 그의 무의식(더 깊은 구조)에 저장되었기 때문일 수 있고, 그의 감정과도 연결되었기 때문일 수도 있다.

앵커링

이 부분에서 제공할 것은 '앵커링anchoring'의 공식 정의이다. 그것을 학습심리학과 연결시키고, 그 몇몇 예들과 적용을 말해주겠다.

앵커링은 NLP를 실행하는 사람들에게 이용되는 일반적인 기법의 하나로서, 실제로는 '고전적 조건형성classical conditioning'으로 알려진 학습이론에 기초를 두고 있다. 이반 파블로프Ivan Pavlov(Pavlov, 1927)가 조사연구 하면서 주목했던 것은 음식이 보일 때 개들은 침을 흘린다는 것이다. 더 나아가 그가 관찰한 것은, 개들에게 음식을 주면서 종을 울리는 일을 반복하자 일정 기간이 흐른 뒤 그 개들은 그 종소리(닻)를 음식과 연관 짓는 것을 배운다는 점이다. 즉, 종만 울려도 개는 침을 흘렸다. 파블로프의 고전적 조건형성은 다음의 단계로 이루어진다.

① 무조건적 자극Unconditioned Stimulaus: US ⇒ 무조건적 반응Unconditioned Response: UR

예: 음식 ⇒ 타액 분비

표 7-1 메타모델에서의 구문론적 패턴

	언어 패턴	설명	코치이 서술의 예	코치 반응의 예
삭제	단순 삭제	정보를 놓침	그들이 했는데......	무엇을 했나?
	비구체적 비교	누구에게 또는 비교되고 있는 그것이 무엇인가? "......무엇보다 또는 누구보다?"	내가 어제는 더 졌는데.	누구와 비교해서?
	비구체적 동사	'어떻게 가' 구체적이지 않음 "어떻게 구체적으로?"	그녀는 스스로를 가르쳤다	그녀는 어떻게 스스로를 가르쳤나?
	참조 지표 부족	그것이 누구를 언급하는지 구체적이지 않음	그들은 그것을 신속히 배운다. ...	누가 배우는가? 구체적으로 누가?
	수행 성실	가치판단 - 누구에 의해서? "누가 말하는가?"	사람을 나쁘게 말하는 것은 잘 못이다.	누가 그렇게 말하나? 잘못이라는 것을 당신은 어떻게 아나?
조작	명사화	동사를 명사로 바꿈	그의 업무 수행은 별로다.	그가 어떻게 더 잘 수행할 수 있을까?
	원인과 결과	어떤 일이 어떤 다른 일의 원인이라고 암시함 지만 실제 인과관계는 x가 y를 일으키는 구체적인 원인이 아님. "어떻게 x가 y의 원인인가?"	당신이 나를 짜증나게 해.	구체적으로 내가 당신을 어떻게 짜증나게 하는?
	전제	가정하거나 전제해 담긴 사항	당신이 교육받으면 이것을 이 해할 것이다.	무엇이 당신을 ...... 이라고 당신을 믿게 하는가? 구체적으로 어떻게 ...... 을 것인가?
	마음 읽기	누군가의 생각을 자기가 안다고 주장함	데이비드는 비참하지.	당신이 어떻게 아는가? 당신이 그렇게 믿도록 만드는 것은 무엇인가?
일 반 화	복합적 등식	두 가지가 동등하다고 암시함. X⇔Y	당신은 절대로 내 말을 듣지 않아 (멈추었다가) 당신은 내 눈을 본 적이 없잖아.	그래서 눈을 마주치지 않는 것이 내가 당신의 말을 듣지 않고 있다는 의미라고?
	보편적 수량어	모두, 모든 등	모든 NLP 코스는 너무 비싸.	모든 NLP 코스가 너무 비싸다고 만드는? 구체적으로 어떤 코스가? 예외는 없소?
	가능성의 조동사	할 수도 있다, 할 수 있었을지도 등	내가 나를 규모 있게 만들지 못 하겠어.	당신이 자신을 규모 있게 만들도록 무엇이 그렇게 못하도록 막는가? 당신이 자신을 규모 있게 만들 수 있다면 무슨 일이 생길까?
	필수성의 조동사	반드시 해야 한다, 해야 한다 등	사람들이 말하고 있을 때는 내 가 끼어들면 안 돼.	당신이 그런다면 어떤 일이 생길까? 무엇이 당신을 막나?

② US + 조건적 자극Conditioned Stimulus: CS ⇒ UR

예: 음식 + 종소리 = 타액 분비

③ CS ⇒ 조건적 반응Conditioned Response: CR 또는 학습된 반응learned response

예: 종소리 ⇒ 타액 분비

따라서 앵커링은 외부나 내면의 자극에 의해 촉발될 수도 있는 내면의 반응이다. 앵커링은 우리가 경험한 것에 대한 기억(장기 기억)과 감각적 기억(정신의 표명들) 사이의 연관성을 만들 수밖에 없을 때 거치는 과정이다. 카먼 보스틱 세인트 클레어Carmen Bostic St. Clair와 그라인더(Bostic St. Clair and Grinder, 2001: 199)는 앵커링을 우리 감각('다섯 조5-tuples'라고 불리는 것)에 대한 정신의 표명 안에서 "그렇게 안 하면 무차별적으로 분류될 것들을 묶고 조작하기 위한 일련의 작업"으로 정의 내린다. 그런 작업의 의도는 그 감각들을 정신의 다른 표명과 접촉하게 만들어 구별하거나 통합하려는 것이다.

NLP 맥락에서 '다섯 조'란 우리 두뇌에 등록되어 있는 다섯 가지 감각을 말한다.

- 시각적: 보기(V^i)
- 청각적: 듣기(A^d)
- 촉각적: 느낌(K^i)
- 미각적: 맛봄(G^u)
- 후각적: 냄새 맡기(O^l)

우리에게 등록된 감각은 과거에 우리가 어떤 종류의 경험을 했는지와 연관될 수도 있다(고전적 조건형성의 과정을 통해). 이러한 연관은 우리가 매일 환경에 반응하는 데 유용할 수도 있다, 예를 들어 빨간 신호등과 정지하는 일처럼 말이다. 이는 풀을 벨 때의 냄새와 어릴 적 여름처럼 즐거운 것일 수도 있다. 아니면 경찰차 사이렌 소리와 불안감처럼 유쾌하지 않은 것일 수도 있다. 우리가 보고 듣고 느낀 것과 냄새와 맛의 합성 사이에 형성되는 연관성은 상황마다 우리가 어떻게 반응할지 결정한다. 우리의 개인사 속에서 이런 닻들이 자연스럽게 생겨난다. 어떤 사람을 만나면 그를 보고 그의 말을 들을 때마다 내면에서 어떤 느낌이 드는지 생각해보라. 그것이 앵커링이다.

자신을 위해 작용하는 방식으로 우리가 순발력 있게 반응하고 있음을 발견할 때는 닻이 유용하고 적용할 만한 것이다. 예를 들어 위험에 직면했을 때 차분해지고 지략이 생길 수 있다. 다른 한편 우리가 스스로에게 유용하지 않은 방식으로 반응하고 있음을 알 때는, 예를 들어 인터뷰에서 적절치 않는 느낌이 든다면 그 둘을, 즉 내면의 경험(예: 부적절한 느낌)과 외부의 상황(예: 인터뷰당하고 있는 것)을 부적절하게 연관시킨 것이다. 우리 행위의 반응(R)과 외부 자극(S)의 결합은 시간이 흐르면서 연결 패턴[S-R(자극-반응) 심리학 영역에서는 고전적 조건형성으로 알려져 있는 과정]이 된다. S는 NLP에서 또한 '방아쇠trigger'로도 불린다. 부정적인 닻이나 비적응 닻의 극단적인 경우가 공포증이나 '외상 후 스트레스 장애post-traumatic stress disdorder: PTSD'인데, 이 닻이 S-R과 짝을 이루어 어쩔 수 없이 연결됨으로써 선택의 가능성이 심각하게 제한되는 것이다(예: S = 거미를 보는 것, R = 공포를 느끼는 것). 자극-반응 결합은 생산 규칙과 유사한 것으로 잘못 해석되는 경우가 아주 많다. 예를 들면 다음과 같다.

만일 〈조건: S = 거미〉 그렇다면 〈행동: R = 공포를 느낌〉

그러나 이러한 유비는 오류다. S-R이라는 짝은 신경 통로와 직접 연결되므로 자동 과정이기 때문이다. 달리 말하자면 사람은 위험에 직면할 때(가령 거미를 보거나 인터뷰할 때) 어쩔 수 없이 공포를 느낄 수밖에 없다. 이것은 조건반사 reactive response이다. '만일-그렇다면'이라고 결정 내리는 인지 과정은 없다. 조건반사와 결정은 둘 다 학습 형태다. 하나는 수동적이고 다른 하나는 능동적이다. S-R 과정은 무의식적 형태이고, 결정은 의식적 형태인데, 적어도 그 과정의 초기 단계에서는 그렇다. 조건 규칙들이 자동적(무의식적)인 것이 될 수도 있지만, 그렇게 되려면 보통 많이 실행되어야 한다. 많은 실행이야말로 전문적 행위의 특징이기 때문이다.

또한 자극 S가 보통은 외부에 있는 것으로 생각되지만, 반드시 그렇지는 않다는 점을 주목하는 것이 중요하다. 예를 들어 S-R 패턴(닻)이 일단 성립되면 상상이나 그려보는 것(내면의 자극)만으로도 S-R 반응을 방아쇠처럼 충분히 건드릴 수 있다.

행동심리학(특히 고전적 조건형성)이 NLP에 공헌한 것 중 하나는 닻의 조작이다. 이는 첫 번째 지각(R^1)과 '후기Post-R^1 표명'(R^2)이 서로 다른 두 개라는 사실을 이해하는 데 기초를 둔다. 따라서 부정적인 닻(한 쌍의 S-R)에 직면했을 때 우리는 단순히 R^2를 R^1(조작)에서 끊어놓을 수 있다. 더구나 우리는 새로운 형식의 표명으로 R^2를 대체하기로 선택할 수 있다. 그래서 R^{2n}이라고 말하는 편이 더 나을 것이다. 예를 들어 과거에 어떤 사람이 인터뷰할 때 부적절하게 느끼는 조건(상황)에 놓였던 적이 있을 수 있다. NLP 앵커링 기법을 이용한다면, 그 사람이 인터뷰를 확신에 차서 활력 있게 하길 원할 때 그렇게 할 수 있도록 조건이 다시 만들어질 수도 있다. 이제 앵커링 기법에 대해 말하겠다.

앵커링: 실제 작용 방식

앞부분에서 볼 수 있었던 것은 앵커링이 코칭뿐 아니라 다른 많은 형태의 '변화 작업'(가령 공포증과 PTSD 등을 다루는 작업)에서 사용될 수 있다는 점이다. 그 조건(상황)이 어떤 것이든, 코칭의 어휘로 말하자면 개인의 발달이든 조직체의 변화든, 전형적으로 우리는 다음과 같은 S-R 패턴 세트(부정적 닻과 긍정적 닻)를 지닌다.

현재 상황(바람직하지 않은): 부정적 닻 = S_0-R_0
목표(긍정적 상태, 바람직한): 긍정적 닻 = S_1-R_1

S_0가 원래의 부정적 자극이고 R_0는 원래의 부정적 상태/반응일 때, 새로운 자극은 S_1이며 새로운 긍정적 상태/반응은 R_1이 된다.

이 책 전체를 통해서 우리가 반복해 강조해온 것은 NLP가 표명의 조작에 관한 모든 것을 말해준다는 점이다. 여기서 S_0-R_0와 S_1-R_1은 두 세트의 표명이다. 따라서 NLP 용어로 말하자면, 우리가 해야 할 필요가 있는 것은 이 두 세트 안의 모든 변수인 S_0, S_1, R_0, R_1을 조작하는 일이다. 그럼으로써 S_0와 S_1을 짝지어 R_0를 R_1으로 대체하는 것이다. 이 조작에서 핵심 변수는 S_1이며, 이것이 바로 NLP에서 '닻'이라고 부르는 것이다. 어떤 닻이든 그것이 한 세트의 경험(긍정적이든 부정적이든)을 건드릴 수 있는 핵심 자극이 된다. 어떻게 그 과정이 작용하는지 이제 자세히 설명할 것이다. 일반적으로, 즉 i 경우들에(불특정 다수의 경우를 의미함*) 이것은 다음과 같은 단계를 밟는다.

① 생리적 상태 유도(R_i)
② R_i의 눈금을 매김
③ 앵커링(S_i)

우리는 이 단계들을 차례로 논의하고 나서 그 단계들이 어떻게 더 구체적인 맥락에 적용될 수 있는지 보여주며 몇 가지 예를 들 것이다.

| 1단계: 생리적 상태 유도(R_i) | 생리적 상태란 당신이 그저 어떻게 느끼든지 그 이상의 것을 말한다. 이는 어느 시점에 당신 안에서 일어나는 모든 생리적·신경계적 과정의 총합이다. 당신이 처한 생리적 상태가 당신의 역량에, 그리고 당신의 경험을 당신이 어떻게 해석할지에 깊은 영향을 미친다. 어떤 기억을 다시 경험하는 일을 충분히 할수록 그 기억이 형성되던 때의 당신 자신의 생리적 상태에 다시 접근할 가능성이 높아지며, 그 역도 성립한다(이것을 NLP에서는 '에피소드 기억episodic memory' 또는 '상태 의존 기억'이라고 부르는데, 유비적인 표현이다). 자신의 상태를 끌어낼 때 보통은 자신의 감각적인 표명을 모두 충분히 활용한다. 다른 사람에게서 상태를 끌어낼 때는 다음과 같이 요구함으로써 이러한 표명을 끌어낼 수 있다.

상상하면서 거기로 되돌아 가보세요. 그리고 어디에 있는지 무엇을 보고 있는지 자각해보세요. 거기로 되돌아가서 그 소리를 들어보세요. 당신 몸을 동일한 자리에 갖다놓고 감각과 느낌을 강화해보세요.

코치이가 원하는 상태로 들어가도록 도와주려면 당신 자신이 그 상태로 들어감으로써 당신의 행위가 그의 행위와 일치하도록 하는 것이 도움이 된다.

생리적인 상태를 이끌어낼 때는 두 측면이 아주 중요한데, 그 하나는 상태의 **강도**다. 즉, 그것에 닻을 내릴 때, 그리고 나중에 그 닻을 끌어올릴 때 그렇게 하기 전보다 보통 더 약한 상태가 되기 마련이다. 다른 한 측면은 상태의 **순도**純度다. 즉, 선택된 그 경험이 그가 바라는 상태대로의 본보기가 되고, 다른 상태에 오염되지 않아야 한다.

| 2단계: Ri의 눈금을 매김 |　코치이가 자기의 이전 경험에 다시 접근할 때, 그의 내면 상태의 외부 단서들을 탐지하려면 모든 감각을 정확하게 이용하라. 이 단서들은 명백할 수도 있지만 최소한일 수도 있다(예: 얼굴근육의 작은 변화, 숨 쉬는 리듬, 피부색, 동공 팽창 등). 이 외부 단서는 그 경험의 강도가 최고조로 높아져야 알아차릴 수 있게 된다. 당신이 자아에 닻을 내리고 있다면, 자기 상태의 내면 단서에 대해 직접적으로 눈금을 매기라. 예를 들어 '꼼짝 못하는' 상태로부터 '뛰어난' 상태에 이르기까지 말이다. 당신 자신의 내면 상태에 대한 자각을 증가시키는 것이 당신의 수행을 모니터할 때 효율성을 증가시켜준다. 그로써 당신은 '꼼짝 못하는' 상태에서 시간을 점점 덜 보내게 될 것이고, '뛰어난' 상태에서 더욱더 많은 시간을 보내게 될 것이다.

| 3단계: 앵커링(Si) |　당신은 어떤 감각 자극을 가지고 어떤 한 상태에 닻을 내릴 수 있다. 그 감각 자극이 어떤 식으로 결합된 것이든 상관없다. 제스처나 표현으로서 **시각적**인 것이든, 어떤 핵심 단어나 어조로서 **청각적**인 것이든, 접촉으로서 **촉각적**인 것이든 상관없다. 당신이 사용하는 닻이 무엇이든, 뚜렷하고도 독특한 것이어서 다른 연결로 인한 오염을 막아주어야 한다는 점이 아주 중요하다. 그 타이밍 또한 매우 중요하다. 그 경험 직전의 닻이 강렬함을 고조시킨다. 그리고 언제든 나중에 당신의 닻이 그 경험으로부터 들려 나올 것이다. 마지막으로 당신은 그 닻을 정확히 바로 그대로 재생할 수 있어야 한다. 만일 그렇지 못하면 당신은 그 상태에 부분적으로만 접근하게 될 것이다. 당신이 어떤 닻을 내렸다면 곧바로 당신의 주의를 다른 데로 돌려 그 상태를 깨뜨리라. 그다음에는 그 닻을 다시 '끌어올림으로써 firing' 그 닻을 테스트한다. 그 내

면의 상태에 접근되었는지 알려줄 생리적 외부 단서를 당신이 보지 못한다면, 그 앵커링 과정을 반복하면서 효과적인 앵커링의 중요한 여섯 요소에 특별히 주의를 기울여보라.

- 생리적 상태의 **강도**
- 생리적 상태의 **순도**
- 내면 상태에 대한 외부 단서에 **눈금 매기기**
- 닻의 **무소부재** 無所不在, ubiqueness
- 최고 상태 직전의 닻 **타이밍**
- 닻 복제의 **정확함**

NLP에서 앵커링을 이용하는 예를 더 보려면 조셉 오코너 Joseph O'Connor와 앤드리아 라지스 Andrea Lages(O'Connor and Lages, 2004)를 참조하라.

변화의 역설이론

게슈탈트 이론이 제시하는 변화는 자연스럽고 연속적인 과정이며, 이는 '경험 연속 흐름의 게슈탈트 사이클'이라고 불린다(Beisser, 1970; Melnick and Nevis, 2005). 그림 7-2가 보여주는 것은 '활동을 위한 에너지 소비'와 '그 경험과 연관된 자각' 사이의 관계다. 처음에는 우리가 바깥세상(기본 상태 default state, 이 그림에서는 임의로 −1로 표시된다)을 자각하지 못한다. 우리가 어떤 것을 감지할 수도 있지만, 여전히 그것을 온전히 자각하지 못할 때도 있다. 점차 우리는 이것이 무엇인지 자각하게 된다. 말하자면, 그것이 벽에 걸린 추상화이거나 창밖의 나무임을 자각한다. 이는 '관심의 도표'를 형성한다. 우리 에너지를 가동시켜

그림 7 - 2 **경험 연속 흐름의 게슈탈트 사이클을 위한 개념적 구성**

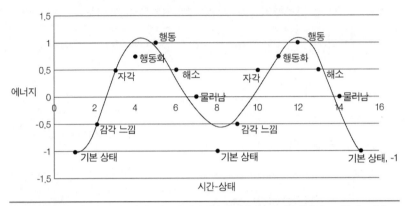

주: 이 차트는 다항식 구성을 이용해 에너지 소비(임의 가치)와 사건 연속성(시간-상태)을 보여준다. 0에서 +1
은 의식적인 자각의 영역을 나타내고, 0에서 -1은 내면의 감각(무의식)을 나타낸다.

✍ **연습 7 - 2**

경험 연속 흐름의 게슈탈트 사이클과 학습 사이클을 비교하라. 유사점과 차이점은
무엇인가?

게슈탈트 사이클의 단계들을 학습 사이클 위에 그리라.

게슈탈트 사이클이 학습에 대해, 그리고 초기 변화를 해낼 수 있는 우리 능력에 대
해 지니는 의미는 무엇인가?

....

....

....

....

그것에 반응하게 한다. 예를 들어 우리는 그 방의 그림이 아름답다고 감상을 내놓을 수 있으며, 그 나뭇잎에 단풍이 드는 변화를 감상할 수도 있다. 우리는 지각하는 것에 더 많은 주의를 기울인다(행동). 우리는 그 그림이 무엇을 말하려는지 만족할 때까지 알려고 시도할 수도 있다(해소). 그리고 나서 우리는 다른 데로 초점을 옮기고(물러남), 그 사이클을 반복한다.

이상을 성찰한 후에 당신이 어쩌면 두 가지 중요한 점을 알아차렸을 수도 있다.

① 게슈탈트 이론에 따르면, 학습은 또한 자연스러운 현상이다. 만일 우리가 자각한다면, 우리가 학습한 것이다(자각이 없으면 학습은 없을 것이다).
② 변화는 자연스럽게 생기며, 우리가 그 변화를 좋아하든 아니든 상관없다.

이 두 번째 점은 역설이다. 변화는 우리가 막으려 해도 생기기 때문이다. 막으려고 시도하는 것은 일을 어렵게 만들 뿐이다(부정적인 일이 생기는 경우가 아주 많다). 그러므로 일어나는 일을 수용하라. 그것은 그런 것이라고 수용하라. 그다음에 당신의 에너지를 탐지하고, 그 에너지에 맞추어 그 변화를 다루라.

더 중요하게는, 변화란 늘 '여기 지금', 순간순간 일어난다는 것이다. 그래서 우리가 지금 일어나는 변화에 책임지기 원한다면 현재의 순간에 주의를 기울일 필요가 있다.

✍ **연습 7-3**

변화의 역설이 코칭에서 지니는 의미는 무엇인가?(힌트: 코치이가 그의 인생에서

일어나는 변화를 부인하거나 변화에 저항한다면 그에게 지금 일어나고 있는 일이 무엇인지 생각해보라.)

이 이론을 당신의 코칭 실행에 어떻게 적용할 것인가?

코치이가 코칭 회기에 저항의 징표를 보인다면 당신은 어떻게 할 것인가?

....

....

....

....

저항에 맞서기

변화의 역설이론을 코칭에 '적용하기'는 코치이가 현재의 순간에 단순히 초점을 맞추도록 도울 수 있다(가령 다음 장에서 묘사된 유념 mindfulness 연습 같은 것으로). 놀랍게도 새로운 통찰이 등장할 수도 있다. 코치이의 저항에 도전하는 질문은 NLP를 사용하는 코치가 전형적으로 선택하는 기법인 경우가 많다. 무엇이 당신을 멈추는가라는 질문은 저항에 맞서기 위한 모델로 게슈탈트 접근법을 이용하는 한 예다(메타모델). 그러나 이런 질문이 작용하도록 코치는 먼저 코치이에게 '지금 여기'에 초점을 맞추라고 지시할 필요가 있다. 그리고 목표를 달성하지 못하도록 그를 막고 있는 것이 실제로 무엇인지 검토할 필요가 있다.

게슈탈트 기법

게슈탈트 기법에 포함되는 것들은 다음과 같다.

• 억제: 저항 억제. 아무것도 하지 않으려고 하라. 아무것도 경험하지 않으려

지금까지 (NLP를 포함한) 게슈탈트 기법에 관해 읽었는데, 게슈탈트 코칭에서 '하라'는 것과 '하지 말라'는 것은 무엇이라고 생각하는가?

목록을 만들라.

하라:

....

....

....

....

하지 말라:

....

....

....

....

하라. 그렇게 해보라. 그러면 당신은 그것이 지극히 어렵고 거의 불가능하다는 점을 알게 될 것이다. 이 상태가 당신에게 '토대'(기본 상태)를 제공할 것이다. 그 토대 안에서 당신은 자각하게 된다. 관심의 대상이 떠오른다. 유념 연습(8장)이 도움이 될 것이다.

• 표현: 억제의 반대. 어떤 것을 하라! 당신 내면의 목소리를 표현하라. 어떤 소리가 나는가? 당신의 비전을 그리라. 어떤 모습인가? 그 표현을 과장해보라. 은유를 사용해 그 표현을 **해석**해보거나 그것을 다른 형태로 **번역**해보라.

당신이 바로 그 표현인 것처럼 행동해보라.

• 통합: 과거와 미래의 '자아'를 '현재의 자아'와 통합시켜서 전체로 하나가 될 수 있게 하라.

통합의 기법은 NLP 실행자들이 연대표 연습으로 이미 인정해온 것이다. 그 연습에서 코치이는 자기가 서 있는 곳으로부터 자기 미래의 여러 단계를 표명할 점들에 이르는 상상의 선을 바닥에 그려보도록 요구받는다. 코치이가 그 상상의 선을 따라 걸으며 그 경험으로부터 배우고, 그 자원들과 기술들을 현재로 가져오도록 요청받는다.

이 기법은 한 사람 안에 들어 있는 여러 성품을 통합해서 자기 성격에 관해 이해하도록 하는 데 적용될 수 있다. 다시 말하자면, 이것은 NLP를 모델로 할 때 일반적으로 사용하는 또 하나의 접근법이다.

자아(인지와 감정) 관리: 인지행동 코칭

아론 벡Aaron Beck 등(Beck at al., 1979)이 인지행동치료법cognitive behaviour therapy 을 발전시켰다. 이는 건강 분야에서 곧 인기 있는 개입 방식이 되었다(Chambless, 1988; Rothbaum et al., 2000). 유용한 참조 매뉴얼을 보려면 데니스 그린버거Dennis Greenberger와 크리스틴 A. 페데스키Christine A. Padesky(Greenburger and Padesky, 1995)를 보라. CBT는 매우 자주 코칭에 사용되어왔다. 그리고 어떤 코치들은 그 기법을 인지행동 코칭CBC이라고 부른다(Law, 2014; Neenan and Palmer, 2001; Palmer and Whybrow, 2004 참조).

CBC는 소크라테스Socrates의 대화법을 이용해 코치이의 가정假定(도식圖式,

schema)과 인지에 도전하는데, 이는 코칭에서도 자주 사용된다(Allan and Law, 2009; Symanska, 2008). 그렇게 함으로써 코치이가 자기 사고방식을 변화시키도록 돕고, 사고방식의 변화를 통해 감정과 행위가 바뀌도록 돕는다. CBC 접근법은 다음의 단계로 이루어진다.

① 현재 그리고/또는 최근의 상황을 검토하라. 현재의 감정과 인지를 평가하라. 질문에는 다음과 같은 것을 포함시키라. 어떻게 느끼(꼈)는가? 무엇을 생각할 때 그런 느낌이 들었나?

② 목표를 정하라. 코치이가 그 목표에 가치를 매기도록 시키라. 예를 들어 그 목표 달성을 위해 당신은 어느 정도 적극적으로 관여하는가? 1~10의 등급을 매겨보라. 만일 코치이가 1~100%의 등급을 선호한다면 그것으로 생각하도록 해도 좋다(등급 자체는 임의적인 것이다).

③ SMARTER 목적들을 설정하라: 그 목표를 SMARTER 목적들로 나누라(6장 참조).

④ 코치이의 감정을 평가하라. 그 목적들을 코치이의 감정과 연결시키라. 예를 들어 이 목적들을 다음 주까지 달성하기로 했다면 그는 그것을 어떻게 느끼는가? 코치이 느낌의 강도를 재기 위해 어떤 등급이든 동일하게 이용될 수 있다.

⑤ 그 목적들을 달성하는 데 방해가 될 수도 있는 장애물이 무엇인지 확인하라. 가령 수행 훼방 사고Performance Interfering Thinking: PIT(Neenan and Palmer, 2001)와 같은 심리적 측면(인지적 장애물)과, 신체적 측면, 사회적 측면을 포함해 확인하라.

⑥ 그 장애물을 극복할 전략을 개발하라. 코치이가 수행 강화 사고Performance Enhancing Thinking: PET(Neenan and Palmer, 2001)를 계발하도록 도우라. 그리고 확인된 장애물을 극복할 행동계획을 개발하도록 도우라.

⑦ 진전된 것들을 재검토하라. 이는 평가의 한 부분이다. 그리고 과정을 재검토하며 코치이에게 피드백을 주어라.

이 일곱 단계는 그림 7-3으로 요약된다.

실행할 때 당신이 코치이의 감정을 회기마다 모니터한다면 그의 감정이 오르락내리락하는 것을 보게 될 것이다(그림 7-4 참조).

그러나 시간이 흐르면서 CBT가 작용하면 그의 긍정적인 감정은 올바른 방향으로 움직이게 되어 있다. 긍정적인 감정은 상승되어 높은 수준을 유지하는 반면, 부정적인 감정은 내려가거나 모두 사라지게 된다. 그림 7-5를 보라.

그림 7-5에 제시된 예와 똑같이 당신은 내담자에게 그의 감정들을 리커트 척도Likert scale(말하자면 1~10)로 말해보라고 요구할 수 있다. 그다음에 그 변화를 양적으로 모니터하고 평가할 수도 있다.

그림 7 - 3 CBC의 과정을 보여주는 도식적 그림

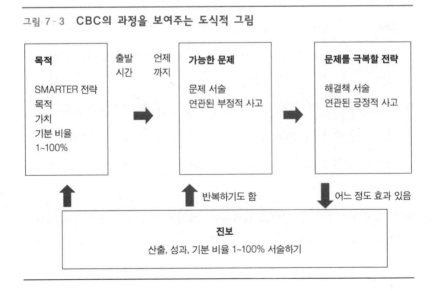

그림 7-4 **시간 흐름에 따른 코치이의 감정 변화 모니터링**

기분

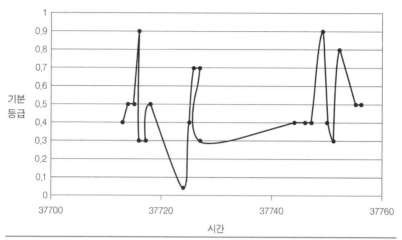

주: 시간은 이 그림을 위해서만 임의적으로 만들어진 것이다.

그림 7-5 **긍정적 감정과 부정적 감정의 변화 모니터링**

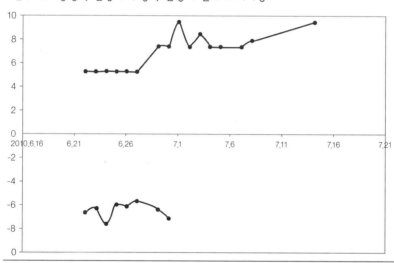

주 1) 윗부분은 긍정적 감정, 아랫부분은 부정적 감정이다.
  2) 코치이의 부정적 감정이 시간이 흐름에 따라 내려가다가 사라지고 나면, 긍정적인 감정만 남고 계속 증가
     하는 것을 보여준다.
  3) 날짜는 이 그림을 위해서 만든 허구적인 것이다.

✍ **연습 7-5**

표 7-2는 CBT 프로그램 전후에 내담자가 보고한 감정의 목록을 보여준다. CBT가 이 내담자에게 미친 영향을 확인할 수 있겠는가?

표 7-2 CBT 개입 전후의 감정 변화를 보여주는 기분표

이전	이후
염려, 불안, 초조	해당 없음
걱정, 염려, 근심, 죄책감	해당 없음
스트레스, 혼란스러움	해당 없음
당황, 바보처럼 느낌, 분노	해당 없음
죄책감, 혼란스러움	해당 없음
이기심	해당 없음
미적거림, 슬픔, 죄책감	해당 없음
걱정, 무력감, 근심, 우려	자조: 이전에 자신이 어리석으며 바보 같고, 혼란스러우며, 우스웠다고 느낌
해당 없음	행복, 자부심
해당 없음	깨달음

이 영향을 당신은 어떻게 양적으로 평가할 것인가?

....

....

....

....

코칭이나 멘토링에서의 인간관계적 맥락: 자아와 타자

실존주의적 코칭

실존주의는 이론도 아니고 모델도 아니다. 그것은 철학이다. 실존주의는 쇠렌 키르케고르Søren Kierkegaard에 의해 발전되었는데, 그가 제안한 것은 각 개인이 자기 인생의 의미를 구성하는 데(자신에 대해 진실하게 되는 데) 책임이 있다는 것이다. 실존주의는 제2차 세계대전 이후 몇 년간 인기가 있었다. 전쟁에서 많은 개인이 트라우마를 경험한 이후 자기 자신의 도덕성과 의미를 성찰한 시기였다. 실존주의는 인간의 보편적인 조건에 관한 몇 가지 가정으로 출발한다.

- 고립: 우리는 모두 홀로 태어났고 홀로 갈 것이다.
- 죽음은 확실하지만 그 조건(어떻게, 언제)은 불확실하다.
- 무의미성: 앞의 생각들이 우리가 인생의 의미와 목적에 대해 질문하게 한다.

이러한 생각은 염려, 이른바 실존적 불안existential angst의 원인이 된다. 이 실존주의 철학적 접근법을 코칭에 적용하려면 실존주의 철학으로부터 실존주의 코칭을 개발할 필요가 있다. 이 모델을 이제 서술하겠다.

ABC 실존주의적 코칭 모델

실존주의적 코칭의 핵심 요소는 실존주의의 다음 관심사를 근거로 한다.

A. 자각Awareness: 우리가 존재함을 자각한다. 우리가 유한함을 자각한다. 이것

이 시간 경험이다.

B. 유의미함Being meaningful

C. 선택Choice: 우리는 선택할 수 있다. 그러므로 우리는 존재한다. 자유로운 매개자agent로서 인간은 대결하고 선택할 용기가 있기 때문에 그 행위가 예측 불가능하다.

시간 자각

게슈탈트 접근법과 달리, 실존주의의 맥락에서는 시간을 자각한다는 것이 자기가 자신의 시간이 됨을 의미한다. 즉, 되어감의 과정에서 …… 시간의 흐름 …… 과거-현재-미래를 …… 자각 …… 하는 것을 의미한다. 인간의 시간의 성질은 열려 있는 마감, 전진, 본래의 국한됨, 돌이킬 수 없음, 유한함이다.

다음의 요소들이 당신의 목록에 포함될 수도 있다.

- 활동성
- 맥락
- 문화
- 분위기
- 사회
- 인생의 단계: 의미심장한 순간, 사건, 이정표

✍ **연습 7-6**

이러한 정서와 사고를 건드려 움직이게 만드는 것은 무엇인가?

당신에게 과거의 의미를 제공하는 것, 현재의 의미를 제공하는 것, 미래의 의미를 제공하는 것의 세 목록을 만들라(예를 들어, 과거: 사진, 그림).

....

....

....

....

이제 앞의 것들을 각각 성찰해보라. 당신의 시간 경험에 영향을 미친다고 생각하는 요소의 목록을 만들라. 만들기 어려웠는가? 특히 어느 목록이 만들기 힘든가? '미래'라는 개념이 없는 문화도 있기는 하다(Mbiti, 1969).

....

....

....

....

| 코칭에 대해 지니는 의미 |　　에르네스토 스피넬리Ernesto Spinelli 교수는 2005년 12월 19일 BPS SGCP 콘퍼런스에서 워크숍을 진행하며 코칭의 현재-미래 중심 접근법을 비판했다. 그 접근법은 시간에 관한 실존주의적 관점에서 나온 것이기에 그는 두 가지 근거를 들어 비판했다.

① 현재에 대한 과도한 의존: 연속성이 없다. 그 순간만 있어 자아가 비었고 실체가 없다. 지속되는 목적 · 공헌 · 의미가 없다.
② 미래에 대한 과도한 의존: 역설적으로 미래를 뿌리 뽑고, 늘 현재의 경험을 '앞으로 올 무언가'로 남겨둔다. 나는 '지금'이라는 비어 있는 미래 가능성으로부터 그다음 가능성으로, 그리고 또 그다음으로 계속 건너뛰고만 있다.

결코 연결하지 않으며, 검토하기 위해서나 검토의 가치를 보려고 멈추지도 않는다.

유의미함: 실존주의적 의미

실존주의는 우리가 의미를 만드는 존재라고 가정한다. 우리는 신경생리학적 과정을 통해 세상을 해석한다(NLP와 비교하라). 우리는 의미를 추구하려는 의도성을 지니고 있다. 우리의 의도성이 세상을 해석하며 의미를 만든다. 개인은 각기 다르기 때문에 각자가 지니는 의미는 다르다. 단 하나의 진실한 의미란 없다. 의미는 고정되지도 않고 절대적이지도 않다. 인간 조건의 불확실성 덕분에 우리가 어떻게 의미를 만들지 또한 불확실하다. 그것은 유동적이다. 이렇게 의미 만들기는 '상호 합리적inter-rational'이다. 의미는 타자와 관련해 구성된다. 그것은 고립되어 생각될 수 없고 '상호 관계적inter-relational' 맥락에서 이해될 수 있을 뿐이다. 의미는 자아-타자, 자아/주체-객체의 공동 창조물이다 (Heidegger, 1962). 다른 종류의 의미들이 있는데, 예를 들면 다음과 같다.

- 현실화actualization(Maslow, 1954)
- 이타주의: 타자를 섬김
- 창조성
- 어떤 대의大義에 헌신
- 쾌락주의hedonism: 즐거움의 원칙
- 아름다움을 경험
- 불굴의 용기: 역경에 직면해 그 일을 하며 의미를 발견할 수 있는 역량(변혁적 리더십에서 사용됨)

✍ 연습 7-7

'의미 만들기meaning-making'의 의미는 타자에게 달려 있다.
이 말은 무슨 뜻인가?

....

....

....

....

지금까지 서 있던 입장에서 경험한 것을 생각해보라. 갈등이 불가피한 것임을 느낄 수도 있을 것이다. 갈등이란 한 사람이 자기라고 믿는 자아에 대한 해석(인식된 자아와 의미)과 그 사람이 채용하는 실제 입장/존재의 방식(현실) 사이의 간격을 표명한다. 우리가 자아나 현실에 대한 이런 해석을 수용하지 않는 쪽을 선택할 때 갈등이 생긴다.

선택: 우리는 선택해야 한다!

우리 경험의 유한함과 인간 조건의 불확실함에도 불구하고 우리는 타자와 세상과 관련해 우리 자신의 의미를 구성할 자유가 있다. 더구나 실존주의적 입장이 주장하는 것은 우리가 우리에게 일어나는 상황을 조정할 수 없을지라도 그에 대한 우리 반응을 선택할 자유는 있다는 점이다(그 상황이 무엇이든 어떠하든 상관없이 말이다). "우리가 선택한 것들이 우리를 만든다"(Sartre, 1956). 따라서 자율성(자유 또는 자유의지)과 결정론은 연결되고, 서로 반대되지 않는다. 그러므로 실존주의자들은 현상론의 입장을 취하며, 그래서 자유는 주어진 한계 안에 '놓인다situated'. 즉, 특정한 시간과 사람과 문화와 역사적 맥락에 '묶인다bounded'. 이것이 이른바 '던져짐throwness, Geworfenheit'이다(Heideggaer, 1962).

이런 입장을 전제로 할 때 개인은 '결산 의무accountability', 의도성, 책임을 지닌다. 우리는 불안을 뿌리 뽑으려 애쓰기보다는 포용하는 쪽을 선택해야 한다. 우리는 그것과 대결해야 한다(피할 수 없는 '긴박한 경험'으로 받아들여야 한다). 그리고 그것을 무시하거나 잊어버리는 대신 유념하고 있어야 한다. 이것이 우리가 진정으로 실존하기 위한 본질(진정한 자아)이다(Heidegger, 1962).

그것을 다른 식으로(긍정적으로) 보자. 불안은 그 자체의 장점도 있다. 그것은 우리에게 진정한 의미의 가능성을 경고해주고, '좋은 삶'을 살 기회에 대해 우리를 '자각시킨다'(긍정심리학의 철학과 비교해보라). 따라서 우리 문제들에 대한 해결책은 우리의 개인적인 의미 추구에 달려 있다. 즉, 더 의미 있게 살아가는(존재하는) 방식에 달려 있다. 이상은 그림 7-6에 요약되어 있다.

✍ **연습 7-8**

만일 우리가 선택할 자유를 지녔음을 부인한다면 어떻게 될 것인가?
그 결과는 어떨 것인가?
• 그 사람에게
• 타자와 상호 반응하는 그의 방식에

....
....
....
....

그림 7-6 ABC 실존주의적 코칭 모델

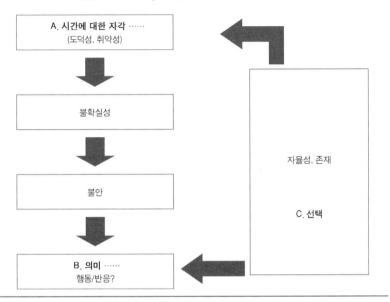

그림 7-7 선택 부인의 결과

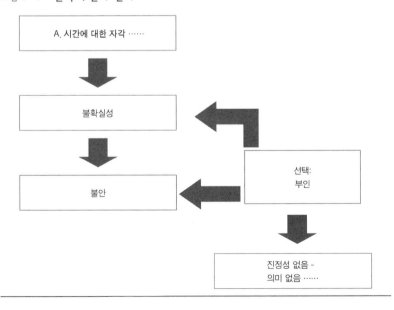

실존주의적 코칭 모델이 보여주는 것은 우리가 시간을 자각하고, 불안(실존적 불안) 요인으로서 우리 자신의 도덕성·취약성·불확실성을 자각하는 데 실존의 출발점(A)이 있다는 점이다. 실존주의적 접근법이 제공하는 해결책은 우리에게 선택의 자유와 이러한 상황으로부터 의미를 구성할 자유가 있음을 우리가 이해하라는 것이다.

만일 우리가 이러한 인간 조건을 다루기를 거부하고, 우리에게 선택할 책임이 있다는 점을 인정할 수 없다면, 우리는 실존적 불안에 계속 괴로워하며, 그 결과 진짜가 아닌 삶을 의미 없이 살게 될 뿐이다. 그림 7-7을 참조하라.

코칭에 실존주의적 모델을 적용하기

현상론적 접근법으로서 실존주의적 코칭은 다음의 현상론적 규칙을 이용한다.

① 판단중지epoche(고대 그리스어로부터 나온 철학적 용어. 실제 세상의 실존에 관한 모든 판단, 그와 더불어 세상 안에서의 모든 행동에 관한 판단을 일단 미루는 이론상의 순간을 말함*)의 규칙: 전제 없음, 가치의 객관성(가정과 편견은 괄호에 넣어버려라)
② 서술의 규칙: 무엇과 어떻게(예: 이야기하라. 설명하지 말고 서술하라)
③ 수평화horizontalization의 규칙: 가치 평등(의미심장함의 서열을 매기지 말라)

실존주의적 개념(상호 관계적인 영역에 대한 담론)을 취하라. 그 개념에 따르면 우리는 늘 다음의 것들과 관계되어 있다.

① 자아: 나-초점(내 자신에 관해)

② 타자들: 너-초점(너에 관해) 또는 그들-초점(그들에 관해)

③ 우리 세상: 우리-초점(우리에 관해)

실존주의적 코칭의 목표는 앞의 세 규칙을 코칭과 코칭 관계에 적용함으로써 실존적 불안을 달래는 것이다(Spinelli and Horner, 2007). 이것을 차례로 서술할 것이다.

자아와의 관계

실존주의적 코칭은 사람이 살아내는 경험과 그 의미(의미 있는 경험)에 초점을 맞춘다. 따라서 실존주의적 코칭에서는 목표를 정하거나 계획하는 것이 주된 목적이 아닐 수도 있다. 코칭할 때 다음의 질문을 할 수도 있다.

• 어떻게 되어야 할 것 같은가?

• 그것이(이 경험이) 당신에게 무슨 의미가 있는가?

실존주의적 코칭은 갈라진 입장들, 목표들, 포부들에 동등한 초점을 둔다. 코치이가 서로 경쟁하는 가치들과 신념들을 다 지니고 있을 수 있기 때문이다.

실존주의적 코칭은 의미 있는 관계에 초점을 맞춘다. 그 목표는 코치이가 자신의 관계들에 부여하는 의미를 명확히 하고, 다시 고려해보도록 돕는 것이다. 그리고 자기 입장이 다른 사람들의 삶뿐 아니라 자기 삶의 질과 즐거움에 어떤 영향을 미칠지 명확히 함으로써 다시 고려해보도록 돕는 것이다.

실존주의적 코칭은 상호 관계의 맥락에 중점을 두고, 코치이가 자기 자아와 맺는 관계에도 초점을 맞춘다. 예를 들어 코치는 다음처럼 질문해도 된다.

- 이 관계(어떤 관계)에서 '당신이 당신이라는 것'(당신이 누구인지)에 관해 당신 자신에게 무엇을 말해줄 것 같은가?

타자와의 관계(대인 관계의 영역): 타자와 함께하는 것?

실존주의적 코치에게 코칭의 성공 여부는 코칭 관계를 신뢰할 만한 것으로 발전시키는지에 달려 있다. 무엇보다도 실존주의적 코치는 코칭 관계(코치이-나)에 초점을 맞춘다. 여기서 코치이의 '우리' 경험은 코치와의 관계를 표명한다. 다음으로, 그 코치는 코치이의 타자 경험에 초점을 둔다. 예를 들어 코치는 이렇게 질문할 수도 있다.

- 이런 만남(어떤 만남이든)에서 타자와 함께한 당신의 경험이 당신에게 말해주는 것은 무엇인가?

세상과의 관계: 세상 안에 있는 나는?

실존주의적 코칭은 코치이의 세계관에 초점을 맞춘다. 그것은 세상에서의 그의 행위 자체를 강조하지 않고 그가 존재하는 방식을 강조한다. 코치와 코치이가 서로 맺는 관계의 경험에 의존한다. 그 둘이 관계 맺으며 경험하는 것들이 그들의 세계관 전부를 반영하기 때문이다. 코치는 코치이에게 다음의 질문을 생각해보라고 권유할 수도 있다.

- 그 의미에 관해 내가 내 자신에게 무엇을 말해줄 것인가?
- 나의 새로운 입장이 중요 타자에게 어떤 영향을 미칠 것인가?

실존주의적 코칭의 적용

실존주의적 접근법은 전환기에 있는(가령 직업을 바꾸는 중이거나 새로운 사람을 만나기 시작하는) 코치이에게 아주 유용할 수도 있다. 코치이가 다음을 하도록 도와줄 것이기 때문이다.

• 인생에 대한 자기 입장을 점점 더 많이 이해하도록
• 기술을 개발하도록(채택한 관계적 입장들을 더 개방적으로 탐색함으로써, 그리고 이런 입장이 자기 행위와 삶을 누리는 데 어떤 영향을 미치는지 더 탐구함으로써)
• 자기가 살아낸 경험에 더 합치하도록
• 자기가 누구인지, 자기가 어떤 사람이 아닌지에 관해 더 명확해지도록
• 불안을 관리할 기술을 개발하도록
• 진정으로 책임 있게 선택하는 법을 배우도록

자기 문화와 타인의 문화를 배려하는 기법: 이야기 접근법

3장에서 언급했듯이, 이야기 치유법으로부터 나온 접근법들은 코칭 적용에 이송되어 transported 어느 정도 성공했다(Law, 2007; White, 1995a, 1997, 2000, 2006, 2007). 이야기 코칭에서 우리는 이야기를 코치이가 살아낸 경험을 구체화하는 은유로 이용한다. "우리는 살기 위해 우리 자신에게 이야기한다"(Didion, 2006)는 것 때문이다. 그리고 만일 인생이 하나의 이야기라면, 또는 그 이야기의 공연이라면(Myerhoff, 1982, 1986) 확실히 코칭에서 제일 먼저 던질 질문은 이것이다.

• 당신의 이야기는 무엇인가?

✍ **연습 7 - 9**

코칭에서 첫 번째 질문이 '당신의 이야기는 무엇인가?'라면 이야기 코칭의 단계는
어떤 것이라고 생각하는가? 목록을 만들라.

....
....
....
....

이야기를 들을 때처럼 우리가 코칭 대화에서 기대하는 것은, 이야기를 따라
가면 앞뒤가 연결되고 구조가 있으리라는 점이다.

① 서술: 코치이에게 자기 이야기를 서술하도록 먼저 권유한다. 이것은 연속적
   인 사건들로 이루어지기 쉽다. 이야기처럼 그것은 타임라인(연대표), 구조,
   드라마, 주제, 줄거리, 주요 등장인물, 배경, 장소, 문화, 환경, 맥락(행동의
   풍경)이 있을 것이다.
② 관계: 이야기 코치는 코치이의 서술(이야기의 줄거리)이 그 사건들의 관계와
   연결 고리라는 측면에서 의미 있도록 만들 필요가 있다('의미 만들기' 틀).

앞의 순서는 이야기 코칭의 첫 부분이다. 이것을 보통 '표출대화externalizing
conversation'라고도 한다. 그것은 코치이의 삶, 관계, 가치, 신념, 자아 정체성을

풍성하게 그리도록 만들어준다(이해와 통찰을 제공해준다). 이는 출발점이고, 코칭의 완성된 과정이 아니다. 어떤 코치이는 표출대화를 통해 해결책이 무엇인지 스스로 확인해낼 수도 있다. 그는 그 그림을 더 명확하게 봄으로써 자신을 문제로부터 분리시킬 것이다. 기억할 것은, '표출대화'의 본질은 문제가 문제라는 점(바깥에 있다는 것)이다. 그리고 코치이 자신이 문제가 아니라는 점이다. 코칭 과정을 완성하려면 당신은 다시 쓰거나 등장인물을 재구성할 필요가 있다(쓸 것인지 구성할 것인지는 그 이야기의 주제에 달려 있다). 이제 그것에 대해 서술하려 한다.

다시 저술하기(Re-authoring)

표출대화 과정을 따라 '다시 저술하기'를 하려면 3단계를 더 거친다.

① 평가: 코칭에서는 어떤 시점에 이르면 코치이에게 무엇이 말해졌다고 생각하는지, 즉 그가 들려준 이야기에 관해 성찰해보도록 권유한다. 코치가 코치이에게 그의 가치·신념과 관련해 그의 행동(들)을 재평가하라고 요청할 수도 있다. 다른 대안적인 줄거리를 개발할 가능성을 두고 그 이야기로부터 의미를 만들어보라고 말이다. 대안으로 가능한 다른 줄거리를 자각하는 것이 그 이야기 개발의 새로운 시작('전환점')이 된다. 대안적인(그리고 긍정적인) 줄거리를 더 개발하는 것이 '비계 세우는 일'이 되어 지금까지 나온 이야기와 코치이의 포부·소망·꿈 사이의 간격에 다리를 놓도록 만들어준다.

② 정당화: 코치이에게 지금까지 그 이야기의 성과를 재평가하고, 그 성과가 그의 삶과 정체성에 어떻게 관계되는지 재평가하라고 요청한다(이것은 그의 의식의 풍경에 행동이 이루어질 풍경을 그려 넣는 것이다).

③ 결론/추천: 마지막으로 코치는 코치이에게 그의 가치, 신념, 자아 정체성을 공명해주는 행동계획을 개발함으로써 그 대화를 마무리하도록 권유한다. 이에 관해 명시적으로 평가하도록 코치이에게 요청할 수도 있다.

매우 빈번하게 들려진 이야기('들려진'이라는 수동태의 동사형 형용사는 코치이가 자기 이야기를 하는 동시에 그 이야기를 스스로도 듣게 된다는 사실이 지니는 의미가 코칭이나 상담에서는 중요하기 때문에 이 단어를 그대로 살려 번역함*)가 그 코치이의 인생에 관계된 한 명 이상의 중요한 타자와 관련이 있을 수도 있다. 이 중요한 타자들이 그 코치이의 장래 발전에 긍정적인 영향을 미칠 수 있다면 '멤버 재구성'이 그 코치이의 이야기를 다시 쓰는 데 좋은 길이 될 수도 있다.

멤버 재구성(Re-membering)을 위한 대화

'멤버 재구성'이란 '다시 저술하기'의 특별한 한 형태로 간주될 수도 있다. 그것은 기억함remembering을 의미하지 않는다. '멤버 재구성'이란 한 사람의 인생에서 인간관계적 차원을 타자들과 함께 '멤버로 가입하는' 클럽으로 간주한다(Myerhoff, 1980, 1986; White, 2006). 이 은유를 이용할 때 그것이 함축하는 의미는 사람은 타자들(멤버들)과의 관계에서 자신의 클럽을 다시 구성하고 그 클럽의 경계를 다시 정할 자유가 있다는 점이다. 사람은 그 멤버십을 다시 규정할 수 있고, 과거의 어떤 멤버들을 배제하거나 새로운 사람을 그 클럽에 포함 또는 모집함으로써 자신과 연합된 사람들의 테두리를 다시 그릴 수 있다. 따라서 그 용어가 '멤버 재구성'이다. 이는 타자들과 연합할 때 자기 인생의 멤버로 들어올 수 있는 자격을 재평가하고 재정의하는 적극적인 과정이다.

이상에서 우리가 볼 수 있는 것은 행위 코칭의 다른 접근법들과 달리 이야기 코칭은 문제나 이슈 해결에 초점을 맞추고 목표들을 확인하게 할 뿐 아니라, 더 중요한 점은 코치이의 자아 정체성, 신념, 가치, 희망, 꿈(의식의 풍경)에 중점을 둔다는 것이다. 그러나 이야기 코칭은 행동계획에 관여한다(때로는 '아무것도 안 하는 것'이 적절한 선택거리일 수도 있지만 말이다). 이야기 코칭에서 코치의 역할은 그 여정의 동반자 **그 이상**이며, 다음의 것을 완수할 필요가 있다.

첫째 국면에서 시도할 것은 다음과 같다.

① 관계의 지도 작성 등을 통해 코치이의 이야기가 말이 되게 만들기
② 이야기에 열중해 경청하고, 긍정적이지만 숨겨진 어떤 줄거리가 있는지, 있다면 무엇인지 확인하기(배경으로 희미한 흔적만 남아 있는 경우가 자주 있다.)

코칭 대화의 전환점, 즉 변화의 순간에는

• '다시 저술하기'를 이용하든 '멤버 재구성'을 이용하든 코치이가 자기 이야기를 더 긍정적인 줄거리로 재구성하도록 도우라.

둘째 국면에서는 긍정적인 줄거리 전개를 굳히도록 시도하는데, 다음과 같이 하면 된다.

① 새로운 줄거리가 코치이의 가치, 의미, 자아 정체성과 (이전처럼) 나란히 부합한다는 점을 확실히 한다. 이렇게 하면 그 줄거리가 두터워진다.
② 코치이가 미래에 가능한 행동에 관해 생각해보도록, 다시 말해 그 행동/제안들을 코치이의 가치, 의미, 자아 정체성으로 돌아가 연결시켜 보도록 권유한다.

'다시 저술하기'를 마무리하며 다음처럼 질문할 수도 있다.

- 코치: 이것(새로운 이야기/새로운 당신)이 어떤 것인지 확인했는데, 이제 당신
  은 무엇을 할 건가요?
- 코치이: 나는 …… (이것 또는 저것)을 …… 할 겁니다.
- 코치: 이 행동이 당신에게 무슨 의미가 있나요? 또는
- 이 행동이 당신이 이전에 표현한 가치(또는 당신의 정체성, 당신이 누구인지 등)
  와 어떻게 어울리나요?
- 언제 그것을 할 건가요?

외부 증인의 '재진술'과 '선언의식'

이야기 코칭은 집단에서도 사용될 수 있다. 집단 상황에서도 여전히 코치이는
한 명이고, 다른 모든 구성원은 그 코치이 이야기의 '증인'으로 행동한다. 그 구
성원들이 이런 역할을 하면서 코치이에게 가외 지원을 하게 된다. 즉, 그들이
코치이의 이야기를 듣고, 들은 것을 다시 말해주며 공명함으로써 코치이의 강
점과 정체감sense of identity을 증폭한다.

그 코치이의 이야기를 듣고 나서 이야기 코치는 외부 증인들에게 그 이야기
를 다시 말해달라고 권유하며, 그 이야기의 어떤 측면이 그들의 감정에 호소되
었는지 표현하도록 인도한다. 이 측면들에 다음의 것이 포함된다.

- 표현(묘사): 외부 증인의 뇌리에 남은 핵심 표현을 확인한다.
- 이미지: 그 이미지를 묘사한다(그 이야기를 다시 말해준다. 즉, 들은 것에 관해 말
  한다).

- 공명: 반응을 구체화한다. 즉, 코치이 자신의 경험을 공명해주는 표현이 되어야 한다.
- 해소catharsis: 이야기의 이송을 인정한다. 즉, 그들이 그 이야기에 감동된 방식과 그 이야기로부터 배워 자기 삶에 적용할 수 있는 것이 무엇인지 알고 인정한다.

외부 증인 접근법은 집단 내부에도 적용될 수 있다. 또는 한 조직체 전체나 공동체 전체에도 적용될 수 있다. 이럴 경우 외부 증인은 '다시 말해진re-told' 이야기를 '다시 말해주고re-tell', 또 그런 식으로 계속될 수도 있다. 이는 하루 종일 걸리는 콘퍼런스에서 (일종의 의례처럼) 일어날 수도 있고, 어떤 공동체 안에서 며칠 동안 계속될 수도 있다. 이러한 적용은 '선언의식definitional ceremony'으로 알려져 있다.

이야기 코칭의 요약과 성찰

요약하자면, 이야기 코칭은 코치이와 코치가 해결에 초점을 맞춘 긍정적 성과를 끌어낼 수 있도록 한다. 그렇지 않았다면 코치이가 스스로 결론을 내리도록 남겨진 채 혼자 여러 가지 부정적인 결론에 도달했을지도 모른다. 귀중한 이 긍정적 결론들이 코치이가 그 이전의 문제와 역경과 관련해서 행동을 취할 수 있도록 가능성을 열어준다. 또한 그만의 긍정적 성과를 확인할 기초를 제공해준다.

이야기 접근법은 참여자들이 이야기할 자리를 펼쳐준다. 화자와 적극적 경청인의 대화를 통해 화자는 자기 삶과 자신 사이에 진일보한 거리를 둘 기회를 발견한다. 그리고 이 거리로부터 그는 자기 문제의 해결책에 관해 **자각**하게 된다. 그 대화의 결과로 화자가 다시 활기를 얻음으로써 **일어나고 있는 일이 무엇인지**, 어떻게 일어났는지, 그 모든 것이 무엇을 의미하는지 이해할 수 있게 된다. '의미'의 중요성을 주목하자. 의미는 이야기 대화를 통해 전면에 등장한다. 이야기 코치는 코치이가 자신의 의미·자원·기술·지식을 자기 인생과 인생사에 다시 갖다 쓰도록 격려한다. 이렇게 함으로써 코치이는 자기 삶과 관계들을 가지고 앞으로 나아갈 토대를 선택할 수 있게 된다.

마지막으로 우리는 또한 우리 정서를 새로운 이해의 상태로 '이송했다'(개인을 넘어선다는 의미에서). 더불어 코치이가 자기 개인 이야기를 우리와 함께 나누었음에 감사를 표한다. 따라서 '선언의식'은 이야기 절차 중 강력한 부분이 된다. 그것은 큰 집단과 콘퍼런스, 공동체에 적용될 수 있는데, 어느 문화에 속해 있든 마찬가지다. 그 실행이 코칭 영역에서는 아주 새로운 것이라고 생각하는 독자들도 있을 것이다. 그러나 그 개념은 '통합학습체계'와 학습심리학의 많은 갈래들과 관련이 있고, 특히 성찰적인 요소와 관계있으며, 그 요소는 이야기 실행 전반에 걸쳐 공명된다. 예를 들어 외부 증인의 '재진술'은 원래 이야기를 한 공동체 구성원의 이야기 중 특정한 측면을 풍성히 묘사하게 해주는 데 의미심장한 기여를 한다. 이것은 원래 화자가 다시 성찰할 때, 즉 '재진술'에 대해 재진술하는 동안 그 화자가 지식·기술을 확인하는 것과 연결될 수도 있다. 성찰은 화자가 그 '재진술' 자체를 어떻게 경험하는지에 대한 것일 수도 있고, 아니면 그 과정에서 환기된 삶과 정체성을 둘러싼 이미지에 관한 것일 수도 있다. 그래서 이런 성찰의 특징은 개인 정체성, 공동체의 정체성, 문화적 정체성에 대한, 공유된 목적과 가치에 대한, 그리고 그 공동체와 그의 개인사에 기반을 둔 지식과 기술에 대한 의미심장한 깨달음이다.

이야기 기법의 이야기를 읽었으니, 이야기 코칭에 대해서 요약해보라.

이야기 코치의 역할은 무엇인가?

이야기 코치의 코칭 자세는 어떤 것인가?

이야기 코칭 중 외부 증인으로 인해, 그리고 선언의식에서 코치가 각기 마주칠 수도 있는 어려움들은 무엇인가?

....

....

....

....

종합하기: 코칭을 위한 능력배양심리학의 원칙

지금까지 코칭 기법을 연구했으니 지금쯤이면 그 모든 기법을 지지하는 어떤 공통된 과정이 있다는 점을 깨달을 수도 있다. 이 부분에서 묘사할 코칭의 일반 모델은 Empsy® 코칭 모델Empsy® Model of Coaching: EMC이다. 이 모델을 통해 우리는 각각의 기법이 이 모델의 과정 각 단계에 어떻게 연결될 수 있는지 볼 수도 있다.

EMC는 능력배양심리학empowerment psychology에 기반을 두고 각 개인의 상황 이해하며, 또 개입의 적절한 전략을 가지고 그 상황의 지도를 그리는 데 초점을 둔다. EMC의 원칙은 두 부분으로 이루어진다.

① 상황 모델

② 개입 모델

Empsy® 상황 모델

이 모델은 코치이의 현재 상황과 그 상황의 발전 과정을 검토한다. 그것은 풍성한 맥락을 지닌 상황을 출발점으로 삼고, 코치가 그 상황에 배어 있는 이슈들에 대한 통찰과 이해를 개발해야 한다는 의미다. 그 상황을 다음과 같은 측면에서 보면서 말이다.

① 출처source: 물리적 환경과 사회적·문화적 요소와 같은 외부의 평범한 요소

② 심리적 요소: 그 개인의 정서와 인지

③ 결과outcome: 행위들, 행동들, 그 행동들에 따라오는 것

④ 피드백 회로: 일종의 피드백 메커니즘. 바람직한 행위·사고·신념을 강화할 수도 있고 아닐 수도 있음

상황의 발전 과정은 그림 7-8에 표명되어 있다.

단순한 S-R 심리학에서는 **출처**가 개인에 대한 자극으로 간주될 수도 있다. 체계 관점으로 본다면, 출처란 더 넓은 의미에서 한 개인의 환경으로부터 나올 수 있는 모든 투입을 표명한다. 예를 들어 '나에게 끔찍한 누군가'는 스트레스의 출처가 될 수 있다. 이는 그 사람의 마음 상태와 느낌(심리적 요소들)에 영향을 준다. 예를 들어 대우를 잘못 받으면 "내 기분이 나쁘다." 그러면 그 기분에 따라 행동한다. 예컨대 다른 사람에게 소리를 지르기 시작한다(결과). 그다음 차례에서는 그 부정적인 행위가 다른 사람에게 영향을 주어 다른 사람이 그 사

그림 7 - 8   상황 분석의 과정 모델

람을 부정적으로 인식한다. 예를 들어 "그는 공격적인 사람이야"라고 말이다. 그렇게 인식하고서 그 사람에게 부정적으로 반응한다. 이것은 악순환을 형성하는데, S-R 심리학에서는 '강화reinforcement'로 알려져 있다. 그러나 Empsy® 모델에서는 그것이 단지 피드백 메커니즘으로만 언급되며, 그 메커니즘은 긍정적인 피드백 회로와 부정적인 피드백 회로 둘 다를 포함할 수 있다.

Empsy® 개입 모델

앞의 상황 모델로부터 본다면, 개인과 조직체가 그들의 포부를 달성하도록 힘을 보태주어야 할 때 우리가 할 일은 그 과정의 각 단계마다 그 상황을 '따져 묻는tackling' 것이다. 이는 본질적으로 해결에 초점을 둔 과정이며, 다음의 단계

그림 7-9 **Empsy**® **코칭 모델**

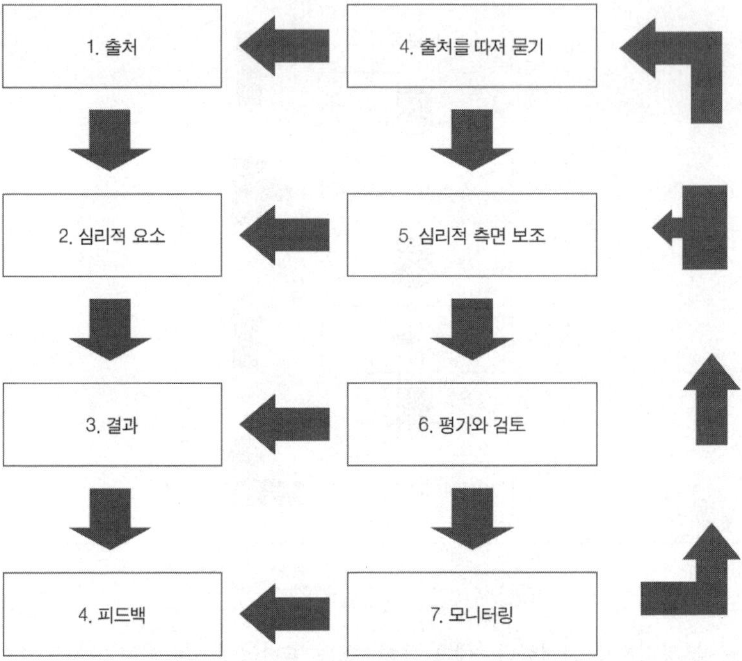

1. 출처	4. 출처를 따져 묻기
2. 심리적 요소	5. 심리적 측면 보조
3. 결과	6. 평가와 검토
4. 피드백	7. 모니터링

로 이루어진다(표 7-9).

① 그 출처를 '따져 묻기': 대안으로 가능한 행동과 해결책이 무엇인지 확인하기
② 심리적 측면 보조
③ 새로운 결과 기대(평가, 모니터링, 검토)
④ 더 나아간 피드백(긍정적인 결과를 강화하기 위해)

우리는 먼저 그 출처를 따져 물으며 어떤 심리적 상태가 장애물일 수 있는
지 확인한다. 그다음에는 코치이의 심리적 측면을 지지할 전략을 끌어낸다.

그 전략이 제대로 작용하면 우리는 개인과 조직체 둘 다로부터 새로운 결과가 나오길 기대할 것이다. 이는 차례로 새로운 피드백의 회로를 만들어내는데, 인간관계적 상호 반응의 패턴이 새로워진 덕분이다. 우리는 그 결과를 계속 모니터하고 검토할 필요가 있다. 그렇게 하는 것이 어떤 증거기반 평가에서도 중요한 부분이 된다. 사건들의 이런 사이클이 Empsy® 코칭 모델을 이룬다.

✍ **연습 7 - 11**

지금까지 당신은 수많은 코칭 기법에 대한 지식을 획득했다. 그림 7-9를 보고 당신이 그 사이클에 사용할 마음이 드는 기법을 하나 고르라. 어떤 기법을 사용해야 코치이를 현재 상황으로 이끄는 출처를 그가 확인하게 만들 수 있을까? 예를 들어 실존주의적 접근법인가, 아니면 이야기 접근법인가? 어떤 기법을 당신이 사용해야 그의 심리적 요소들, 예컨대 그의 자신감 결핍에 깔려 있는 자아 제한 신념을 따져 볼 수 있을까?

각 단계에서 가능한 기법의 목록을 만들라.

....
....
....
....

요약과 성찰

이 장에서는 UIF/ILS 체계에 직접 연결되어 사용될 수 있는 다양한 코칭 접근법을 배웠다. 다음의 것이 그런 접근법이다.

- 게슈탈트 기법(CBC 포함)
- 인지행동치료법 CBT(또는 CBC)
- 실존주의적 접근법(ABC 모델)
- 이야기 접근법(일대일, 그룹 코칭 둘 다에 적용)

당신이 조직에서 코칭할 때뿐 아니라 개인 코칭과 자기 자신을 코칭하는 일에 이르기까지 다양한 접근법들을 찾았길 바란다. 그 접근법들은 다음 사항들의 합성이다.

- 과학적-예술적 방향성
- 힘과 일상성
- 천부적인 것 절반, 물질주의적인 것 절반

이 접근법들 안에서 코치의 역할은 다음과 같다.

- 변화를 위해 조력하기
- 최적의 수행/복지를 만들어내도록 돕기
- 상황과 코치이의 역량, 학습·수행 능력을 평가하기
- 생각, 가치, 목적, 목표, 표적을 명료화하기
- 안내 제공하기
- 의미 발견/해석을 돕기
- 이야기를 서술하도록 조력하기

- 코치이의 관점에서 이해하기
- 과정의 일부가 되기(사람인 코치와 그가 사용하는 방법이 분리될 수 없다)
- '시도되었고 시험된' 구조/모델을 가져다 끼워 맞추려 하기보다는 관계나 시스템 안에서 작업하기
- '현재인 것what is'을 가지고 작업하기
- 코치이가 '지금 여기'에 초점을 맞추도록 도와 그가 현재 무엇을 하며, 무엇에서 막혀가는지 보도록 돕기
- 코치이가 '지금 여기'에서 자신이 어떤지를 탐색하도록 돕기
- 코치이의 추정에 도전하기(예를 들어 타자와 관계 맺는 방식)
- 코치이가 자기 습관(예를 들어 관계 속에서 지닌 습관)을 다루어볼 새로운 방법을 실험해보도록 격려하기
- 코치이에게 어떤 것을 이야기하고 이론화하기보다는 행위로 표현해보라고 요청하기(예를 들어 P처럼 행동하거나 말해보기)
- 그 사람의 승자/패자 독백을 알아차리기
- 내면 자아의 대화를 표출하도록 격려하기
- 갈등의 내용과 상황을 명료화하고 중재자로 행동하기
- 코치이가 무엇을 어떻게 하길 원하는지 결정하도록 돕기
- 코치이가 암묵적 규칙과 지배 문화의 코드가 무엇인지 감을 잡도록 돕기
- 코치이가 조직 내부에서든 외부에서든 비공식 멘토를 찾도록 돕기
- 코치이가 자기 목표를 확인하도록 돕기
- 당신의 코치이들과 함께할 경력이나 그 다음에 이어질 계획을 만들어내기

　　당신이 지금쯤이면 이해해야 할 것은, 코치가 **되기** to be 위해서는 코칭 실행에 요구되는 태도가 있다는 점이다. 게슈탈트 심리학에서 '되기'의 의미는 다

음의 사항을 존중하는 것이다.

- 현실성: 현재 있기. 거기 있기. '지금 여기' 있기
- 자각: 살고 있고, 살아온 존재로서 현재 있기
- 책임: 책임지기

계몽은 정신의 상태나 내용이 아니다. 정신은 그 자체로 그릇container이다. 이야기 접근법에서는 비계가 그릇이다. 예술가처럼 게슈탈트 코치는 코칭을 실행하면서 형태를 만든다.

태도 ⇒ 형태

이 태도의 근거는 '지금 여기'서의 자기 경험을 자각하는 것이다. 그것이 과거와 미래를 변화의 순간으로 구현한다. 예술가처럼 모든 사례에서 코치는 임의적인(탈중심적인) 역할을 한다. 예술(성과)에 관여하고 중심 무대에 서는 자는 참가자(코치이)다. 코치는 코치이의 여행 가이드처럼 반드시 그 기법들에 대해 전문가여야 한다. 연습이 완벽함을 만든다. 8장에서는 이 예술을 실행하는 더 많은 연습이 제공될 것이다.

실제 연습

실천할 시간이다

들어가는 말

7장에서의 기법과 도구를 실제로 사용하는 데 도움이 될 연습을 8장에서 할 것이다. 당신 스스로 할 수 있는 연습도 있고, 누군가와 짝을 이루거나 집단으로 해 보도록 만들어진 연습도 있다. 연습하며 특히 도움받게 될 것은 다음과 같다.

• 당신의 코칭 실행 계획
• 코칭 대화 운영(일대일 대화 그리고/또는 집단 상황에서의 대화)

그러나 먼저 통합학습체계ILS의 틀 안에서 당신이 무엇을 배웠는지, 그리고 배운 것을 코칭 기술에 어떻게 적용 · 실천하고, 당신의 '지속적 전문성 개발 CPD'의 일부로서 기술 개발에 어떻게 적용할 수 있을지 검토하자.

ILS 훈련과 CPD

성찰기록 쓰기

실천을 성찰하는 코칭 기록 작성은 CPD의 중요한 요소가 된다. 이 책 말미의
부록은 성찰기록을 위한 견본이다. 이것을 이용해 당신의 실천을 기록하고
CPD의 일부로 삼을 수 있다.

CBC 요소를 당신의 성찰기록에 어떻게 끼워 넣을 것인가?

....

....

....

....

필요하다면 당신 자신의 CBC 일지의 틀을 다시 만들라.

학습 연습

✍ **연습 8 – 3 코칭 개입 확인과 개발**

코칭 기반을 배우는 것이 학습이다. 7장에서는 Empsy® 코칭 모델에 관해 배웠다
(그림 7-9 참조).

그 모델을 참조해, 또 당신의 학습 경험을 생각하며 다음의 것을 해보라.

① 부정적 학습의 출처가 어디에 있는지 확인하라.
② 어떤 심리적 요소가 있을 수 있는지 확인하라.
③ 이 둘을 이용해, 현재 하고 있는 코칭의 다음 회기를 위한 전략을 개발하라.

....

....

....

....

코칭/멘토링/훈련의 한 회기 운영

이 부분에서는 코칭과 멘토링 회기를 진행할 때 고려하면 좋을 사항/질문의 목록을 제공할 것이다. 구성된 목록이 다음과 같은 국면들에 논리적으로 적합할 수 있다.

- 시작: 준비
- 중간: 회기 도중
- 회기 마무리

준비

코칭 한 회기를 진행하는 등 어떤 연습도 하기 전에, 코칭/조직하는 사람은 그 회기의 환경을 준비하는 것이 중요하다. 코치/트레이너는 코치이가 전적으로 자유롭게 참여할 수 있도록 그 환경을 안전하고 편안하게 보장할 필요가 있다. 회기 시작 전에 코치/트레이너는 그 공간이 연습하기에 적절한 곳이고, '직장에서의 건강과 안전 법규Health and Safety at Work Act' 요건에 맞는 장소임을 보장해야 한다. 늘 점검해야 할 것은 자격증을 갖춘 응급 구조원과 구급상자가 그 현장에 있는지 여부이다. 예를 들어, 다음의 점검 목록은 코치/트레이너가 기억해둘 만한 사항이다.

- 조명
- 난방/냉방
- 환기

- 소음/음향 시설
- 좌석
- 장소의 일반적 조건
- 전기 공급/전구
- 바닥의 고르지 않음 또는 균열
- 입구와 출구
- 화장실/세면 시설
- 간식 준비 시설
- 흡연 구역/금연 구역
- 응급처치실/응급처치 설비
- 소방 안전 설비
- 화재 도피 절차
- 기타 안전 수단
- 기타 위험물
- 장내 응급처치 연락처
- 연락 방법
- 연습을 위한 적절한 규모의 방
- 그룹 연습을 위한 적절한 감독: 코치 대 참석자 비율
- 벽 위의 장애물, 온풍기, 전기 스위치, 낮게 걸린 조명 기구, 낮은 천장 등

　　회기 시작 전에 코치는 자문해볼 수도 있다. 나는 코치이가 코칭/멘토링 회기가 끝나고 나갈 때 개인적 발달이라는 의미에서 무엇을 얻어가길 원하는가?

　　코치이에게는 그 질문이, 이 코칭/멘토링 회기가 끝날 때 나는 무엇을 얻어가길 원하는가가 될 것이다.

코칭 회기 구성: 코치이 후보자와의 첫 만남

코칭을 준비하면서 첫 회기를 위한 '대본' 준비가 쓸모 있을 수도 있다. 자신을 어떻게 소개할지 고려하라. 또한 소개할 것은, 예를 들어 자격증이라든지 경험 등의 배경, 윤리강령(2장에서 논의되었듯이 전문성의 테두리, 비밀보장의 한계, 메모하거나 녹음하는 것에 대한 정보를 주고 동의를 받는 것 등을 포함), 코칭 계약(법률적 측면, 회기의 빈도와 길이, 사례비, 취소 시의 방침 포함), 당신의 코칭 접근법 등이다.

일반적 코칭 과정에 따르면, 다음 사항을 한 회기에 총망라할 가능성이 높다.

- 코칭 계약을 논의하고, 코치이가 계약 사항을 이해했는지 점검하라.
- 코치이에게 코칭 과정에서 무엇을 달성하기 바라는지[목표(들)] 물어보라.
- 코치이와 관계를 쌓도록 작업하라.
- 하나의 안건에 합의하라(두세 회기에 걸친 안건).
- 그 목표(들)를 가지고 작업하기 시작하라.
- 시간을 모니터하라.
- 그 회기가 끝나갈 때 코치이에게 숙제를 주어라.
- 그 목표에서 달성된 부분이 있는지 검토하라.

자신의 실행 모델에 따라 회기를 계획하며 나누고 싶을 수도 있다. 예컨대 그림 8-1에서 보이듯이, 그 과정의 각 단계에서 쓰는 시간의 양이 GROW 같은 코칭 모델에서는 코치마다 다양한 경향을 보인다.

각 단계에서 시간의 정확한 양은 상황에 따라 다양해질 수 있다. 그러나 당신의 한 회기에서 시간을 어떻게 분배할지 대충 계획하고 코치이와 미리 합의하는 것은 좋은 아이디어다.

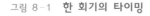
그림 8-1 **한 회기의 타이밍**

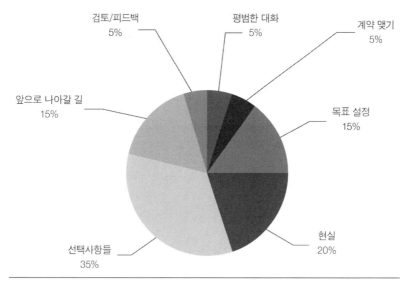

검토/피드백
5%

평범한 대화
5%

계약 맺기
5%

앞으로 나아갈 길
15%

목표 설정
15%

현실
20%

선택사항들
35%

회기 중간

우선적으로 코치이로부터 상황에 대한 정보를 얻는 것이 좋은 아이디어다. 그것은 역할들을 분명하게 하고, 그 역할들과 역할의 상황에 관한 그림을 풍성하게 그릴 수 있도록 해준다. 다음의 질문을 할 수도 있다.

• 그 사건에서 무슨 일이 일어났는지 말할 수 있는가?
• 그 배경은 무엇인가?
• 그 안에서 당신의 역할이 무엇인지 알고 있는가?

코치이의 상황에 적절한 코칭 모델에 따라 질문을 구성해보라. 7장에서(또는 다른 곳에서) 당신이 수용한 접근법에 의지해, 코치이의 욕구에 맞도록 당신이 개발한 질문들을 고르거나 섞어 질문하고 싶을 수도 있다(어떤 질문은 이 장에 있는 것일 수도 있다).

회기 마무리

회기의 마무리로는 코치/멘토가 코치이의 느낌들을 형식적으로 또는 비형식적으로 평가하는 것이 중요하다. 그 회기에 지각한 것들에 관해 피드백을 하라고 요청하라. 다음의 질문을 던질 수도 있다.

- 이 회기가 당신에게는 어떻게 보였는가?
- 당신에게 이 회기가 어떠했는가?
- 이 회기에 관해 어떻게 느끼는가?
- 당신은 이 회기에서 어디에 서 있나?
- 이 회기에 대한 당신의 입장은 무엇인가?
- 이 회기는 긍정적 발전인가 부정적 발전인가, 둘 다인가 아니면 둘 다 아닌가?
- 이 발전에 관해 당신은 어떻게 느끼는가?
- 이 발전에 대한 이런 입장을 어떻게 취하게 되었나?
- 이 회기가 괜찮은가?

회기 이후

회기 이후에는 당신이 그 회기를 통해 배운 것을 성찰해보도록 하라. 예를 들어 다음과 같다.

- 코칭을 하는 동안 당신은 무엇을 생각하고/느끼고 있었나?

- 잘 진행된 것은 무엇인가?

- 일어난 일에 비추어볼 때 다르게 했더라면 하는 것이 있는가?

- 달리 할 수 있었다면 무엇을 했겠는가?

- 비슷한 상황이 생긴다면 무엇을 할 것인가?

- 당신 자신을, 코칭 실행을, 더 개선하고 발전시키기 위해 무엇을 하려 하는가?

　　이 성찰을 (앞에서 말한 성찰기록을 이용해) 말로 드러내놓고 적음으로써 당신은 학습하게 되고, 그것이 앞으로 진일보한 실행을 하는 데 도움이 될 것이다. 이 장 나머지에서 제공할 연습 중에는 당신이 배운 기법들, 즉 다음의 기법들을 실행해볼 수 있는 연습도 있다.

- NLP 코칭 연습
- 게슈탈트/유념 연습
- 실존주의적 연습
- 이야기narrative/이야기하기storytelling 연습

NLP 코칭 연습

메타모델 연습

7장에서는 NLP 메타모델에 관해 배웠다. 할 수 있다면 코칭 회기를 집단(3인조 triad(상담이나 코칭 연습에서 코치와 코치이 역할을 하는 사람과 관찰자 이렇게 세 사

람이 한 조가 되는 것을 말한다*)]으로서 연습하도록 해보라. 그 연습 코칭 회기에 코치와 코치이의 대화를 모니터하라. 관찰한 것을 표 8-1의 3열과 4열의 해당 항목에 넣으라.

관찰한 후에는 당신이 코치라면 어떻게 말했을지에 관해 생각하라. 그 대답을 5열(코칭 질문들)에 적어넣으라.

앵커링

이 부분에서 얻을 수 있는 기술은 앵커링(닻 내림*)인데, 다음 단계들을 차례로 밟으면 된다. 닻 내림의 기초 단계들을 이론으로 배운 다음 이 절차를 적용하면, 코치이가 두려움을 극복하도록 도울 자원을 더 얻을 수 있다.

앵커링 자원

당신의 장점에 앵커링을 이용할 수 있는데, 유용한 특정 자원을 의도적으로 선택해 어떤 자극제와 연결시킴으로써 그렇게 할 수 있다. 이때 세 단계의 앵커링 기법을 적용하면 된다.

① 자원resource을 발생시키라(R_1): 당신이 자원으로 이용하고 싶은 느낌들을 한 세트로 구성해 당신 내면의 것으로 만들어놓으라(예: 자신감).
② 당신의 자원 상태(R_1)를 당신의 생리 현상을 단서로 해서 눈금을 매기라.
③ 새로운 닻을 만들라(S_1): 한 개 이상의 감각 체계에서 편리한 자극(예를 들어 보거나 듣거나 느낄 무언가)을 선택하라. 그리고 그것을 닻으로 이용해 당신의 느낌과 경험을 모두 연합시키라(R_1).

표 8-1 NLP 메타모델 연습

1. 언어 패턴		2. 묘사	3. 코치의 진술 (관찰한 것)	4. 코치의 반응 (관찰한 것)	5. 당신의 코칭 질문
삭제	단순 삭제	정보를 놓침 예: 그들이 했느데 …… 질문: "무엇을 했나?"			
	비구체적 비교	누구에게 또는 비교되는 그것이 무엇인지 명확하지 않음: "…… 무엇보다 또는 누구보다?" 예: 내가 아제는 더 잘했는데. 질문: 누구와 또는 언제와 비교해서?			
	비구체적 동사	'어떻게'가 구체적이지 않음. 답음: 어떻게 구체적으로? 예: 그는 자기 자신을 가르쳤다 …… 질문: 그는 어떻게 스스로를 가르쳤나?			
	비구체적 참조 지표	그것이 누구를 언급하는지 구체적이지 않음 예: 그들은 그것을 신속히 배운다. 질문: 누가 배우는가? 구체적으로 누가?			
	수행 상실	가치판단 - 누구에 의해서? "누가 말하는가?" 예: 사람을 나쁘게 말하는 것은 잘못이다. 질문: 누가 그렇게 말하나? 잘못이라는 것을 당신은 어떻게 아나?			
	명사화	동사를 명사로 바꿀 때 예: 그의 수행은 별로다. 질문: 그가 어떻게 더 잘 수행할 수 있을까?			
조작	원인과 결과	어떤 일이 어떤 다른 일의 원인이라고 암시하지만, 실제 인과관계는 x가Y를 일으키는 구체적 원인이 아님. 어떻게 x가Y의 원인인가? 예: 당신이 나를 짜증나게 해. 질문: 구체적으로 내가 당신을 어떻게 짜증나게 하는데?			

1. 언어 패턴		2. 묘사	3. 코치의 진술 (관찰한 것)	4. 코치의 반응 (관찰한 것)	5. 당신의 코칭 질문
	전제	가정하거나 전제하여 당연시함 예: 나는 이 학습을 즐길 것이다. 질문: 무엇을 전제로 하고 있는가?			
	마음 읽기	누군가의 생각을 자기가 안다고 주장함 예: 데이비드는 비참하지. 질문: 당신이 어떻게 아는가? 당신이 그렇게 믿도록 하는 것은 무엇인가?			
	복합적 등식	두 가지가 동등하다고 암시함. X⇔Y "어떻게 X가 Y를 의미하는가?" 예: 당신은 정말로 내 말을 듣지 않아 (멈추었다가) 당신은 내 눈을 본 적이 없잖아. 질문: 그래서 눈을 마주치지 않는 것이 내가 당신의 말을 듣지 않고 있다는 의미라고? 눈을 마주치는 것이 어떻게 구체적으로 경청을 의미하는데?			
일반화	보편적 수량어	모두, 모든 등 예: 모든 NLP 코스는 너무 비싸. 질문: 모든 NLP 코스가 너무 비싸다고? 구체적으로 어떤 코스가 예외는 없고?			
	가능성의 조동사	할 수도 있다, 할 수 있었을지도 등 예: 나 ㅅㅅ로는 계획적으로 움직이질 못해. 질문: 만일 당신이 계획적으로 움직인다면 어떻게 될까? 당신이 그러지 못하도록 막는 것은 무엇인가? 당신이 계획적으로 움직일 수 있다면 어떻게 될까?			
	필수성의 조동사	반드시 해야 한다, 해야 한다 등 예: 사람들이 말하고 있을 때는 내가 끼어들면 안 돼. 질문: 당신이 그런다면 어떤 일이 생길까? 무엇이 당신을 막아주나?			

앞의 세 단계를 연습하라. 당신의 닻을 이용해 이 상태(R_1)를 당신이 임의로 소환하는 것이 가능해질 때까지 말이다. 말하자면, 당신이 닻(S_1)을 창조할 때마다 R_1 상태에 있는 것처럼 S_1을 경험하게 된다. 그렇게 자원 상태(R_1)와 선택된 닻(S_1) 사이에 연합이 이루어진다. 자원 앵커링은 하나 이상의 감각적 자극 안에서 당신에게 바람직한 감정 상태(R_1)와 닻(S_1) 사이에 연합이 이루어질 때 가장 잘 작용한다. 세 개(3조)의 감각 사용이 권장된다. 말하자면 시각과 청각과 촉각(V^i, A^d, K^i)을 이용하면 좋은데, 어느 것을 이용할지는 당신의 선호에 달려 있다. 예를 들어 돌 하나를 선택한다고 상상해보자. 당신은 휴가 중에 해변에서 수집한 돌을 긍정적 닻(S_1)으로 이용할 수 있다. 당신이 그것을 선택한 것은 어쩌면 그곳에 있을 때 자유롭고 차분하지만 자연스러운 창조적 느낌을 경험한 일이 떠올랐기 때문일 수도 있다.

당신이 그 돌조각을 손에 쥐고 **만질 때**마다(촉각) 바다의 풍경을 **볼 수** 있고 (시각), 파도 소리를 **들을 수**도 있다(청각).

이 돌조각이 당신에게 마술을 일으키는 돌이 되었다. 예를 들면 당신은 그것을 인터뷰할 때 지니고 갈 수도 있다. 당신이 불안을 느낄 때마다 그저 그 돌을 손에 쥐면 된다. 그것이 즉각 당신을 그 아름다운 곳으로, 즉 당신이 아주 차분하고 자유로우며 상상력 풍부해졌던 곳으로 옮겨준다.

✍ **연습 8 - 4**

이 세 단계 앵커링을 연습해 당신 자신의 삶에 적절한 자원을 얻으라. 당신이 가진 닻이 무엇인지 확인했는가?

....

....

분리

공포증이나 트라우마를 남긴 경험처럼 바람직하지 않은 어떤 닻도 변화시킬 첫 단계(S-R)는 '분리dissociation'다. 이 변화 패턴은 다음의 단계를 밟는다.

① '긴급 구조bail-out' 닻(S_1-R_1)을 만들라: 이것은 앞에서 논의한 앵커링의 세 단계 기법을 이용해 이루어진다. 첫째, 부정적 상태(R_0)보다 선호할 긍정적 상태(R_1)가 무엇인지 확인하라. 그 긍정적인 상태가 '지금 여기' 상태일 수 있다. 둘째, R_1의 눈금을 재라. 셋째, 새로운 자극(S_1)을 고르고 그것을 긍정적인 상태(R_1)와 연합시킴으로써 닻 R_1의 눈금을 재라.

② 부정적인 닻(S_0)의 상태를 통해 그 닻(R_0)의 외형적 생리의 눈금을 재라: 예를 들면, 교통사고 이후 '외상 후 스트레스 장애'에서 차의 모습은 그 트라우마 사건과 연결될 수도 있다. 코치이가 이 트라우마적 불안 상태에 가능한 한 접근하지 못하도록 코치가 안전조치를 취해야 한다. 예를 들어 그 사고 바로 이전의 장면을 발견하고 닻을 내림으로써 그 공포증이 움직이지 못하게 하라.

③ 옛 패턴(S_0-R_1)을 수리re-pair('수리하다'라는 의미의 'repair'라는 단어를 're-pair'로 나눔으로써 '다시 짝을 맞추라'라는 이중 의미를 저자가 만들어내고 있다. 그 이유는 자극과 반응이 짝을 이루는 옛 패턴에서 새로운 자극으로 새로운 반응을 만들어

내어 패턴을 수리하는 것은 곧 새 짝을 만드는 것이기 때문이다*)하라: 즉, 부정적인 닻과 그에 연결된 부정적인 것들을 흔들어놓으라(S_0-R_0). S_0를 긍정적 상태(R_1)로 다시 닻을 내리라. 예를 들어, 코치이에게 그가 비디오로 그 장면을 막 지나가는 것을 상상하라고 지시한다. 학습 목적에서 비디오로 그 장면을 편하게 보는 것처럼 말이다.

앞의 절차가 결과적으로 앵커링 표준 3단계 기법의 되풀이임을 주목하라. 물론 실제로는 더 복합적인 것이 될 수도 있다. 코치이가 새롭게 배운 기술을 많이 연습하자고 요청할 수도 있다. 예를 들어 앞에서와 동일한 예를 이용해 먼저 당신이 코치이에게 흑백 비디오를 시청하고 있으며, 그 비디오가 되감기 된다고 상상하라고 인도할 수도 있다. 이때 확실히 해야 할 것은 그가 사고 후에 자신이 '안전'하다는 것을 알았던 시점에서부터 시작해야 하고, 사고 전에 그가 자신이 '안전'하다고 알았던 시점에서 끝마쳐야 한다는 점이다. 그다음에는 가상의 그 비디오를 앞으로 돌리는데, 그 코치이의 의식이 어떤 것에도 머무를 수 없을 정도로 빨리 감기를 한다. 공포 상태로 그의 상태가 무너지는 순간이 있다면, 즉시 그 비디오를 멈추고 필요한 변화가 무엇이든 만들어내야 한다. 계속하기 전에 말이다. 예를 들어 감각의 하위 양상(S')을 변화시키거나 자원(R')을 첨가하라. 코치이가 그 '장면'을 보는 동안 새 닻 S_1을 사용하도록 인도하라예를 들어 만일 '지금 여기'가 R_1 상태라면 그에게 학습의 목적으로 그 경험에 관해 새로운(또는 이른바 '더 젊어진') 자아와 '지금 여기'서 대화를 하라고 지시하라. 각 단계에서 당신은 눈금 재기를 통해 그가 긍정적 상태를 유지하고 있음에 주목하며, 더 풍성히(예컨대 그 여정에 적절하다면 색채, 냄새 등을) 그 장면에 첨가하기 시작하라. 만일 필요하다면 가상의 그 비디오를 천천히 돌리면서 그가 더 의식적이 되어 그 경험에 관해 충분히 학습할 수 있게 하라.

코치이가 앞의 학습에 만족을 느끼면 당신이 한 작업을 테스트하라. 그리고 당신이 그 공포심을 다시 매어두려 할 때(즉, 2단계를 되풀이할 때) 무슨 일이 일어나는지 보라. 만일 그 작업이 완성되지 않으면 연습을 되풀이하면서 필요한 만큼 더 많은 자원을 제공하라.

게슈탈트 연습

게슈탈트 기법의 핵심은 현재, 즉 '지금 여기'의 순간에 관한 당신의 자각을 증가시키는 것이다. 많은 게슈탈트 연습이 유념 연습으로 알려져 있다. 유념 연습은 동양의 명상 연습과 아주 유사하다. 유념 연습이 실제로는 불교에 근거한다고 주장하는 사람도 있을 것이다. 불교 전통에서는 '심리학과 유념'이라는 용어가 사용되지 않지만 말이다. 두 용어는 서구에서나 한 묶음으로 엮일 뿐이다. 동양으로부터 수입된 그 아이디어와 연습이 게슈탈트 심리학에 재통합되었다. 그것이 드러나면서 둘은 나란히 가게 되었다. 예를 들어 게슈탈트 심리학과 불교는 둘 다 현재 순간/경험에 초점을 맞추라고 강조한다. 그리고 어느 정도 고급 명상은 인간의 지각을 이해하는 것과 연관이 있는데, 이는 게슈탈트 심리학과 일치한다. 유념 논쟁에 대해 더 논의하려면 로(Law, 2012)를 참조하라.

다음의 연습은 당신의 자아 자각을 증가시키는 데 도움이 될 것이다.

✎ **연습 8-5 존재감**

이 연습은 존재감에 초점을 맞춘다. 혼자 할 수도 있고 둘이 짝을 짓거나 그룹으로도 할 수 있다. 둘이 한다면 서로 마주보고 앉아 눈을 감으라고 요청한다. 그다음에

다음의 지시를 따르게 한다.

1. 하던 것을 멈추라.

2. 눈을 감으라.

3. 말을 하지 말라.

4. 숨을 들이쉬라.

5. 숨을 잠시 멈추라.

6. 숨을 내쉬라.

7. 되고 싶은 대로 되어보라.

8. 자신의 몸으로 느껴지는 감각, 몸의 자세, 얼굴 표정에 주의를 기울이라.

9. 순간순간 자각되는 대로 당신의 자세를 바꿀 필요가 있으면 그렇게 하라.

10. 혀를 입천장에 대라.

11. 맛을 느끼는 데 초점을 두라.

12. 침을 삼키라.

13. 맛이 어떤가?

14. 숨을 들이쉬고 내쉬면서 냄새에 초점을 맞추라.

15. 무슨 냄새를 맡을 수 있는가?

16. 이제는 몸 안의 감각에 초점을 두어라.

17. 뱃속의 감각을 느낄 수 있는가?

18. 심장박동을 느껴보라.

19. 당신이 지금 숨 쉬고 있음을 자각하라.

20. 편안하게 준비되었다고 느끼면 조용히 눈을 뜨라.

21. 몸의 힘을 풀고 느긋해지라.

22. 눈의 힘을 풀고 느긋해지라.

23. 당신 주위에서 무슨 일이 일어나고 있는지 움직임, 보이는 것들, 소리 등에 주
    의를 기울이라.

24. 당신의 감각에 대한 의식이 들어오고 나가는 흐름을 자각하라.

실존주의 연습

실존주의 코칭에서는 세 가지 핵심 포인트를 기억해야 한다.

① 당신 자신의 존재감과 코치이의 존재감을 충분히 자각하라.
② 코치이의 서술이 말이 되도록(의미를) 만들려고 하라(이야기 접근법처럼).
③ 코치이가 자신과 타자를 위해 선택할 자율성과 책임이 있다는 것, 그리고
　모든 선택은 동등한 가치가 있다는 것을 이해하도록 도와주려고 하라(즉, 코
　치이가 선택한 것들에 대해 당신 자신이 생각하는 가치를 미리 정해주지 않는다).

　그렇게 온전한 존재감을 가지려면 이전에 서술한 유념 연습 몇 가지를 하고
싶어질 수도 있다. 여기에 사람들의 시간관념에 관해 실존주의 맥락에서 할 수
있는 또 다른 연습이 있다.

✍ **연습 8-6　멈추는 시간**

시간과 현재의 순간을 자각하기 위해 이 유념 연습을 해보라.

1. 하던 일을 멈추라.
2. 눈을 감으라.
3. 지금 여기에 당신이 있다는 사실에 초점을 맞추라.
4. 침묵하라.
5. 숨을 들이쉬라.
6. 잠시 숨을 멈추라.

---

7. 숨을 내쉬라.

8. 이렇게 계속하라. 당신이 다음 단계로 넘어갈 준비가 되었다고 느낄 때까지 하라. 그러고 나서 눈을 뜨라.

9. 당신 주위에서 일어나는 일, 즉 움직임, 눈에 들어오는 것과 들리는 것에 주의를 기울여라.

10. 이제 당신 자신의 몸에 주의를 기울여라(자세, 긴장 상태 등).

11. 당신 생각에 초점을 맞추라.

12. 현재, 바로 여기, 바로 지금을 감각으로 느끼라.

13. …… 할 시간이 없다고 상상하라.

14. 오로지 이 순간만이다.

15. 모든 것이 지금 있는 그대로임을 자각하라.

16. 시간을 멈추라.

✍ **연습 8-7   실존주의적 코칭**

실존주의 접근법을 이용해 코치이와 코칭 대화를 하라. 다음 규칙을 준수하도록 하라.

1. 판단중지의 규칙: 코치이에 관한 어떤 가정이나 선입견 또는 편견을 갖지 않도록 노력하라. 온전히 그 시간에 있으라. 이전 부분에서 서술한 유념 연습이 도움이 된다면 하라.

2. 서술의 규칙: 코치이가 최근에 경험한 중요한 일(긍정적인 것)을 이야기하도록 권하라. 예를 들어 그가 무엇을 학습했다면, '무엇'과 '어떻게'를 물으라('왜'는 묻지 말라). 예를 들어 '그것은 어떤 것 같았나?'라고 말이다.

3. 수평화 규칙: 선택 단계에서 코치이가 하나를 선택하도록 권유하라. 각각의 선택사항에 동등한 가치를 부여하라.

이후 당신의 경험을 성찰하고 서술하라. 실존주의 접근법으로 코칭하는 일이 어땠는가? 그 경험에 관해 성찰기록부에 적으라.

....
....
....
....

이야기/이야기하기 연습

이야기 접근법은 다음의 기법으로 이루어진다.

• 표출대화
• 다시 저술하기
• 멤버 재구성
• 그룹 연습: 외부 증인 재진술과 선언의식(재진술에 대해 재진술하기)

다음은 이야기 기법 질문의 예시이며, 당신이 연습할 때 사용할 수도 있다.

• 당신 인생에 관한 이야기를 나에게 해줄래요? 그 이야기를 들으며 당신이 이

개발 과정에 온 이유를 제가 이해할 수 있을 겁니다.

- 당신이 하는 일이 당신 자신의 가치 · 신념 · 포부 · 희망 · 꿈을 반영하나요?
- 당신의 가치 · 신념 · 포부 · 희망 · 꿈은 무엇입니까?
- 당신은 왜 이런 식으로 느끼나요/생각하나요?
- 이 경험이 불편하다면 당신은 어떻게 할 건가요?
- 당신의 염려를 명확하게 하기 위해 그 염려에 이름을 붙여보겠어요?
- 어떤 새로운 정보를 당신은 받아들이고 있나요?
- 당신이 다른 관점에서 본다면 이것이 어떻게 보일까요?
- 어떤 식으로 당신은 새로운 사고방식, 느끼는 방식, 행동 방식을 시도하고 있나요?
- 이 새로운 사고방식이나 존재 방식을 어떻게 당신의 삶에 통합할 건가요?
- 당신은 많이 주저하지 않고 이 결론에 도달했습니다. 당신의 삶에서 이 결론을 반영해줄 어떤 사건을 생각해낼 수 있나요?

✍ **연습 8-8   서술에 관한 학습**

이 연습의 의도는 표출대화를 이용해 당신이 학습에 참여하는 의미와 이해를 더 얻도록 하려는 것이다. 다음의 지시를 따르기 바란다(15~20분 대화).

- 짝을 이루어(코치와 코치이로) 작업하라.
- 이야기 코치로서 대화하며 노트하기 바란다(기억할 것은 코치이에게 먼저 허락을 받고 노트해야 한다는 점이다).

다음의 질문을 코치이와 당신의 대화 지침으로 이용하라.

- 여는 질문: "당신의 최근 업무나 사생활의 한 상황을 서술할 수 있나요? 새롭거나 특별한 어떤 것을 배웠다고 실제로 느낀 상황을 말입니다."
- 규명하는 질문으로 가능한 것들
  - 이 상황에서 당신에게 무슨 일이 일어났나요?
  - 외부로부터 어떤 종류의 지원을 받았나요?

경청하면서 당신이 해야 할 과제는 다음과 같다.

- 성과가 있는 학습 과정을 위한 기초라고 생각되는 주요한 구성 성분이 무엇인지 확인하라.

대화 이후에는 그 코치이가 배운 핵심 학습에 대해 성찰하라.

✍ 연습 8-9   관계 지도 그리기에 관한 학습

이 연습의 의도는 어떤 특정한 상황과 당신이 어떻게 깊이 관련될 수 있을지 그 감각을 얻게 하려는 것이다. 다음의 지시를 따르기 바란다(15~20분 대화).

- 짝을 이루어(코치와 코치이로) 작업하라.
- 다음의 질문을 내담자와 대화하기 위한 지침으로 이용하라.
  - 당신에게 중요했던 어떤 구체적인 상황을 선택해보세요.
  - 그 상황을 당신은 어떻게 알고 느끼나요?
  - 그 상황을 어떻게 서술할 건가요?
  - 더 서술할 수 있는 것이 무엇일까요?
  - 당신이 느낀 감각을 말해줄 은유나 그림을 찾을 수 있을까요?

경청하면서 당신이 해야 할 과제는 다음과 같다.

- 코치이에게 목적의식을 주는 그의 포부 · 가치 · 희망 · 꿈이 무엇인지 확인하는 것
- 이 희망과 꿈이 이야기에서 어떻게 반영되었는가(그것은 슬쩍 서술되었는지, 아니면 풍성하게 서술되었는지)?
- 코치이의 포부와 그의 서술 사이에 간격이 있다면 그것은 무엇인가?

당신과 코치이에게 어려웠던 핵심 도전거리에 대해 노트하라.

표출대화

표출대화는 두 단계로 이루어진다.

① 서술: 코치이가 자기 이야기를 서술한다.
② 관계: 연결 고리를 만들고 사건들 사이의 관련성을 만들라. 그리고 그것들의 의미를 만들라.

다음의 연습은 이 단계를 연습하도록 도와줄 것이다.

✍ **연습 8-10   성찰기록을 이용한 표출대화**

코치이와 작업하면서 성찰기록 견본을 이용해 대화를 이끌라. 다음의 3단계를 완성하라.

① (서술) 코치이에게 그의 긍정적인 학습 경험(아니면 그가 논의하고 싶은 코칭 주제)에 관해 이야기하라고 권유하라. 이 이야기는 그에게 최근 일어난 사건들로 이루어질 수도 있고, 아니면 먼 과거에 일어난 사건들일 수도 있다. 그에게 이야기의 이름/제목을 붙여보라고 요청하라.

② 코치이의 느낌과 생각을 (당신 자신의 느낌과 생각과 함께) 노트한 후 이 감정들과 생각들이 코치이의 이야기 흐름에 맞는 어떤 주제가 될지 생각해보도록 하라.

③ 코치이에게 권유해 앞의 이야기 줄거리가 그의 포부·신념·가치·희망·꿈과 어떻게 공명되는지 성찰하도록 한다. 그만의 성과가 있다면 무엇인가? 일어난 일과 그가 일어나길 바라는 일 사이에 간격이 있는가? 바람직한 성과는 무엇인가? 그의 자아 정체성과 이 모든 것이 어떻게 관련되는가?

다시 저술하기 대화

코칭의 다른 접근법과 달리, 다시 저술하기는 미래에 초점을 맞춘다. 그 목표는 코치이의 기술과 지식을 재개발하는 것인데, 그의 인생 경험 이야기의 대안을 개발함으로써 그렇게 한다. 다시 저술하기에서 코치이의 이야기는 '대본'으로, 코치이는 '저자'로 간주된다. 저자로서 코치이는 자기 인생 이야기를 다시 저술할 힘과 자유가 있어야 한다. 여기서 어떤 사람은 다시 저술하기를 또 다른 형태의 표출로 간주할 수 있다. 그 표출된 자리에서 코치이는 저자로서 자기의 '인생 이야기'를 보는 관점을 갖는다.

다시 저술하기 과정은 공동의 과정이다. 대안적인 이야기의 공동 구성(공저자)은 코치이와 코치 둘 다 동등한 동반자가 됨으로써 달성된다. 이 새로운 이야기는 '문제로 가득 찬' 옛 이야기 대신 가능성으로 채워진다(Bor and Legg, 2003). 여기서 코치의 역할은 그 대화를 용이하게 만들어주는 것이다. 이로써 내담자

✍ **연습 8-11   다시 저술하기 대화**

동일한 코치이와 함께 표출대화를 계속하면서 동일한 성찰기록을 이용해 대화를 인도받으라.

3단계로 돌아가 그 기록부의 나머지를 완성하라.

• 3단계에서 코치이에게 이전에 이런저런 이유로 일어난 것을 더 되돌아보라고 요청하는 대신, 그 사건들로 인한 지금 바로 이런 모습에 어떤 예외가 없는지 생각해보라고 요청하라. 이 두 이야기 사이에 어떤 차이점이 있었는가(바람직한 것은 무엇이고 바람직하지 않은 것은 무엇인가)? 다음과 같이 질문할 수도 있다.
  - 당신이 원한 것과 똑같이, 아니면 그보다 더 낫게 된 경우가 있는가?
  - 그때는 무슨 일이 있었는가?
  - 대안적인 다른 상황을 생각해볼 수 있겠는가?
  - 자원, 새로운 학습 기술 등의 의미에서 볼 때 바람직한 성과를 만들기 위해 당신이 무엇을 할 필요가 있는가?

이 질문을 기록해두라.

• 4단계(평가)에서는 코치이의 강점·신념·가치·정체성을 가장 공명해주는 이상적인 유일무이한 성과에 도달하는 데 어떤 간격이 있는지 확인하라. 거기에 닿기 위해 필요한 요건들을 모두 확인하라. 다음과 같이 질문할 수도 있다.
  - 거기에 닿기 위해 당신이 할 필요가 있는 것은 무엇인가?
  - 당신이 어떻게 그 요건에 맞출 것인가?
  - 누가 당신을 도울 수 있겠는가?
  - 그들을 당신이 어디서 찾을 수 있겠는가?
• 5단계(결론)에서는 4단계에서 학습한 것을 요약하라. 코치이에게 자신의 신념·

가치 · 정체성을 강하게 공명해주는 변화를 위해 노력하겠다는 선언서를 작성하
라고 권유하라.
• 6단계(행동계획)에서는 그 바람직한 유일무이한 성과를 달성하기 위해 코치이
가 취할 필요가 있는 단계들로 이루어진 계획을 함께 작성하라.

가 살아온 경험에 관한 어떤 대안적 기록에 특권을 준다. 즉, 그의 경험이 더
바람직한 것으로(예를 들어 긍정적으로) 판단받게 한다.

다시 저술하기에서는 코치이의 신념과 가치에 대한 원래의 이야기 담론이
'규제들'로 간주된다. 즉, 많은 가능한 대안들 '대신에' 어떤 특정한 줄거리가
선택되어온 것은 그러한 규제들 때문이다. '원인'보다는 '규제들'이라는 개념이
다시 저술하기에서 근본적인 것이 된다(Bateson, 1972: 399; Bor and Legg, 2003:
270 참조).

앞에서 연습하며 당신이 주목했을 수도 있지만, 다시 저술하기의 대화는 코
치이가 가까운 미래(행동의 배경)에 그의 삶의 새로운 가능성과 행동을 고려해
볼 기회(입구)를 제공한다. 따라서 다시 저술하기의 질문은 코치이가 상황과
행동을 위한 제안들에 관해 대안(새로운) 이야기를 개발하도록 도와주게끔 고
안되었다. 그렇게 함으로써 이야기 코치는 코치이가 자기 행동 배경의 지도를
그린 그의 '의식意識 지도'에서 풍성한 이야기를 개발하도록 지지해주는 비계
역할로 도움을 준다.

먼저, 참여자들은 속성 · 특성 · 결점 · 원동력 · 욕구 · 자원 · 강점 · 기질과
같은 다양한 범주의 자아 정체성에 관해 말함으로써 그의 의식 배경에 대해 응
답하기 쉬워진다. 그러나 이런 결론은 코치이가 진보하는 데 부적절한 기초를
제공할 수도 있다. 달리 말하자면, 그들이 그런 결론들에 갇혀버릴 수 있다. 이

야기 코치는 코치이의 삶의 능력 배양에 더 적극적이고 타당한 정체성들을 대안으로 삼는 줄거리로 이끌고 갈 필요가 있다. 그 화자의 신념, 적극적 참여, 의도, 목적, 가치, 비전, 희망과 꿈을 발견하도록 하라.

멤버 재구성 대화

다시 저술하기가 표출대화의 부분(이야기 전개를 비틀기)으로 간주될 수 있다면, 멤버 재구성은 중요한 사람들('등장인물')이 코치이의 이야기('드라마')에 관련될 때 하는 다시 저술하기의 한 형태로 간주될 수 있다. 이야기 코치로서 당신은 코치이가 긍정적 변화를 만들도록 그와 관련된 인적 자원(자기에게 중요한 사람들)을 동력으로 삼는 데 도움을 줄 수 있다. 그래서 어떤 점에서는 멤버 재구성이 이야기 전개에 새로운 차원(인간의 차원)과 복잡함(가외의 비틀기)을 더한다. 그리고 그 코치는 이야기의 발전에서 방향타를 잡아야 하는 기술이 요구된다.

그룹 연습: 외부 증인 재진술

외부 증인 재진술은 그룹이 작든 크든 사용될 수 있다. 이 상황에서 코치이가 자기 이야기를 할 때 그룹의 다른 구성원들은 관찰자(외부 증인)로 행동한다. 코칭 회기 후에는 관찰자들이 들은 이야기를 다시 이야기하라고 권유받을 것이다. 외부 증인을 위한 핵심 질문은 다음과 같다.

① 표현 확인: 무엇을 들었는가? 어떤 표현이 당신의 심금을 울렸는가?
② 이미지 묘사: 당신 마음에 어떤 이미지가 떠오르게 되었는가? 이 표현들이나 이미지가 신념, 적극적인 참여 목적, 가치, 희망, 꿈을 이해하도록 당신

✍ 연습 8-12   멤버 재구성 대화

표출대화와 다시 저술하기 대화를 다른 코치이와 하든 동일한 코치이와 하든 반복해 연습해보라. 당신의 코치이에게 긍정적인 학습 경험에 관해서든, 최근에 그에게 일어난 사건이든, 먼 과거에 있었던 어떤 일이든 이야기하라고 권함으로써 시작하라. 그러나 이 연습의 목적을 위해 그에게 중요한 사람들이 포함된 의미심장한 사건에 대해 생각하라고 요청하라. 표출대화를 하는 동안에는 코치이에게 이 중요한 사람(X라고 부르자)을 풍성하게 묘사하라고 요청하라. 그래서 그 사람이 어떤 사람일지, 성격이 어떨지 감을 잡으라.

• 그의 이름은 무엇인가?
• 언제, 어디서, 어떻게 그를 만났는가?
• 당신은 그 사람을 어떻게 묘사하겠는가?

다시 저술하기 단계에서 코치이에게 격려할 것은 다음과 같다.

• 이 의미심장한 인물(X라고 부르자)이 코치이의 인생에 기여한 것들을 기술하라.
• 이러한 기여가 코치이의 정체성을 형성하는 데 어떤 도움을 주었는지 설명하라.

다음과 같이 질문할 수도 있다.

• X가 당신을 어떻게 도왔는가?
• X가 당신의 인생에 가져다준 것이 무엇인가?
• 그것이 당신의 성공에 어떻게 기여했는가?
• 어떤 식으로 그것이 당신을 지금 당신이 되도록 도왔는가?
• X가 당신을 어떤 종류의 사람으로 인식했으리라고 생각하는가?
• X가 지금 여기 있다면 당신에게 무엇을 말하리라고 생각하는가?

그러고 나서 당신의 이야기 질문에서 X와 코치이의 역할·공헌을 뒤바꾸라. 즉, 코치이에게 요청하라.

- 코치이가 X의 인생에 기여한 바를 이야기하라.
- 이렇게 기여한 것들이 X의 정체성을 형성하는 데 어떤 도움이 되었는지 설명하라.

다음과 같이 질문할 수도 있다.

- 당신이 X의 인생에 무엇을 가져다주었다고 생각하는가?
- 당신이 무엇을 보태주었는가?
- 당신은 X가 어떤 종류의 사람이라고 생각하는가?
- 지금 X가 여기에 있다면 당신은 그 사람에게 무엇을 말할 것인가?

을 어떻게 도와주었는가?

③ 반응 구체화: 코치이의 이야기가 당신 자신의 인생/일과 어떻게 공명하는가?

④ 이송된 인식 확인: 코치이의 이야기를 듣고 나서 어떻게 느껴지는가? 당신을 어떤 식으로든 감동시킨 것이 있는가(그렇다면 어떻게 그런가)? 당신은 무엇을 배웠는가? 어떤 식으로 코치이의 이야기가 당신 자신의 학습과 발전에 기여했는가? 지금 바로 여기 코치이 앞에서 당신이 ('선물'처럼) 받은 이 학습/경험을 당신은 어떻게 인정하고 싶은가? 어떻게 그에게 감사의 말을 할 것인가?

외부자의 재진술이라는 최종 비틀기는, 훈련 중에 이야기 접근법을 사용하는 사람들이 매우 자주 놓치는 것이지만, 이야기에 대한 재진술을 모두 듣고

연습 8-13　그룹 연습: 외부 증인 재진술

그룹으로 '외부 증인 재진술'을 연습하는 또 다른(간략하게 만들어놓은) 방법은 (Stelter and Law, 2009) '로터리 대화roundabout conversation'라고 불린다. 주제를 선택하라. 예를 들어 긍정적인 평가 경험을 공유하기로 선택할 수도 있다. 즉, 그룹에서 취해진 첫 번째 이야기와 대안 이야기로 발전한 것들을 평가하는 것이다(예를 들어 앞서 했던 이야기 코칭 연습들을 마친 후 완전히 새로운 것을 선택할 수도 있다). A가 긍정적인 평가를 받았던 상황을 발표하는 것으로 시작해, B가 평가하는 피드백을 주고 그 상황을 자신의 상황과 연결시키며, 그런 식으로 C 등이 계속하도록 권유한다.

자기 인생/직업에 관한 이야기를 공유할 자원자를 요청하고, 그 참가자를 당신의 왼쪽에 앉히라. 그 사람에게 다음의 질문을 하라.

1. (당신이 받은 긍정적인 평가에서*) 어떤 종류의 단어, 말, 또는 표현이 당신의 주의를 끌었는가?
2. 당신은 이 단어 · 말 · 표현을 어떻게 인식했는가? 그 말을 들을 때 무슨 느낌이 드는가?
3. 그 사람의 인생 · 정체성 · 가치에 관해 당신은 어떤 인상을 얻는가?

성찰

• 7장에서 언급된 고전적 외부 증인 접근법과 이 연습의 핵심적인 차이점은 무엇인가?
• 이 경우에 누가 코치이인가?
• 이 접근법의 유리한 점과 불리한 점은 무엇인가?
• 이 접근법을 당신은 언제 사용할 것인가?

난 후 코치는 그 코치이에게 자기 이야기가 다시 말해지는 것을 들은 경험을 이야기하라고 권유한다. 따라서 결론적으로 말하자면, 코치이는 자신의 이야기에 대해 최후의 외부 증인이 된다. 이렇게 하는 목적은 코치이의 새로운 (긍정적) 이야기 개발(과 적극적 행동 전환)을 훨씬 더 증폭시키는 데 있다. 덧붙여 말하자면, 코치이가 그 이야기 과정에서 중심에 서는 것이다. 달리 말하자면, 코치이가 자기 이야기의 첫 저자이며 마지막 저자다.

요약

이 장에서는 코칭 기법들과 모델들을 실습할 수 있는 다양한 범위의 연습을 거쳤다. 연습이 완벽함을 만들어낸다. 이러한 연습을 실습함으로써 코칭 기술을 향상시키고, 당신의 코칭 모델과 기법을 코칭 대화에 매끄럽게 적용하는 데 도움을 받을 것이다. 코칭 일지 기록은 성찰을 통해 더 많이 배울 수 있도록 해줄 것이고, 시간이 지나면서 당신의 코칭 실행을 강화할 수 있는 당신만의 사례연구가 쌓일 수 있게 해줄 것이다. 9장에서는 학습을 실증할 사례연구 견본을 검토할 것이다.

자신의 성공 이야기 수집

양호한 코칭 실행의 데이터 축적

들어가는 말

코칭심리의 임상전문가로서 자신의 성찰기록을 자신의 학습과 CPD의 한 부분
으로 간직하는 것이 좋다. 8장은 이를 어떻게 할 수 있을지 (부록에 포함된 견본을
가지고) 안내했다. 코칭이 일대일로 이루어지든, 큰 조직체를 위해 계약한 것이
든, 각 기록부는 그 자체로 하나의 사례연구다. 사례연구는 학습과 CPD를 위해
귀중하다(Passmore et al., 2011). 사례연구로 얻을 수 있는 것은 다음과 같다.

- 자각의 증가
- 윤리적 틀 다듬기
- 사례 개념화 개발
- 신념과 가치 탐구

• 학습 지속

 이 장은 몇 개의 사례연구(Law, 2013에 근거한다) 학습을 본보기로 보여준다.
이 예들은 다음과 같다.

• 보건 시스템을 위한 리더십 코칭과 멘토링 프로그램(사례연구 1과 2)
• E-코칭: 대서양을 가로질러 이루어진 코칭 파일럿 프로젝트(사례연구 3)
• 지역사회 안에서의 코칭(사례연구 4와 5)

사례연구 1 **리더십 코칭 프로젝트(영국)**

요약

이 프로젝트는 영국의 보건행정 분야에서 시행한 지도력 개발 프로그램의 일부
였다. 목표는 코칭을 도구 삼아 대표자 없는 흑인 및 소수 인종Black and Minority Ethnic:
BME에 속한 직원과 그 조직체 변화를 위한 프로그램 진행자들의 능력을 부양하는
것이었다. 그래서 그들이 상급 수준으로 발전하고, 실행이 향상되도록 하는 것이
다. 내 역할은 외부 컨설턴트로서 그들 대표자에게 코칭 훈련을 제공하는 것이었다.

과정

이 프로그램 참여자들은 개인 프로필(그들의 업무 수행과 통계자료의 세세한 것을
제공하는)을 근거로 선발되었다. 과정을 시작할 때, 선발된 대표자들은 계약에
서명하고 (훈련 도중과 마친 후 둘 다에 적용되는) 윤리 규정에 동의하며, 그들의
참여가 기대되는 사항에 대해 동의하도록 요구받았다. 그다음 그들에게 5일간

의 코칭 훈련 과정이 제공되었다. 훈련에 포함된 것은 (6장과 7장에서 각기 기술된) UIF 코칭 모형과 그에 관련된 다양한 코칭 기법 소개, 그리고 (8장에서 예시된 것과 같은) 몇 가지 실습이었다. 훈련 후에는 그들이 코치나 멘토가 되어 변화의 매개자로서 자기가 배운 코칭 기법을 일터에 적용하고, 또 자신의 CPD의 부분으로 슈퍼비전을 계속 받도록 권고되었다.

인지와 정서

내가 생각한 것과 느낀 것을 성찰해보면 그때 신났던 이유는, 그 조직체의 변화라는 당면한 문제의 한 부분으로서 리더십 평등과 다양성 진작을 위해 내가

✍ **연습 9 - 1**

당신이 그 프로그램에 선발된 참여자 중 하나라면 어떻게 느낄 것 같은가? 그리고 무엇을 생각할 것 같은가?

....

....

....

....

당신이 그 코칭 프로젝트를 전달하는 팀에서 컨설턴트 중 하나라면 어떻게 느낄 것 같은가? 무엇을 생각할 것 같은가?

....

....

....

....

개발하고 있던 코칭 기법을 적용할 기회가 생긴 데 있었다. 나는 염려도 되었다. …… 비록 내가 건강 분야에서 그보다 몇 년 전에 코칭을 해본 경험이 있었지만, 그 분야의 리더들과 코칭을 가지고 작업하는 일은 참여자들뿐 아니라 나에게도 새로운 것이었기 때문이다. 내 생각에는 그들도 마찬가지로 염려했고, 코칭이란 도대체 무엇이며, 닷새 동안 무엇을 말해야 하는지 궁금해했다.

성찰

프로그램 이해 당사자들의 피드백에 따르면, 코칭은 그 훈련에 참여한 개인과 그 프로그램을 지원한 조직체 모두에게 의미심장한 혜택을 주었다. 혜택은 코칭 훈련 후 몇 달이 지나고 나서 다음과 같이 나타났다.

- 코칭 훈련을 받는 BME 리더들의 업무 수행이 다른 이들보다 월등히 높아졌다.
- 그 대표자들의 50%가 훈련 후 승진했다.
- 상급 관리 팀이 코칭 기술과 지식을 취득한 BME 멘토로부터 혜택을 받았다.
- 코칭과 멘토링이 그 조직체의 문화에 스며들었다. 그 과정은 데이비드 클러터벅 David Clutterbuck과 데이비드 메긴슨 David Megginson(Clutterbuck and Megginson, 2005)이 말한 것과 일치한다.

학습

조직체 수준에서 그 프로젝트로부터 배운 교훈은 다음과 같다.

- 지속성을 보장할 어떤 코칭 프로젝트를 위한 전략적 계획이 중요하다.

• 동반 관계(전략적 동맹)가 코칭 문화와 그 문화의 지속성을 유지할 자원을 공유하는 데 도움이 될 수 있다.

✍ **연습 9 - 2   당신 자신의 코칭 프로젝트 전달 방식에 대한 성찰**

과정이 얼마나 잘 전달되었다고 생각하는가?

무엇이 잘 전달되었고, 무엇이 별로 잘 전달되지 못했는가?

코치이와 코치의 신념·가치·경험을 당신은 어떻게 이해하는가? 그들이 지닌 자아의 가치와 자아에 대한 개념이 프로젝트 동안 그들에게 어떤 영향을 미쳤는가? 그리고 그것들이 코칭 성과를 어떻게 바꾸어놓았는가?

....

....

....

....

앞의 프로젝트에서 당신은 무엇을 배웠는가?

만일 비슷한 프로젝트를 당신이 전달하도록 요청받는다면 그것을 더 개선하고 개발하기 위해 무엇을 할 것 같은가? 행동계획을 적으라.

....

....

....

....

사례연구 2 몰타에서 행한 리더십 코칭 프로그램 현장연구

이 리더십 코칭 프로그램은 몰타의 한 병원에 코칭 문화를 소개하기 위한 시범 프로그램이었다. 목표는 코칭 문화가 종합병원의 간호 직원들을 위해 어떻게 개발될 수 있을지 보여주는 것이었다. 이 막연한 목표 안에서도 우리가 바란 점은 그 프로젝트를 통해 다음의 사항들을 할 수 있게 되는 것이었다.

- 어떤 속성의 리더십이 이상적인 것으로 인식되는지 확인하기
- 리더십에 기술 차이가 있는지, 그것이 무엇인지 확인하기
- 포괄적인 코칭 프로그램을 어떻게 실행할지 경영진에게 정보 제공하기
- 프로그램의 효과 확인하기

내 역할은 이 시범 연구의 실행에 책임이 있는 매니저의 슈퍼바이저였다. 그 매니저는 이 프로그램의 시행을 위한 코치이기도 했다.

과정

열두 병동의 매니저들(32~46세의 여성 7명과 남성 5명)이 무작위로 이 프로그램의 참여자로 선발되었다. 그들은 일대일 코칭 회기를 네 번 제공받았다. 코칭 모델은 GROW 모델(Whitemore, 2002)에 기반을 두고, 각 단계에서 다양한 절충적 기법들이 적절하게 스며든 것이었다. 실행 과정은 현장연구 학습 사이클을 따랐다.

① 계획

② 행동

③ 성찰

앞의 세 단계가 두 국면에서 반복되었다. 첫 번째 국면에서는 간호장의 합의와 적극적 협조를 얻는 데 초점이 맞추어지고, 코치이들을 선발해 '이상화된 리더십의 속성idealized leadership attributes: ILA'을 확인하는 초점집단focus group을 운영했다. 두 번째 국면은 그 프로그램의 시행을 세심하게 다듬고 이해 당사자들에게 피드백을 제공하는 데 초점을 두었다.

성찰

GROW 모델과 전방위 피드백 과정이 코치이들을 도와주고 그들의 목표를 달성하는 데 유용한 것처럼 보였다. 그 과정에서 사용된 코칭 도구는 다듬어질 필요가 있다. 도구들이 코칭 과정에 더 매끄럽게 스며들 수 있도록 말이다. 초점집단으로부터 확인된 주제들은 본질적 가치, 비전, 가시성과 자기주장이었다. 이로부터 수많은 ILA가 확인되었다. 진정성, 책임감, 협동, 돌봄, 탁월함, 안전, 북돋움, 영향력, 성장, 비전, 가시성, 기여함, 인내, 고무함, 결단력, 용기, 정돈됨, 적극적 평가, 창조성, 겸손, 부지런함, 실용주의, 신중함, 명성, 야망, 세심함, 순응이 그것이다.

참여자들의 피드백으로부터 알 수 있었던 것은 코칭이 리더십에 관한 그들의 지식을 증가시키는 데 도움이 되었고, 그들이 자기의 장점과 개발해야 할 영역을 자각하는 데 도움을 받았다는 점이다. 그 조직체 안에서 코칭 문화가 더 발전하려면 다음과 같은 활동이 이루어질 필요가 있다.

- 공식적인 코칭 훈련
- 개별 코칭
- 그룹 코칭

    그 코칭 프로그램의 결과로서 눈에 띄는 행위적인 변화가 있었다. 즉, 여러 분야에 걸친 문서화, 표준 운영 절차, 의약품 분배 시스템, 훈련 프로그램 개발이라는 의미에서 변화가 있었다. 그 과정에서 학습된 것은 더욱 문서화되었고, 다양한 콘퍼런스와 출판을 통해 전파되었다(Aquilina and Law, 2012; Law and Aquilina, 2013 참조).

✎ **연습 9 - 3   현장연구에 대해 성찰하기**

당신이 최근에 시행한 코칭 프로젝트 두 개를 비교 · 대조해 앞에서와 동일한 성찰 연습을 해보는 것도 좋다.

둘 사이에 유사점들과 차이점들은 무엇인가?

그 과정에 스며들어 있으며 여러 문화에 걸쳐 있는 주제는 무엇인가?

이 문화적 주제들이 그 프로그램의 성공에 어떤 영향을 미쳤는가?

그 코칭 프로그램의 성공을 당신은 어떻게 평가하는가?

....

....

....

....

이 프로젝트는 영국 코칭협회의 멤버들이 코디네이터가 되어 조직한 국제 코칭 선두계획의 일부로서, 텍사스 휴스턴의 라이스 대학Rice University 학생 리더들에게 이메일과 전화 또는 인터넷 화상통화(Skype)를 통해 일대일 코칭을 제공하는 것이었다. 내 역할은 코칭협회에서 선발된 20명의 코치 중 하나로서 코치이에게 필수적인 코칭 지원을 하는 것이었다. 이 프로젝트의 목표는 다음과 같다.

• 학생들을 고무하기
• 학생들의 학습 경험 개선하기
• 학생들의 잠재적인 리더십에 지렛대가 되기
• 학생들이 자신을 계발하도록 돕기
• 학생들이 자신의 문화뿐 아니라 타 문화의 측면들도 자각하도록 돕기
• 여러 문화에 걸친 E-코칭 경험으로부터 학습하기
• 높은 성과를 올릴 잠재력이 있는 학생들과 작업하는 경험에서 학습하기
• 그 대학이 조직체로서 이루어야 할 전반적인 성취도 개선하기
• 그 대학이 코칭에 익숙해지도록 돕기
• 코칭협회 홍보하기
• 코칭 조사연구를 용이하게 하기
• 코칭에 대한 지식과 인지도 증가시키기
• 코칭협회 멤버들이 국제적 프로젝트에 참여하도록 지원하기

✍ 연습 9-4 문화를 가로지르는 E-코칭

이 프로젝트는 다중적인 이해 당사자들에게 국제적으로 E-코칭을 이식하는 일이

복잡하다는 사실을 대표적으로 보여준다. 앞의 목표 목록에서 서로 다른 사람들로 부터 나온 수많은 목표가 부딪치는 것을 볼 수 있을 것이다. 목표가 다름을 확인하고, 비슷한 목표끼리 모아 구분해보라. 그리고 어떤 목표군이 어떤 이해 당사자에 게 속할지 생각해보라.

....
....
....
....

과정

학생마다 한 명의 코치가 배정되고, 12주 동안 코칭 회기를 요구할 권리가 주어졌다(총 코칭 회기는 최대 12시간이었다). 코칭 과정은 코치이들이 이끌었다. 달리 말하자면, 코치에게 접근해 서로 편리한 시간에 말하도록 조정하는 것은 코치이에게 달린 일이었다. 평가는 프로그램 전후와 도중에 코칭협회 코디네 이터가 질의응답서를 통한 조사방법을 이용해 네 번의 정기적인 중간 휴지기에 시행했다(Bresser, 2006a, 2006b).

✎ **연습 9-5   E-코칭 과정**

전화, 인터넷 화상통화, 인터넷 등의 전자 수단을 이용해 코칭한다면 어떤 어려운 점과 도전거리들이 있을 것으로 예상하는가?
당신은 어떻게 그것을 극복하겠는가?
E-코칭을 일대일 면담 코칭과 비교한다면 어떤 장점과 단점이 있는가?

평가

그 결과가 보여준 코칭은 다음과 같다.

• 학생의 학업에 가치를 더해주었다.
• 학생의 자의식과 성찰을 증가시켰다.
• 학생이 자기 생각을 발전시키도록 도와주었다.
• 학생이 더 넓은 관점을 얻도록(새로운 사고를 하도록) 도와주었다.

흥미롭게도 가상의 플랫폼이 비밀 준수라는 의미에서 어떤 코치이들에게는 '더 안전'하게 느끼도록 만들었다. 또한 어떤 코치이들은 전화나 인터넷 화상 통화로 대화하는 면담 소통을 더 좋아했다.

피드백에 따르면 E-코칭은 다음과 같은 것으로써 더 개선될 여지가 있다.

• 학기 중에 코칭하기
• 프로그램을 시작할 때 더 많은 정보(안내) 제공
• 시차를 고려해 코칭 회기 일정 잡기

'모르겠다'라고 대답한 24%를 제외한 모든 응답자가 코칭이 '좋았다' 또는 '아주 좋았다'라고 대답했다. 코치이의 66%는 코칭 지원이 지속될 전망이 있다면, '공부할 만한 곳'으로서 그 대학의 매력이 증가할 것이라고 생각했다.

사례연구 4   지역사회에서의 이야기 코칭

이것은 영국 정부(내무부)에 의해 기금이 마련된 지역사회 프로젝트다. 영국 전역을 대상으로 한, '긍정적 이미지Positive Image'라고 이름 붙은 프로그램의 일환으로, 그 목표는 지역사회 주변부에 있는 개인들의 능력을 배양하는 것이었다. 피터버러 인종평등위원회Peterborough Racial Equality Council: PREC에 의해 주도되고 피터버러에서 시행된 이 프로젝트는 그 파트너들이 주관했다. 우리 회사도 그 파트너 중 하나였고, 나는 그 지역사회에 긍정적인 '역할 모델'을 개발하는 목적을 가지고 코칭 프로젝트를 진행하는 책임을 맡았다. 프로젝트의 주요 성과에 포함된 것은 다음과 같다.

- 지역사회 리더들과 실무자들을 위한 사흘간의 코칭 훈련 회기
- 세 차례의 공동체 그룹 모임
- 한 차례의 지역사회 콘퍼런스
- 프로젝트 보고서
- e-저널 출간

과정

나는 이 특별한 프로젝트를 위해 이야기 접근법(선언의식)을 사용했다. 그 방식은 참여자들이 지역사회에 통합되도록 권장하는 데 특히 도움을 주기 때문이

다. 그들이 곤란을 겪으면서도 생존해낸 이야기를 공유하면서, 한편으로는 현재 살고 있는 나라의 문화적 · 사회경제적 삶에 자신이 기여한 바를 축하할 수 있도록 하는 데 이 방식이 도움이 된다.

이 코칭 프로그램은 또한 그 콘퍼런스들에 앞서 워크숍과 훈련을 제공해, 선발된 참석자들과 지역 네트워크를 끌어들였는데, 주로 피터버러와 그 인근 지역을 대상으로 했다. 지역 콘퍼런스는 사회적 · 정치적으로 개선된 개입을, 즉 이 프로젝트를 부각시키기 위한 길로 가는 첫걸음이었다. 그리고 그 콘퍼런스를 통해 공적 기구와 사적 기구들이 실제로 주변부 공동체들이 간절히 바라는 것과 욕구 · 의지를 경청하도록 유도하는 길이 되었다. 그것은 주변부 공동체들의 개인적 · 집합적 서사를 통해 그들의 관점을 도입함으로써 가능해졌다. 콘퍼런스는 내무부의 대표자들뿐 아니라 지역의 많은 조직체들과 자선단체들 및 시의회가 참여해 하루 종일 지속되었다.

선발된 참여자 대부분은 주변부 사회에 속한 사람들, 각 나라에서 온 여행자들, 새로 이민 온 사람들, 피난민들이었다. 그들은 2006년 2~3월에 사흘간의 코칭 프로그램을 제공받았다.

지역사회 지도자들과 실무자들(가령 지역사회 화합 담당 공무원들)이 그 프로젝트에 참여하도록 초대되었다. 프로젝트가 끝날 무렵에는 약 20명의 참석자가 공동체 이야기 접근방식으로 훈련을 받았고, 새롭게 얻은 지식과 기술을 자신의 맥락에 적용할 준비를 갖추었다. 참석자는 훈련의 일부로서 자신이 학습한 접근방식을 자기 지역의 공동체 모임에 적용했다. 코치 훈련자로서의 내 역할은 이야기 접근방식을 통해 지식을 공동체에 성공적으로 전달하는 통로를 만들고, 집단으로 이야기 접근법이 실행되는 것을 감독하는 일이었다. 그 모임들에서는 공유된 이야기들이 수집되었고(참여자들의 허락하에, 그리고 익명성과 비밀보장과 같은 윤리 조항을 준수하면서), 출판을 준비할 수 있었다.

프로젝트의 마무리를 향해 가던 시점에 열린 지역사회 콘퍼런스에는 40명 이상이 참석해 후속 학습을 위한 길을 열고, 정보를 교환하며, 자신들의 성취를 축하함으로써 최고로 발전된 실천의 모습을 보여주었다.

성찰

이야기하기의 목적은 참여자들의 특정 욕구를 부각시키는 것이었다. 어떤 이들은 숙련 기술이 있어도 직장을 찾는 데(기술직이든 아니든) 주요한 장벽에 부딪쳤다. 어떤 이들은 피난처를 찾는 사람처럼 취약 그룹에 속했거나, 동반자 없는 소수자였다. 이야기하기의 목표는 또한 그들이 살고 있는 나라에 통합되도록 돕는 데 가장 좋은 실천 방법을 개발하는 것이었다. 그리고 이해 당사자들(가령 NGO와 지방자치 당국) 사이에 정보 교환을 용이하게 만들어주는 것이었다. 참여자들이 이야기하기와 다시 이야기하기의 형식으로 콘퍼런스를 하면서 그 공동체의 네트워크가 개발될 수 있기를 바랐다. 따라서 선언의식이 이용되었다. 이 콘퍼런스는 그 후에 있을 '검은 역사의 달Black History Month'(미국, 캐나다, 영국에서 해마다 열리는 행사로 아프리카의 자기 나라를 떠날 수밖에 없어 이리저리 떠돌며 살게 된 아프리칸 디아스포라의 역사 중 중요한 사람과 사건을 기억하는 행사*)의 선두 주자가 되었다.

많은 염려와 문제도 확인되었다. 여기에는 언어 장벽과 문화 장벽을 사회가 지지하는 문제도 있었고, 지속 가능한 공동체 유지를 위한 기금 모집에 어떻게 접근할지도 문제였다. 수많은 핵심 주제가 개발되었고, 공동체 네트워크를 어떻게 더 발전시킬지에 대한 행동계획도 나왔다. 공동체 의식의 전경숲景 위에 긍정적 행동의 전경前景이 그려지면서 자부심과 존중, 그리고 재보장, 자아 자각, 자아실현이라는 강렬한 분위기가 만들어졌다. 카로스Karos와 캄브로Kambro

에서 하나의 상징으로 '캠프파이어'를 보는 일은 내게 즐거운 놀라움이었고, 그 것은 피터버러에서도 재연되었다. 그 결과 '공동체 네트워크 Community Network' 가 형성되었고, 또 다른 공동체 모임을 촉발했다. 그 모임은 200명 이상의 지역 주민의 호응을 받은 '검은 역사의 달' 축제와 제휴한 야생보호재단 Wildlife Trust 의 지원을 받았다.

야외 행사를 조직하는 과정에는 어려운 일들이 있었다. 이런 행사를 주최하는 일은 상세한 계획이라는 측면에서 지역 당국의 규칙과 규제를 넘어서야 했고, 날씨 변화도 예측해야 했다! 또한 민족지학자이자 이야기 코치로서 내 역할에 관해서도 마음에 쓰였다. 내 책임은 개인들과 집단들이 은밀하게 들려준 이야기를 전하는 동시에, 그 이야기에 기여한 참여자들을 치하함으로써 그들이 마땅히 받아야 할 존중을 확실하게 돌려주어야 하기 때문이었다. 또한 모든 이해 당사자들에게 감사의 말을 전해야 했기 때문이다.

✍ **연습 9-6   공동체 코칭**

당신은 다양한 공동체들을 위해 코칭을 해본 경험이 있는가?

당신이 직면한 어려운 점과 도전거리들은 무엇이었나?

그것을 어떻게 이겨냈는가?

어떤 접근방식을 사용했나?

지역사회에서 또 다른 코칭 프로그램을 진행하라는 부탁을 받는다면 무엇을 할 것인가?

....

....

....

....

사례연구 5 공동체 코칭 카페

'공동체 코칭 카페Community Coaching Cafe: CCC'라는 이 프로젝트의 목표는 영국의 세인트 네오티스St. Neots라는 장터 마을의 지역사회 리더들과 기업가들, 자원봉사자들, 그리고 집단들 사이에서 지식과 기술과 경험을 공유하는 것이었다. 내 역할은 그 단체(공동체 이익 기업)장의 동료로서, 그 지역 코칭심리학자들이 동료끼리 연습하는 그룹에서 동료 슈퍼바이저가 되는 것이었다(이에 관한 정보를 더 얻으려면 Shams and Law, 2012 참조).

과정

20명 이상의 자원봉사자들(여성 75%, 50대 이상 60%, 백인 85%, 남미인 5%, 흑인 등 기타 인종 10%, 장애인 12%)에게 이틀에 걸쳐 10시간의 코칭 훈련이 제공되었는데, 그 내용은 다양한 코칭 기법과 상담 원칙을 망라하는 것이었고, 슈퍼비전도 계속 병행되었다. 훈련받은 자원봉사자가 적절한 코치이와 짝을 이루었다. 어떤 경우에는 코칭 대화가 커피숍, 주점, 공원 같은 장소에서 이루어졌다.

✍ 연습 9-7 공동체 코칭 카페

이러한 공동체 코칭 프로그램이 직면할 어려움과 도전거리는 무엇이라고 생각하나?
공공장소에서 코칭 대화가 이루어지면 어떤 문제가 생길 수 있을까?
그런 문제를 당신이라면 어떻게 극복할 것인가?

┌───┐
│ .... │
│ .... │
│ .... │
│ .... │
│   │
└───┘

성찰

이 프로젝트에 참여하면서 우리가 학습한 점은 다음과 같다.

• 지역 공동체 서비스는 자원봉사를 통해 강화되어왔다.

• 학습 기회는 다양한 창의적 수단을 통해 제공될 수도 있다.

• 지역 공동체 내 역량을 멘토링하는 데 코칭 기술이 귀중한 지렛대 역할을 한다.

• 때로는 코칭이 안내자처럼, 가령 방향 안내라든지 특정한 조언과 실제적 정
  보를 제공하며 스며들 수도 있다.

• 성찰은 학습의 핵심 부분이다.

• 어떤 집단들에게는 지속적인 코칭 지원이 값진 일이 될 수도 있다.

• 상담처럼 코칭 대화는, 고립되어 있어 사회적 접촉이 필요한 많은 개인에게
  관계적 공간을 제공한다.

• 코칭은 사람들이 기술과 확신을 향상시키도록 도와주고, 그럼으로써 그 공
  동체가 번성하도록 돕는다.

• 코치들과 코치이들 모두 그 코칭 경험을 즐겼다. 그 경험으로 인해 그들은
  행동을 취하고, 경험적으로 학습하며, 그 학습 경험을 공유할 자리를 얻었다.

이러한 공동체 프로젝트를 위한 코디네이터가 되려면 속성, 지식, 기술을 포함해 어떤 자질이 필요하다고 생각하는가?

....

....

....

....

성공적인 사회적 기업을 만들기 위해 어디서 어떻게 지식과 기술을 얻어야 할까?

....

....

....

....

행동계획이 개발되었는데, 그 목표는 다음과 같다.

① 학습한 것을 더 넓은 공동체와 공유하기
② 공동체 복지 서비스 개발을 위해 추가 모금하기
③ 제3섹터를 위한 자원봉사 관리 자문기업 개발하기

평가

CCC 프로젝트의 평가가 보여준 것은 그 공동체 프로젝트에 대한 자각이 증가했다는 점이다. 그리고 기금 제공자를 포함해 이해 당사자들이 그 자원봉사자들이 달성해낸 것에 만족했다는 점이다. 그 결과, 회사는 앞으로의 프로젝트를 위한 기금을 획득했다.

코칭인가 상담인가: 사례연구

이 부분에서는 추가로 사례연구를 하나 제공할 것이다. 내 학생들과 동료들이 공통적으로 많이 직면해온 코칭 딜레마 중 하나를 다루기 위해서다. 이 특별한 사례는 어떤 동료가 제공한 것으로, 그가 CCC 프로젝트에서 경험한 것이다. 이 사례는 코칭에서 직면하는 전형적인 도전을 그려준다. 특히 코칭을 처음 시작하는 단계에 있는 사람이 부딪치는 문제를 그려준다.

칼(가명)은 분명하게 말로 표현하는 사람으로, 어떤 지역의 작가 그룹에 참석했다. 첫 주에 자신에게 커다란 의미가 있는 어떤 것에 관해서 쓰라는 요구를 받았다. 그는 자살을 시도한 일을 그리듯이 쓰기로 마음먹었다. 그의 글은 그룹 지도자를 아주 놀라게 만들었으며, 그녀는 그의 의사도 묻지 않고 나에게 그를 의뢰했다. 그러나 그것은 사전 허락을 받아야 할 일이었다. 그녀가 그를 돕고자 한다면 말이다. 칼은 병리적 우울증 전력이 길었고, 그 지역 정신건강 자선단체로부터 치료받던 중이었다. 그 치료에는 회복 계획이 이미 있었고, 그 계획에서 그는 과거 행위에 대한 책임을 수용하도록 요구되었다. 그는 아직도 주기적으로 자살하고 싶은 느낌을 받는다. 비록 지금은 그 느낌에 따라 행동하지 않을 거라고 스스로 말했지만 말이다. 그가 선호하는 자기 관리 스타일은 극심한 감정 기복이 있는 자기 실존에 관해 글을 쓰는 것이었다. 글쓰기가 감정을 해소해준다는 것을 알게 되었기 때문이다.

처음 통화를 하는 동안 그는 자원해서 자기의 자해 경험을 코칭의 그룹 토론을 위한 한 주제로 내놓았다. 그는 그 단계에서 지금 복용하는 약의 효과에 대응해 감정적으로 다시 균형을 잡으려 애썼고, 코치에게 자발적으로 열심히 말했다. 그리고 경험 있는 적절한 코치와 일대일로 대화할 기회를 얻으려고 애썼다.

그 팀 안에서 코치는 자기가 선택할 수 있는 것이 두 가지라고 보았다. 하나는 우울증을 앓는 사람들을 위한 인지행동치료 교실을 운영하는 전국적인 자선단체에 소속된 정신건강 분야 종사자에게 연락하는 것이었고(그러나 그때 연락되는 사람이 없었다), 다른 하나는 경험이 풍부한 가정폭력 긴급 구조 상담자에게 연락해 지원받는 것이었다.

칼이 코칭 회기에 목표로 삼은 것은 자신의 우울증과 상실에 관해 말하고, 어떻게 진행할지 아이디어를 조금 얻는 것이었다. 칼은 자기 삶이 그때 자기 '통제 바깥'에 있었다고 말했다. 그는 조울증 때문에 다시 복약하기 시작했고, 잘 자지도 먹지도 못하고 있었으며, 배우자가 아들을 데리고 가출했는데 어디로 갔는지도 몰라서 제정신이 아니었다. 그 회기들은 그가 다시 아들에게 접근할 수 있으려면 어떻게 해야 할지에 대해 그에게 주어진 선택거리들을 탐색하고, 그가 자기 아들에게 긍정적 영향을 주는 사람으로 보이도록 자신을 충분히 잘 관리하기 위해 취할 필요가 있는 단계들을 탐색하는 데 시간을 보냈다.

그 코치는 특히 무엇이 그를 이러한 상황으로 이끌어갔는지 검토해보도록 그를 격려했다. 그가 자신을 관리해 관계가 더 좋았던 때를 회상해보게 하고, 다시 그렇게 할 수 있도록 그를 격려하며, 배우자와 아들의 관점에서 자기 상황을 다시 바라보고 재정비하도록 도와주었다. 그리고 아주 개인적인 행동계획을 만들어내어 어떤 기회가 생기더라도 더 유리한 위치에서 그 기회를 활용하고, 아들과의 관계를 다시 형성하도록 도와주었다. 이렇게 전달된 자기 관리를 위한 다양한 도전거리는 행동 변화를 요구했고, 처음에는 그가 그 요구에

✍ **연습 9-10**

앞의 상황을 당신은 어떻게 평가하겠는가?
이 코칭 회기의 가치를 어떻게 평가하겠는가?
그 코칭 회기를 당신의 윤리강령 관점에서 본다면 어떠한가?
당신이 만일 그 코치의 동료로서 슈퍼비전을 한다면 무엇을 말해줄 것인가?
당신의 윤리강령을 참조한다면 여기에 어떤 윤리적 원칙을 적용할 수 있겠는가?

....
....
....
....

압도되는 것처럼 보였으나 두 번째 회기 말미에는 시도해볼 마음을 먹었다. 코치는 그에게 접근 권한에 관한 정보를 전송해주었다. 칼의 피드백에 따르면, 그는 이제 앞으로 나아갈 길을 얻었다고 느꼈다. 그는 코치가 "100% 효율적이고, 커피숍이라는 환경이 적절했다"고 평가했으며, "자기 목표가 부분적으로 달성되었다"고 생각했다.

이 사례연구에서 우리가 볼 수 있는 것은 실제 세상에서 코칭은 극복해야 할 도전거리가 아주 많다는 것, 그리고 때로는 코칭과 상담 사이에 선을 긋기가 어려울 수도 있다는 것이다. 이에 대한 더 많은 논의는 앤드루 버클리Andrew Buckley와 캐럴 버클리Carole Buckley(Buckley and Buckley, 2006)를 참조하라.

요약과 성찰

이 장에서는 코칭이 실제 세상에 어떻게 적용될 수 있는지 본보기들을 살폈다. 당신은 아마도 각 사례의 복합성에 주목했을 것이다. 다양한 조직과 맥락에서 다중적인 이해 당사자들과 이야기가 겹겹이 쌓인 것을 알아차렸을 것이다. 이 사례연구들을 읽고 관련된 연습을 실제로 다 한 후에 당신이 어떻게 성찰을 행동으로 옮길지 배웠으며, 성찰기록을 작성함으로써 사례연구 자산을 개발할 준비가 되었기를 바란다. 이 장에서 논의된 틀과 부록에 있는 견본을 이용한다면 앞으로의 여정에 도움이 될 것이다.

평가와 증거기반 코칭
왜 중요한가? 어떻게 해야 하는가?

들어가는 말

코칭 문헌은 보통 어려운 기법들을 설명해준다. 평가는 코칭 과정에서 중요한 부분이지만, 실제로는 가장 무시되는 영역이다. 코칭의 성과를 향상시키고, 주류 심리학에서 코칭이 진지한 학문으로 수용되도록 개선해나가려면 공식적인 평가는 그 선결 요건 중 하나다. 평가는 코칭 회기 말미에 많은 코치가 하듯, 코치이에게 '어떻게 느꼈는지'를 그저 물어보는 것 이상이어야 한다.

　공식적인 평가 방법론이 수립되어왔지만, 보통 코칭이나 코칭 실습을 위해서라기보다는 대규모의 평가를 위해서만 사용될 뿐이다. 증거기반 평가가 임상(가령 의학과 임상 심리학의 개입)에 활발히 적용되어왔음에도, 코칭 실행을 위해 공식적으로 밟아야 할 절차로는 지금까지 수립되지 않았다. 이는 코칭과 코칭심리학 둘 다에서 주요한 비판거리 중 하나가 되어왔다. 코칭, 특히 코칭심리학은 평가를 점점 더 코칭 개입의 공식적 부분으로 간주한다. 이 책을 쓰는 시점에도 어떤 공식적인 평가는 여전히 비교적 거의 없지만, 주요한 실천으로 간주된다. 코칭이 계속 활발히 이루어지려면 코칭 업계와 개별 코치들이 긴급하게 행동을 취할 필요가 있다.

이 책 전반에서 강조해왔듯이, 코칭의 효율성과 코칭 적용에 대한 증거기반 평가가 분명히 필요하다. 내가 이 장에서 제안할 것은, 코칭에 대한 평가가 분석의 수준에 달려 있다는 점이다. 평가 방법이 적절한가? 누구에게 적절한가? 어떤 맥락에서 적절한가? 어떤 목적을 위해 적절한가? 이런 질문들이 10장의 핵심을 이룬다.

✍ **연습 10 - 1**

'코칭에서 증거'란 무엇을 의미하는가?

....

....

....

....

증거를 가지고 내가 의도하는 바는 다음과 같다.

- 잘 수립된 심리학 이론이나 코칭 모델을 실행에 적용하는 것, 또는
- 실행의 효율성을 평가하는 것

이 장은 코칭과 멘토링 프로그램을 위한 평가의 방법론·수단·기법을 요약한다. 그래서 당신 자신의 코칭 실행을 단계별로 평가할 틀을 제공해준다.

첫째로는 여러 수준의 평가를 논의하고, 그다음에는 평가 방법론의 세부적인 사항들을 제공할 것이다. 이는 코칭 모델 개발, 디자인, 적용, 훈련이라는 의미에서 코칭의 맥락과 연결된다.

평가 수준

코칭 실행자와 코치가 보통 많이 알고 있듯이, 코칭 프로그램의 규모는 제각기 다르고, 그러므로 평가도 각각이다. 단회기의 프로그램도 있고 서너 달에 걸친 프로그램도 있다(때로는 대규모의 조직체를 위해 프로그램이 변하기도 한다. 그 조직체가 1년 이상 프로그램을 운영할 수도 있기 때문이다). 맥락에 따라서 평가는 다음과 같은 수준으로 이루어지기도 한다.

① 개인
② 그룹
③ 조직체
④ 사회

코칭 실행의 효율성은 두 가지 방식으로 평가될 수 있다.

• 코칭 여정의 시작과 마지막 상황을 비교함으로써
• 코치이와 아닌 사람들을 비교함으로써

✍ **연습 10 - 2**

당신 자신의 코칭 실행을 다음의 측면에서 어떻게 평가할 것인가?

1. 개인
2. 그룹
3. 조직체
4. 사회

....

....

....

....

도널드 커크패트릭Donald Kirkpatrick(Kirkpatrick, 1959)이 개발한 평가 방법이 일반적으로 훈련에 많이 사용되어왔는데, 코칭 적용에도 적절할 수 있다. 이 평가 모델은 네 가지 수준으로 이루어진다.

① 프로그램과 계획된 행동에 대한 반응
② 학습
③ 행위 변화
④ 사업 결과

개인 수준에서는 코치와 코칭을 실행하는 사람들이 코치이로부터 피드백을 수집하는 일이 아주 빈번하다. 이는 '5등급 리커트 유형five-point Likert-type'의 정교한 피드백 형식부터, 한 회기나 프로그램 말미에 개별적으로 비형식적 질문을 던지는 것에 이르기까지 다양하다. 이런 질문은 커크패트릭의 모델 중 1단계만 파악할 수 있다. 즉, 코칭이라는 개입에 대한 코치이의 감정 반응만을 파악할 수 있다. 그러나 이 수준에서는 코치가 그 실행으로부터 학습(2단계)할 수 없고, 어떤 코칭 성과가 가능할지 평가할 수 없다. 가능한 코칭 성과란 많은 경우에 행위 변화(3단계)로 나타나는 성과다. 조직체를 위한 코칭 프로그램은 보통 '투자 수익Return On Investment: ROI'과 같은 사업 결과에 대한 평가를 요구하곤 하지만, 내가 말하고 싶은 것은 개인을 위해서도 코치는 자신의 코칭 개입이 비용에 합당한 가치가 있음을 보여주는 것이 중요하다는 점이다. 코칭이 무료로 제공된다 할지라도 코칭에 요구되는 시간과 기타 자원들(4단계)에 합당할 만한 내용이어야 한다는 점이 여전히 중요하다. 따라서 코치와 코칭 실행자들은 커크패트릭 모델의 네 수준 모두에 따라 자기의 실행을 평가하려는 생각을 해야 한다고 우리는 권한다. 그 실행이 개인을 위한 것이든 조직체를 위한 것이든 상관없다. 분명히 말하지만, 단회기를 위해 형식적 평가를 수행하는 것은 비용 효율적이지 않을 것이다. 이런 경우에 내가 제안하는 것은 코치가 잘 검증된 코칭 기법을 이용하고, 개별적 피드백을 수집해서 자신의 코칭 효율성에 대한 지속적 평가의 부분으로 삼는 것을 여전히 목표로 해야 한다는 것이다.

집단 코칭을 위해서는 앞에서 말한 동일한 원칙이 적용되어야 한다. 평가 데이터가 하나의 큰 세트가 될 것이다. N명의 참가자가 있는 그룹은 한 코칭 회기에 관한 N개의 데이터 세트가 생길 것이다. 따라서 더 세밀하게 고안된 질의응답서와 방법론이 가치 있다고 할 수 있다(예를 들어 Law and FitzGerald, 2012).

대규모 평가

조직체 수준은 보통 구매 주문서를 올리는 코칭 구매자(예컨대 인사 담당 매니저)와 연관된다. 대규모 코칭 프로그램은 대규모 평가를 요구하기 쉽고, 처음부터 요구 사항 제출서와 코칭 계약서의 부분으로 평가서가 포함되는 경우가 아주 많다. 코칭 구매자의 관점에서 보자면 평가는 더 큰 틀의 한 부분일 뿐이다. 영국의 공공 분야, 즉 산업통상부(Department of Trade and Industry, 2006)는 재무부HM Treasury(Her Majesty's Treasury)의 『그린북Green Book』 안내서(HMSO, 1997)에 따라 ROAMEF 틀을 추천하기 때문이다. 이 틀은 다음의 요소들로 이루어진다(그림 10-1 참조).

① 근거Rationale
② 목적Objectives
③ 감정평가鑑定評價, Appraisal
④ 모니터링Monitoring
⑤ 가치평가Evaluation
⑥ 피드백Feedback

1단계: 근거

ROAMEF 틀에 따르면, 코칭 프로그램 구매를 조금이라도 고려하기 전에 첫째 단계로서 그 의도에 반드시 근거가 있어야 한다. 근거는 두 가지, 즉 **필요와 혜택**이다. 한 조직체에서 필요란 개별 피고용자(코치이)보다는 조직체의 관점에서 고려되는 경우가 아주 많다. 제시된 코칭 프로그램의 혜택이 비용보다 커야

그림 10-1   ROAMEF 통합 틀

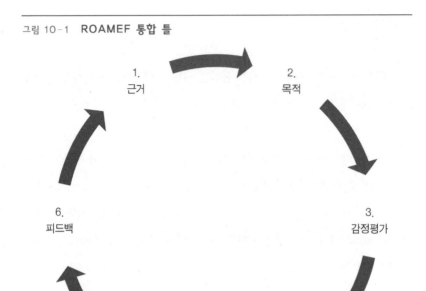

자료: http://www.hm-treasury.gov.uk/d/green_book_complete.pdf

하고, 위험 감수보다 혜택의 비중이 커야 한다. 필요와 혜택이 둘 다 확인되어야 한다. 그래야 코칭 구매와 판매 비즈니스가 이루어진다.

근거로부터 수많은 선택사항이 발생될 수 있다. 코칭 개입이 아닌 다른 대안의 해결책이 있을 수도 있다. 코칭을 선택하더라도 코칭 기법이라는 의미에서 보면, 예컨대 CBT, GROW 모델 등 경쟁 가능한 제안들이 많다(⇨ 연습 10-3).

앞의 질문에 대한 대답은 왜 코칭 기법 각각이 그 장점·효율성·효과의 의미에서 평가되어야 하는지 알 수 있는 지표를 제공하는 것이어야 한다.

위험도 평가라는 의미에서는 부정적으로 나올 수 있는 결과들이 함축하는 의미는 무엇일지, 즉 그 조직체에 어떤 역효과가 있을지 그 프로그램을 주도하는 사람이 고려해야 한다. '아무것도 하지 않는 선택'도 늘 가능한 선택 중 하나다.

2단계: 목적

두 번째 단계는 제시된 코칭 프로그램의 목적을 서술하는 것이다. 이는 코칭 개입이 **어떻게** 달성될 수 있는지보다는 그 개입이 **무엇을** 달성하도록 의도되었는지 설명한다. 예를 들어, 코칭이나 CBT 코칭을 구매할지에 대한 물음이 이 단계에서는 논의될 필요가 없다.

3단계: 감정평가

이 단계는 코칭 제안을 비즈니스가 되도록 하는 데 가장 중요한 부분이다. 이미 제시했듯이, 고려해볼 선택거리가 경쟁적으로 많을 가능성이 높다(그중에는 "아무것도 하지 말라"는 선택도 있다). 그 선택거리들이 제각기 이미 확인된 목적에 맞는다고 주장할 수도 있다. 아무것도 하지 않는 선택이, 골라낸 선택을 측정해보는 기준선 역할을 해야 한다. '비용~혜택 분석 Cost-Benefit Analysis: CBA'은 보통 사적 영역에서 이용된다. 공적 영역에서는, 특히 혜택보다는 삶의 질에 관한 적용들을 위해서 '비용-효율성 분석 Cost-Effectiveness Analysis: CEA'이 대신 이용된다. 두 경우 모두 코칭 개입 비용은 양적으로 계산되어야 한다. 예를 들어 "프로그램 X는 열두 달에 걸쳐 1만 5000파운드의 비용이 들고, 그 결과로 200명의 매니저가 코칭 기법으로 훈련될 것이다. 그래서 그들이 변화 프로그램을 더 잘 운용할 수 있게 해줄 것이다." 이런 예에서는 매니저들이 변화를 **어떻게** 더 잘 운영할지 아직 구체화되지 않는다.

4단계: 모니터링

코칭 프로그램이 일단 성공적으로 감정평가가 되면, 그 진전 상황을 계속 모니터해서 계획에 따라 수행되고 있는지를 확실히 해야 한다. 코칭 프로그램에서는 코치이에게 자신의 학습과 경험을 기록하는 일지를 계속 쓰도록 요구하는 것이 쓸모 있다. 이는 그들이 무엇을 배웠는지 성찰할 뿐 아니라 매니저와 코치가 그들의 발전을 모니터할 수 있도록 해줄 것이다. 그 정보는 또한 그다음 단계인 가치평가를 위해서도 유용할 수 있다.

5단계: 가치평가

가치평가의 일차적 목적은 목표들과 관련이 있다.

- 목표들이 달성되었는가?
- 어느 정도로 달성되었는가?

코치와 코치이 양쪽 다 자신이 배운 것의 가치 또한 평가해야 한다.

- 그 코칭 프로그램에서 나는 무엇을 배웠는가?
- 프로그램 동안 기대치 않은 어떤 놀라움이 있었는가?
- 내가 앞으로 다르게 행할 일은 무엇인가?

앞의 질문들은 지속적 전문성 개발의 일부가 될 것이다. 코치에게는 이것이 장래의 코칭 실행을 다듬는 데 아주 중요하다. 공식적인 방법론이라는 의미에서 볼 때 두 가지 유형의 가치평가가 있다(Law, Ireland and Hussain, 2007).

- 과정 가치평가
- 영향력 가치평가

그림 10 - 2 **가치평가 방법론**

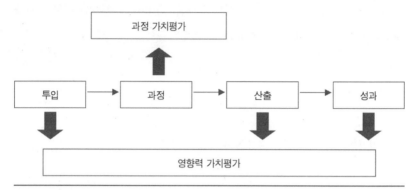

자료: Law, Ireland and Hussain(2007).

이 두 가지 접근방식은 서로 보충된다(그림 10-2 참조).

과정 가치평가

과정 가치평가의 목표는 시행 국면의 코칭 과정을 분석하고, 그 과정과 관련된 코칭 활동의 성패를 평가하는 것이다. 무엇이 효과가 있었는지를 이해하고, 그

✍ **연습 10 - 5**

당신이 수집한 사례연구를 성찰하라. 당신 자신의 사례든 9장에 서술된 사례든 상관없다. 다음의 질문을 고려하라.

어떤 코칭 기법이 코칭 성과에 가장 많이 기여했는가?

....

....

....

....

래서 장래의 코칭 접근방식이 개선될 수 있으려면 코치는 **과정** 가치평가를 항상 해야 한다. 좋은 실행의 정보, 예를 들면 그 코칭 과정 중에 성공한 이야기 같은 정보를 수집하는 일도 가치평가에 포함된다.

코치이가 코칭 활동에 대해 서술한 것을 수집할 수도 있다. 이것이 바로 코치가 성찰기록을 계속 작성하는 일이 아주 중요한 이유 중 하나다.

코치이와 반쯤 구조화된 면담 또한 사례연구를 보충하는 데 사용되기도 한다. 코치는 또한 다른 이해 당사자들의 견해를 구할 수도 있다. 수집된 데이터는 주로 질적인 것이다.

영향력 가치평가

그림 10 - 3 **영향력 가치평가**

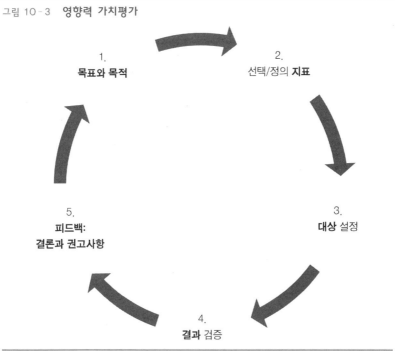

1.
목표와 목적

2.
선택/정의 **지표**

3.
대상 설정

4.
결과 검증

5.
피드백:
결론과 권고사항

자료: Law, Ireland and Hussain(2007).

영향력 가치평가는 뒤를 향해 움직인다. 그것은 코칭 프로그램의 성과를 그 프로그램의 산출과 투입에 연결시킨다. 코칭 개입이 어느 정도나 그 목표를 달성했는지 평가하는 것은 가장 엄격한 방법이다. 보통 증거기반 척도를 요구하기 때문이다. 그것은 또한 이해 당사자들에게 **비용값**을 했는지 보여주는 강력한 도구가 된다. 수집된 데이터는 보통 양적이다. 따라서 통계분석이 수행될 수 있다. 영향력 가치평가의 핵심 단계는 코칭 목표와 목적에 연결되는 핵심 수행지표들을 확인하는 것이다(그림 10-3 참조).

양적 분석과 코칭 모델 평가

앞부분에서 보여주듯이 공식 평가는 사소한 과제가 아니다. 그 과정은 비용과 자원이라는 의미에서 상당한 투자가 요구된다. 엄격한 형식의 평가를 해야 하는 활동이나 코칭 프로그램이 많지는 않다. 그런 평가는 조직체가 평가를 맡겼을 때 해야 하는 과제일 뿐 아니라 장기간의 조사연구와 과목 개발을 위해서도 요구된다.

한 과목으로서 코칭심리학은 그 발달이라는 의미에서 볼 때 비교적 유아기 상태에 있다. 따라서 코칭심리학이 발전하려면, 즉 코칭 모델·디자인과 적용·훈련이 발전하려면 각 단계에서 이루어지는 공식적인 가치평가 사례가 더 많아져야 한다(⇨ 연습 10-6).

그 코칭 모델에 관해 다음과 같은 질문을 할 수도 있다.

• 그 모델은 어떻게 평가되는가?
• 그것이 잘 작용하는지 어떻게 아는가?

코칭심리학자로서 또는 코칭 프로그램을 위임하는 사람으로서 당신은 코칭 모델에 관해 어떤 질문을 할 것인가?

....

....

....

....

- 작용하게 만드는 핵심 요소들은 무엇인가?
- 그 핵심 요소들이 성과에 어떻게 영향을 미치는가?

  가능한 한 어떤 엄격한 양적 분석도 반대해온 주장 하나는, 코칭이란 말 그대로 개인들 간의 대화이며, 코치이 중에는 '업무 수행 능력이 높은 사람high performer'이 보통 많다는 것이다. 각 개인이 (모두 인간적 특성들을 가진) 하나의 단일 사례이고, 따라서 통계적 분석을 평가에 사용하는 것은 부적절하다고 많은 코칭 실행자들이 공격해왔다. 그 주장을 위해 인용되곤 하는 전형적인 예는 다음과 같다. 100명의 코치이가 있다면(N = 100) 그 통계가 보여주는 것은 단지 그 평균치이고, 그 평균적 코치이의 특성을 알려줄 뿐이다. 아니면 개연성 probability이 0.5일 때(p = 0.5), 어떤 패턴도 없는 것이기보다는 두 개의 의미심장한 패턴이 있는 것일지 당신이 어떻게 아는가?

  이러한 주장은 그 주장을 하는 코칭 실행자가 '진실'에 대한 지식보다는 통계적 평가에 관한 지식이 결여되어 있음을 반영한다. 이전 사례에서 '업무 수행 능력이 높은 사람'에 대한 대규모 조사연구에 관여했던 유능한 연구자라면 누구든지 표본추출을 할 때 그런 사람들과 그렇지 못한 사람들을 섞어 평균을 내지 않아야 한다는 점을 알 것이다. 그들은 업무 수행 능력이 높은 집단을 연구하면서 그들의 평균치를 잡는다. 가령 요인분석과 같은 적절한 통계 기법을 이용하면서 그들의 공통적인 주요 요인들(예: 고도의 인지 역량, 신속한 학습, 기억의 긴 주기)이 확인될 수 있다. 그 그룹으로부터 나온 평균 수행도는, 그와 달리 뒤섞인 그룹의 평균 수행도보다 의미심장하게 높을 것이다. 그래서 핵심은 그 평가를 어떻게 '고안'하고 '조절'하느냐에 있다.

다시 한번 말하자면, 후자의 경우(p = 0.5)에 통계분석을 어떻게 할지 배운 사람들은 당신이 그 개연성의 가치를 그냥 넘어가지 않으리라는 점을 어느 정도 알 것이다. 그 통계적 테스트를 이용하려고 하기 전에 당신이 먼저 그 데이터 세트와 패턴을 검토하리라는 것, 즉 산점도散點圖, scatterplot를 행하리라는 점을 그들은 알 것이다. 그 견본에서 만일 두 개의 의미심장한 패턴이 나타난다면 '이항二項, binomial'분포라는 점을 전문가의 눈은 알아낼 것이다. 통계적 테스트로부터 어떤 단일한 추론을 이끌어내려면 많은 조건이 만족되어야 하고, 그 중 하나가 '정상'분포다. 이러한 관찰에 대한 해결책은 한마디로 두 개의 견본을 분리하고, 그에 따라 적절한 통계 테스트를 고르는 것이다.

과학적인 어느 영역에서나 마찬가지로 코칭 연구에서도 실증이 문제되지는 않는다. 개인적인 선호도가 문제일 뿐이다. 지금까지 코칭 모델의 대부분은 GROW와 UIF/ILS 같은 서술적인 것들이었다(Law, 2013). 더구나 코칭 적용에서 코칭 적용의 성과가 왜 증거기반 영향력 가치평가의 대상이 될 수 없는지 말할 수 있는 이유란 없다.

조사연구와 증거기반 코칭

코칭 업계에서 제안한대로, 코칭의 어느 모델에 대해서도 그 평가 기준은 **효과가 있는지** 여부이다.

이 질문을 코칭 실행으로 번역해 말하자면, 코칭 모델이 다음 두 세트의 질문을 만족시키는가이다. ① 그 모델이 학습될 수 있는가? ② 그 결과가 반복 가능한가? 달리 말하자면, 그 전문 코치가 사용한 모델을 다른 코치가 학습한 후 사용할 때 동일한 결과가 나올 수 있는가?

그러나 ① 학습과 ② 반복성을 위한 특정 범주는 막연하게 정의되어왔을 뿐이며 더 조사연구 되어야 한다. 이 말은 모델을 다듬고 새로운 코칭 모델을 개발하는 데 중요한 함의를 품는다. 지금까지 이 과정은 대단히 수공업적이었고, 그렇게 하는 코치의 독창성과 직관에 의존해 시행착오를 거쳐 작용했다. 예컨대 NLP 코칭 모델은 밴들러와 그라인더가 다듬었는데, 그들은 모델 규정의 단계마다 체계적으로 테스트하면서 그 단계가 빠지더라도 모델이 동일한 결과를 만들어내는지 보았다. 그렇게 함으로써 그 모델의 인간적 특이성을 어느 정도 제거하는 데 성공했다. 따라서 그 결과로 나온 모델이 포괄적일 수 있다.

조사연구 관점에서 볼 때 앞의 과정은 괴롭고도 극히 비효율적이다. 만일 한 코칭 모델 안에 수천 가지 변수가 있다면 어떻게 할 것인가(그리고 한 프로그램이 서로 다른 많은 코칭 모델과 기법을 이용할 수도 있다)? 그 결과로 나온 코칭 모델은 실제로 복잡하기 쉽다. 시행착오를 거치는 방법을 이용하는 것은 실제로 불가능하다. 이는 과학적인 한 분야로서 코칭을 개발하는 과정에 장애물을 놓는 것이 된다.

더 많은 참여자와 함께하는 대규모의 조사연구 프로그램이 이용하는 양적 분석이 더 효율적인 해결책을 제공할 수도 있다. 이는 또한 공식 평가를 가능하게 만들 것이다. 더구나 개발된 모델들이 이론을 근거로 한다면(기존의 심리학 원리들에 의해 인도된 것이라면), 그것들은 어느 코칭 모델이 특이한지를 보여주기가 더 쉽다. 그 이론과 엄밀한 평가 방법론을 합침으로써 이런 식으로 발생된 코칭 모델은 증거기반 모델이 될 가능성이 더 많고, 현행 실행기술current state of art이 제공할 수 있는 영향력보다 더 큰 영향력을 개인과 조직체에 미칠 가능성이 더 높다. 파머(Palmer, 2007: xi)가 지적했듯이 "증거기반 실행을 적용하는 것은 코칭과 멘토링이라는 직업이 직면하는 도전이다. 우리의 실행에 대한 정보를 줄 수 있으려면 더 많은 조사연구가 필요하기 때문이다."

정말로 증거기반 코칭은 코치들이 자신의 실행에 채택하기를 염원하는 '아주 높은 표준'이 되어왔다. 많은 코치, 특히 NLP 코치들의 주장에 따르면 코칭은 하나의 예술art이며, 그렇기 때문에 평가를 위해 실험적인 디자인을 이용하는 것은 적절치 않을 수도 있다. 더구나 코칭은(특히 리더십 코칭에서는) '고도의 성취자'를 코칭하는 경우일 때가 많고, 그런 사람들은 보통 (대표적이라기보다는) 예외적이라는 것이다. 그러나 이것이 (9장에서 보여주듯이) 늘 사실인 것은 아니다. NLP(그것의 두 번째 모델: 표상적 모델)조차 특정 개인을 모델로 하기보다는 집단 관찰에 근거해 개발되었다(그 집단의 사람들은 게슈탈트 치유 집단에 속한 사람들이었고, 천재들도 아니었다. 이것이 여기서 내가 주장하려는 점은 아니지만 말이다). 내가 주장하고 싶은 것은 주의 깊게 고안된 평가계획과 적절한 통계 방법을 통해 공식적인 코칭 모델과 비공식적인 코칭 모델이 둘 다 성취될 수 있다는 점이다.

개인 코칭에 평가 전략 적용하기

지금까지 코칭 실행은 대부분 일대일 코칭(또는 그룹 훈련)에서 이루어졌다. 많

✍ 연습 10 - 7

당신에게 단 한 명의 코치이가 있다면, 앞에서 서술된 공식 평가 전략을 개인 코칭 회기에 어떻게 적용하겠는가?

....

....

....

....

은 코칭 실행자에게 평가에 대한 적절한 질문일 수도 있는 것은, "앞에서 말한 공식 평가 전략이 개인 코칭 회기에 적용될 수 있는가?"이다. 이미 보여주었듯이 이 전략은 가능하고, 정말로 추천된다. 확실히 우리가 주장할 수 있는 것은 코칭 실행이 이런 평가 실행 때문에 잘 형성된다는 점이다. 예를 들어 영향력 평가의 핵심 요소는 그 프로그램의 **성과**다. 개인의 수준에서 코칭에 관한 코칭 질문 또한 잘 형성된 성과에 관심을 둔다.

그 '성과' 요소는 코칭 실행의 근본적인 특징으로 간주된다. 코칭에서 성과는 '잘 형성될' 필요가 있다(예를 들어 SMARTER 목적들처럼). 성과를 정의할 때 다음의 목록을 점검표로 이용할 수도 있다.

- 성과가 긍정적인가? 당신은 무엇을 원하는가? 무엇이 보상인가? 그것이 당신을 어떻게 도와주는가?
- 그 개인은 그 목표를 자기 것으로 삼는가? 당신은 어떻게 그가 그렇게 하도록 만들 것인가? 당신은 무엇을 할 것인가? 만일 그가 동의하지 않는다면 어

떻게 할 것인가?

- 그것은 구체적인가? 당신이 이 목표를 언제 달성하는지 어떻게 알 것인가? 그렇게 수행하는 기준들은 무엇인가? 당신은 그 기준들을 어떻게 검증할 것 인가?
- 당신은 실제로 이 목표를 달성하기 원하는가?
- 당신이 이것을 해야 한다고 누가 말하는가? 이것이 당신에게 어떤 도움이 될 것인가? 그래서 어떻다는 것인가?
- 그 성과가 현재 행위의 부산물을 담고 있는가? 당신이 목표 달성을 위해 사 용하는 현재의 방법으로부터 어떤 긍정적인 것을 얻으리라 생각하는가? 어 떤 식으로 이 긍정적인 것들이 당신의 새로운 목표 달성에서 보존될 것인가? 그 긍정적인 것들 중에서 새로운 목표를 달성하기 위해 옆으로 치울 필요가 있는 것들이 있는가? 당신은 이를 어떻게 잘 종합할 것인가?
- 그 성과가 당신의 주변 상황과 어울리는가? 그렇지 않을 때가 있는가? 당신 의 어떤 부분이 이 맥락에서 그렇지 못하게 만드는가?
- 언제 이 목표를 달성할 것인가? 그때 그 목표를 전부 달성할 것인가? 아니면 일부만 할 것인가?

그러므로 성과의 평가와 코칭 평가는 연결되어야 한다는 결론이 난다. 이것 이 코치이가 성과를 잘 내도록 보장해줄 것이고, 코치가 자기의 코칭 실행을 개선할 데이터를 계속 수집할 수 있게 보장할 것이다.

6단계: 피드백

평가를 완수한 후에 당신은 고객과 코치이에게 피드백을 제공해야 한다. 형식은 달라도 된다. 구두 보고일 수도 있고 서면 보고일수도 있다. 공식적인 것일 수도 있고 비공식적인 것일 수도 있는데, 이는 프로젝트의 성격에 달려 있다.

✍ 연습 10-8

당신은 코치이에게 개별적으로 어떻게 피드백을 제공할 것인가? 또는 어떤 조직체를 위해서 그 프로젝트를 후원한 고객에게 어떻게 피드백을 제공할 것인가?

....

....

....

....

요약

이 장에서 배운 것은 과정과 영향력의 가치평가라는 측면에서 할 수 있는 공식평가의 틀에 관해서다. 이 틀이 다른 수준들에서, 즉 개인·그룹·조직체에서 어떻게 적용될 수 있을지 보았다. 그 이상의 수준에서 이루어지는 평가도 있다. 사회의 평가가 그것이다. 그러나 이는 이 장에서 다룰 범위를 넘어선다. 나는 코칭 모델의 개발과 평가에 대한 엄격한 조사연구 프로그램을 주창하고, 또한 양적 접근법과 질적 접근법을 둘 다 평가에 적용해야 한다고 주창했다. 양적 접근법은 코칭 개발에서 비교적 무시되어온 영역이다. 코치와 코칭 구매자는 다음과 같이 해야 한다.

- 공식 평가 과정을 코칭 프로그램의 일부로 수립해야 한다.
- 목적에 적합한 평가 전략을 개발해야 한다.
- 처음부터 후원자, 고객, 코치이와 함께 평가 방법을 논의해야 한다.
- 코칭 모델을 만들고 적용하는 것에 관해 지속적으로 조사연구 하고 개발해야 한다.
- 후속 학습과 평가를 위해 코칭 일지를 보관해야 한다.

성찰과 자원

어디에서 후속 훈련, 지원, 정보를 받을 수 있는가?

이제 당신은 이 책을 거의 다 읽었고, 코칭심리학의 연습을 많이 해보았을 것이다. 결론을 내리는 이 장에서 권하고 싶은 것은 지속적 전문성 개발과, 필요할 경우 후속 훈련의 착수에 담긴 의미를 고려해보라는 것이다. 이 책의 마무리가 당신의 코칭 여정에 의미심장한 시점으로 남을 것이다. 이는 당신이 전문가, 즉 특정 분야에서 경험 많은 실행자가 되어가도록 통과의례를 제공한다. 당신은 전문가라는 것이 무엇을 의미하는지 성찰하고 싶을 수도 있다.

개인적인 성찰

하나의 전문직으로서 코칭심리학은 먼 길을 걸어왔다. 영국에서는 2004년 영국심리학회 내부에 '코칭심리학 분과 특별그룹'이 형성된 이래 2012년에 마침

내 코칭심리학자 등록부가 만들어졌다. 이는 심리학회가 코칭심리학 영역에서 전문성을 지닌 전문가를 인정해주었다는 표시가 된다. 또한 대중을 위한, 특히 코칭심리학의 서비스에 접근하기 원하는 코칭 구매자들을 위한 핵심 자료를 제공한다.

등록을 원하는 후보자들은 다음 사항을 갖추었는지 확인하도록 요구된다.

① 코칭심리학이 제공되는 (전문적·윤리적·법적) 맥락에 대한 지식
② 코칭 테두리, 비밀보장, 보고 의무 준수를 포함하는 전문적 역할의 책임과 한계 이해
③ 코칭심리학 안에서의 차이점들과 다양성에 관한 이슈 이해
④ 코칭심리학의 윤리 이슈들을 전달할 수 있고, 이런 이슈가 힘의 차이를 포함하는 코칭 과정에 어떤 영향을 미칠 수 있는지 이해
⑤ 코칭심리학 실행 시 안전한 환경이란 무엇을 의미하는지, 그리고 코칭 관계의 발전에 영향을 미칠 요소들이 무엇인지 이해
⑥ 각기 다른 코칭과 코칭심리학의 틀·지향·방법에 대한 지식과 경험
⑦ 고객과 계약·협상하는 기술과 경험
⑧ 코칭 관계를 만들고 발전시키며 유지하는 기술과 경험
⑨ 전문적인 코칭심리학 구성에 관한 지식, 여기에는 평가 절차, 개입, 실행자 역할에 대해 변화하는 기대가 포함됨
⑩ 경영 이론에 대한 지식과 코칭심리학에 적용하기 적절한 기타 전문성
⑪ 코칭심리학을 제공하기 위한 다양한 매개물(자기 보고서, 심리측정, CD, 동료 보고서, 평가서)에 대한 지식
⑫ 코칭심리학 평가를 위한 지식과 평가 과정에 대한 지식. 여기에는 고객으로부터 코칭심리학의 성과에 대한 기대와 진보에 관한 인식을 피드백 받는 방

법을 둘러싼 지식이 포함됨

⑬ 코칭심리학 이론과 실행의 발전에 대한 정보를 최신 상태로 유지하고 코칭
심리학 CPD에 참여(BPS, 2012)

현재 BPS 등록부는 공인 심리학자들에게 공개되어 있는데, 그들은 SGCP에
만 속한 회원이기도 하다. 그러나 등록된 코칭심리학자가 될 수 있도록 개개인
에게 훈련 통로가 곧 제공될 것으로 예상된다.

이 책의 전문성 개발의 통로를 따라 나와 함께 지금까지 온 사람들은 그 길
이 쉽지 않음을 알 것이다. 새로운 전문직이 어떤 것이어야 하는지에 관한 이
해 당사자들의 다양한 의견을 극복하고, 그 견해들을 집합적인 행동으로 변화
시키는 일은 결코 쉽지 않은 과제다. 그러나 이 여정 내내 우리에게 분명해진
것은 우리의 윤리적 가치와 원칙을 개발·유지하는 것이 중요하다는 점이다.
코칭심리학은 새로운 전문직이지만, '인간으로 존재함'에 관한 것이라는 점에서
다른 심리학 훈련과 공통된다. 이는 사람을 돕는 일, 즉 그들이 자신의 포부·
희망·꿈을 성취하도록 돕는 일과 관련된다. 그 길을 따라 놓인 장애물들을 극
복하는 일에 관한 것이다(그 장애물이 환경적일 수도 있고, 문화적이거나, 사회적이
거나, 심리적인 것일 수도 있다). 이는 우리가 살아내는 경험에 바탕을 둔다. 그것
은 우리가 살아낸 경험들을 공유할 수 있다는 점에서 특혜받은 전문직이다.

이상의 것은 이 전문직의 부가적인 요건들을 부각시켜준다. BPS 등록부가
코칭심리학자에게 요구하는 것은 코칭심리학을 실행하기 위해서 자격을 갖춘
심리학자인 슈퍼바이저(즉, 공인 심리학자나 영국 보건전문직 심의회 Health Professions
Council: HPC에 등록된 전문인)로부터 지속적으로 슈퍼비전을 받아야 한다는 점이
다. 나라마다 그 요건은 다를 수도 있고 비슷할 수도 있다. 어찌되었든 슈퍼비
전을 받아야 하는 이유는, 코칭 지식·기술을 지닌 것과 별개로 코칭은 남과

윤리적으로 관계를 맺도록 요구하기 때문이다. 그리고 우리가 알고 있듯이, 코칭 맥락의 복잡함 덕에 코치이와 연관되는 적절한 전문적인 역할 유지가 때로는 무척 힘들다. 코칭 관계는 다른 관계(개인적이거나 상담 또는 치유 관계들)와 다르고, 다중적인 이해 당사자들 사이에서 전문적인 테두리를 유지해야 한다(Law, 2006). 지속적인 슈퍼비전과 CPD, 성찰기록의 작성과 보관이 도움이 될 것이다. 도움이 될 슈퍼비전과 CPD의 혜택은 다음과 같다.

① 자신의 경험(코칭 회기에 당신이 무엇을 했는지)에 관한 자각이 증가된다.
② 그 실행으로부터 배우는 것이 있다.
③ 개념적인 지식이 발전하고 자신의 코칭 모델이 다듬어진다.
④ 자신이 배운 것을 장래의 실행에 통합시킨다.
⑤ 기술을 개선해 장래에 어려운 점들을 극복한다.
⑥ 자신이 진보하고 있는지 모니터한다.
⑦ 균형과 복지를 유지한다.

　이 책에서 내내 강조해온 것은 학습이 코칭 실행의 토대라는 점이다. 또한 10장에서 주장했듯이, 코칭과 심리학의 '증거기반' 모델은 기존의 풍성한 이론과 실행을 제공할 때도 제시할 것이 많다고 나는 생각한다. 이 전문직의 장래를 위해 지속적으로 조사연구 하며, 증거기반 실행을 위한 토대를 개발하는 것이 중요하다. 이 책이 이미 당신의 첫 호기심을 만족시켰을지라도 당신은 더 발전하고 싶을 수도 있다. 지금 여기 이 순간이 당신의 코칭 여정에서 중요한 시점으로 표시될 것이다. 당신의 코칭이 미래로 전이된다는 의미에서 그렇다. 코칭의 용어로 말하자면, 변화를 향해 개방되는 시점이라는 의미에서 그렇다. 앞을 바라보며 이제 어떤 방향으로 여행할지, 조사연구와 학습·개발을 계속

할지는 당신에게 달렸다. 당신이 다음 여정을 출발해 그 길을 따라갈 수 있도록 돕기 위해서 이 장의 남은 부분에서는 후속 훈련과 문헌 읽기에 적절한 정보처를 제공할 것이다.

학문 기관, 전문 협회, 정부 조직체

코칭심리학에서 후속 훈련과 전문적 지원을 제공하는 조직체는 다음의 범주로 나뉜다.

- 학문 기관
- 심리학과 코칭심리학 전문 협회
- 등록된 심리학자들을 관리하는 정부 조직체

이들은 다음에 거명되어 있다. 명단을 보면 알게 되겠지만, 현재는 영국의 두 대학과 아일랜드의 한 대학만이 코칭심리학을 학문적인 과목으로 개설했다. 그 밖에 몇몇 기관이 코칭심리학을 (가령 심리학이나 코칭 자격과 같은) 그들의 핵심 프로그램에 심어놓았을 수는 있지만 여기에는 포함시키지 않았다.

학문 기관

이스트 런던 대학교 심리학 대학 스트랫퍼드 캠퍼스School of Psychology, University of East London(UEL) Stratford Campus

http://www.uel.ac.uk/postgraduate/specs/coachingpsychology-dl/

이 대학교의 심리학 대학은 적절한 학부 학위 그리고/또는 충분한 현장 경험이 있는 학생들에게 대학원 수준의 코칭심리학 과목들을 제공한다. 그 코칭심리학 프로그램에는 학위 과정은 아니지만 대학원 수료증Post Graduate Certificate과 대학원 디플로마Post Graduate Diploma가 있고, 이학 석사Master of Science: MSc 학위 과정도 있다. 또한 이 대학교는 다음과 같은 다양한 범위의 코칭 서비스를 제공한다.

- 매니저를 위한 단기 과정
- 전문 코치를 위한 전문가 단기 과정
- 코칭 슈퍼비전
- 대학원 수준의 코칭심리학 훈련
- 코칭 리서치
- 코칭 평가

런던 시티 대학교

http://www.city.ac.uk/psychology/reaserch/CoachPsych/CoachPsych.html

이 대학교의 코칭심리학과Coaching Psychology Unit는 2005년 12월 19일에 개설되었으며, 영국 최초의 대학 기반 코칭심리학과였다. 여기서 제공하는 박사 학위 프로그램은 자격 있는 심리학자들(예를 들어 영국 공인 심리학자나 등록 심리학자)을 위한 것이다. 여기서는 '코칭심리학'과 지금 개발 중인 이 '코칭' 영역의 모든 측면을 조사연구 하는 데 초점을 두며, 조사연구의 주제는 다음과 같다.

- 코칭심리학의 이론과 실행 개발

- 코칭과 코칭심리학 실행의 효율성
- 조직체의 코칭 투자 수익
- 코칭을 통한 리더십 개발
- 코칭 영역에 치유적 접근방식 채택
- 코칭, 코칭심리학, 멘토링, 상담, 심리치료의 경계
- 다문화적 배경 · 조직체 · 사회에서의 코칭
- 스트레스를 감소하고 수행도를 증강시키는 코칭
- 인터넷 코칭 개입
- 건강 코칭과 복지
- 긍정심리학과 코칭심리학

아일랜드 코크 대학교 응용심리학 대학School of Applied Psychology, University College Cork
www.ucc.ie/en/apsych/

아일랜드에서는 이 '응용심리학 대학'이 2013년 9월부터 도입될 예정인데, 아직 최종 확인이 필요하지만, 학부 졸업이 증명된 자들을 위한 코칭심리학, 그리고 비심리학자를 위한 코칭 석사 학위MA를 도입하려 한다. 이는 현재 개설된 대학원 프로그램과 병행될 것이다. 이 새로운 두 과정을 자세히 알려면 앞의 메인 링크에 들어가면 된다.

심리학과 코칭심리학 전문 협회

영국심리학회The British Psychological Soceity: BPS
http://www.bps.org.uk/(이메일: enquiries@bps.org.uk)

코칭의 인기 덕에 자격 있는 많은 심리학자가 점점 더 코칭심리학의 지식과 기술을 자신의 CPD의 부분으로 획득한다. 그들에게 코칭 그리고/또는 훈련을 제공한다면 믿을 만한 공급자가 될 것이다. 예를 들어 이 학회가 공인된 회원에게 요구하는 것은 대학원 수준의 자격증(가령 박사 학위나 이학 석사)과 공인 심리학자에게 슈퍼비전을 받은 확인증이다. 이것에 담긴 의미는 훈련 기간이 (보통 3년 걸리는 심리학의 첫 학사 학위를 포함해) 5년 정도 걸린다는 사실이다. 이 중 많은 경우, 2009년에 제정된 새로운 법령 아래 '보건전문직 심의회'를 통해 국가에 등록되고 관리된다. 따라서 코칭과 훈련을 제공하는 자격 있는 심리학자들이 추구하는 명칭은 '등록 심리학자' 그리고/또는 '공인 심리학자'일 것이다.

국제코칭심리학회 International Society for Coaching Psychology
http://www.isfcp.net/

국제적으로 새로운 이 단체는 2008년에 설립되었는데, 자국에서 자격을 인정받은 심리학자여야 하고(예를 들어, 영국에서는 '등록 심리학자' 그리고/또는 '공인 심리학자'), 지난 2년간 자신의 CPD의 일부로서 최소 80시간을 코칭심리에서 사용했음을 증명해 자신의 능숙함을 보여야 정회원 자격이 주어진다.

등록 심리학자를 관리하는 정부 조직체

'보건전문직 심의회 HPC'는 영국의 규제 기관이다. 이 기관은 공공 보호를 위해 설립되었다. 공공 보호를 위해서 훈련, 전문 기술, 행위, 건강의 정해진 기준에 도달한 보건 전문인의 등록 명부를 보관한다. 지금 이 책을 쓰고 있는 순간에는 16가지 직종의 전문인 20만 명 이상이 등록되어 있다. 2009년 7월 1일 이래로 임상 심리학자들은 HPC의 규제를 받는 열네 번째 직종이 되었다. 현재 코치이와 코칭심리학자가 HPC(또는 영국 정부의 어느 다른 단체)에 규제받고 있지는 않지만, 코칭을 실행하는 심리학자가 그 등록 명부에 들어 있는지 아는 것은 유용할 수도 있다(특히 코칭 서비스나 슈퍼비전을 찾는 자들에게 그럴 것이다). 2012년 8월 1일 HPC는 '건강과 돌봄 전문직 심의회 HCPC'로 개명했다. 이는 '건강과 사회적 돌봄 법령 2012 Health and Social Care Act 2012'에 따라 정부가 내린 결정으로, 그 심의회에 영국의 사회복지사들에 대한 규제를 행사할 수 있는 권위를 주었다. HCPC에 등록한 모든 사람이 '건강'이나 '돌봄'에서 일하는 것은 아니고, 그 심의회가 관리하는 다양한 범위의 직종을 더 잘 나타내기 위해 그 명칭이 선택되었다.

16개 직종 각각은 적어도 하나의 전문 호칭이 있어 법적으로 보호된다. 심리학자는 '임상 심리학자', '등록 심리학자'를 포함해 다른 다양한 형용사가 호칭에 붙는다. 이것이 의미하는 바는 이렇게 보호되는 호칭을 사용하는 사람은 누구라도 반드시 HCPC에 등록되어 있어야 한다는 점이다. 즉, 등록되지 않은 누군가가 자신이 등록되었다고(자격이 있다고) 주장하거나, 보호받는 호칭을 자격 없이 사용하는 것은 범법 행위다. HPC는 이런 범법자를 고발할 것이다.

만일 어떤 건강 직종 종사자가 그 기준에 미치지 못하면, HCPC는 행동을 취할 수 있고 실행을 금지시킬 수도 있다. 이는 당신이 받는 대우가 만족스럽지 않다면, 또는 등록 심리학자의 행위나 건강에 관해 염려된다면 HCPC에 항상 제소할 수 있다는 의미다. HCPC의 목표는 공공을 보호하며, 모든 이해 당사들이 '질의 관리 시스템 Quality Management System'(BSI to ISO 9001:2008)을 가지고 최고의 서비스를 제공할 준비가 되어 있도록 보장하는 것이다. 그 이상의 정보를 보려면 다음을 찾아보라.

건강과 돌봄 전문직 심의회

http:// www.hcpc-uk.org/

이미 언급한 대로 영국에서 자격 있는 심리학자들을 위해 고안해낸, 법적으로 보호받는 호칭은(그들이 코칭을 제공하든 훈련을 제공하든 어떤 다른 서비스를 하든) '등록 심리학자'일 것이다. 어떤 특정한 사람이 등록 심리학자인지는 다음의 웹사이트에 들어가 확인해볼 수 있다.

http://www.hcpc-uk.org/check/

그 등록 부처를 설립하는 태동 과정의 부분으로서 (이전에 BPS 등록부에 있었던) 공인 심리학자인 자격 있는 모든 임상 심리학자들은 HPC(지금은 HCPC) 등록 명부에 옮겨졌다. 그러나 BPS는 아직도 '공인 심리학자'인 회원들을 위해 명부를 유지하고 있다. 비록 이 호칭의 성격과 함의는 아주 다를지라도 말이다(즉, 회원을 가리키는 범주가 되었을 뿐이다). 어떤 사람이 공인 심리학자인지는 다음의 웹사이트에서 여전히 확인해볼 수 있다.

http://www.bps.org.uk/bps/e-services/find-a-psychologist/register.cfm

나라마다 심리학 임상을 규제하는 법제와 시스템이 다르다. 예를 들어 호주는 (HCPC와 유사한) '심리학자 등록 위원회 Psychologists Registration Board'가 지역마다 있다(예: 호주 서부). 당신은 당신 나라의 규정을 확인해보는 것이 좋다.

자신의 성찰기록 보관하기

| 1단계: 서술 | 중요한 사건이 무엇인지 확인하라. 무슨 일이 일어났는지를 서술하라(구체적인 경험에 초점을 맞추라).

1-1 **도입**

그 사건의 맥락과 이해 당사자들을 포함한 배경을 간략하게 서술하라.

....

....

....

....

1-2 **과정 요약**

그 과정을 간단명료하게 서술하라. 당신이 행한 것과 행한 이유를 진술하라.

....

....

....

....

| 2단계: 인지와 정서 | 당신의 생각과 느낌을 되돌아보라. 그렇게 하는 동안 무엇을 생각하고/느끼고 있었는가(만일 그것이 코칭/멘토링 회기였다면 그 코치이의 생각과 느낌에 관해 당신은 무슨 생각을 했는가)?

2-1 **기분**

감정을 서술하라. 당신은 어떻게 느꼈는가? 코치이는 어떻게 느꼈는가?

....

....

....

....

2-2 생각

당신은 속으로 무슨 생각을 하고 있었는가? 코치이는 무엇에 관해 생각하고 있었는가?

....

....

....

....

| 3단계: 분석 |　일어난 일을 이해하고 그 경험으로부터 의미를 이끌어내도록 노력하라.

성찰 1

그 경험으로부터 무슨 의미를 만들 수 있는가? 그 과정이 어떻게 잘 전달되었다고 생각하는가? 무엇이 잘되었고 무엇이 별로 잘되지 않았는가? 당신은 코치이/멘티의 신념 · 가치 · 경험과 당신 자신의 신념 · 가치 · 경험을 어떻게 이해하는가? 이 자아 가치와 개념이 코칭의 상호작용 속에서 코치이에게 어떤 영향을 미쳤는가? 그것이 이해되고 조정되었는가? 그 코칭 성과를 어떻게 변화시켰는가?

....

....

....

....

| 4단계: 평가 | 그 경험의 의도된 결과와 의도되지 않은 결과를 평가한다.

성찰 2

성찰 1을 해보니, 어떤 것을 다르게 하면 좋았을 것 같은가? 당신이 다른 무엇을 할
수 있었을까? 무엇을 배웠고, 장래에 무엇을 다르게 할 것 같은가?

....

....

....

....

| 5단계: 결론 | 학습한 의미와 교훈을 요약하라. 개선된 점을 찾으라.

성찰 3

모든 것을 감안할 때 당신의 결론은 무엇인가? 당신은 무엇을 배웠는가?

....

....

....

....

| 6단계: 행동계획 |　후속 학습과 개선을 위한 행동계획을 추천하라. 비슷한 상황이 다시 생긴다면 당신은 무엇을 할 것인가? 당신 자신/당신의 수행을 더 개선하고 발전시키기 위해 무엇을 할 계획인가?

> 이상의 학습의 결과로서 개인적인 계발 계획을 작성하라.
> ....
> ....
> ....
> ....

그리고 마지막으로 ……

> **지금 기분**
>
> 이상의 것을 달성했는데, 당신의 느낌은 지금 어떠한가?
> ....
> ....
> ....
> ....

참고문헌

Alexander, G. 2006. "Behaviouralcoaching: The GROW model." in J. Passmore(ed.). *Excellence in Coaching: Industry Guide* (pp.61~72). London: Kogan Page.

Alimo-Metcalfe, B. and P. Pritchett. 2008. "Coaching for transformational leadership: ELQ." in J. Passmore(ed.). *Psychometrics in Coaching*. London: Kogan Page.

Allan, J. and H. Law. 2009. "Ethical navigation in coaching psychology-a Socratic dialogue." *The Coaching Psychologist*, 5(2), pp.115~126.

Alii, A. 1977. "Orientation: principles, techniques, and philosophy of a ritual technology for self-initiation." http://www.paratheatrical.com(검색일: 2010.8.4).

_____. 2003. *Towards an Archaeology of the Soul*. California: Vertical Pool Publishing.

Allport, G. W. 1954. *The Nature of Prejudice*. Reading, MA: Addison-Wesley.

_____. 1961. *Pattern and Growth in Personality*. New York: Holt, Rinehart & Winston.

Anderson, A. G. and S. Ceicil. 2006. "Reflection on Athens." *Sport and Exercise Psychology Review*, 2(2).

Anderson, A. G., Z. Knowles and D. Gilbourne. 2004. "Reflective practice for sport psychologists: concepts, models, practical implications on dissemination." *The Sport Psychologist*, 18, pp. 188~203.

Anderson, R. C., R. J. Spiro and M. C. Anderson. 1978. "Schemata as scaffolding for the representation of information in connected discourse." *American Educational Research Journal*, 15, pp. 433~440.

Aquilina, R. and H. C. Law. 2012. "An executive coaching program to support nurse managers achieve organizational objectives: an action research." Conference Proceedings for the AMON 3rd International Orthopaedic Nursing Conference, 11~12 October, Qawra, Malta.

Argyris, C. 1977. "Double loop learning in organisations." *Harvard Business Review*, 55(5), pp. 115~125.

_____. 1999. *On Organisational Learning*, 2nd edn. Oxford: Blackwell.

Argyris, C. and D. A. Schon. 1978. *Organisational Learning: A Theory of Action Perspective*. Reading, MA: Addison-Wesley.

Arvedson, L. 1993. "Coming to grips with learning organisations. *European Forum for Management*, 1, pp.5~10.

Association for Coaching. 2012. "Coaching definitions." http://www.associationforcoaching.com/about/about03.htm(검색일: 2012.8.4).

Ausbel, D. P. 1968. *Educational Psychology: A Cognitive View*. New York: Holt, Rinehart and Winston.

Ausbel, D. P. and D. Fitzgerald. 1962. "Organizer, general background and antecedent learning variables in sequential verbal learning." *Journal of Educational Psychology*, 53, pp.243~249.

Ausbel, D. P. and M. Youssef. 1963. "The role of discriminability in meaningful parallel learning." *Journal of Educational Psychology*, 54, pp.331~336.

Bakes, P. B., H. W. Reese and L. P. Lipsitt. 1980. "Life-span developmental psychology." *Annual Review of Psychology*, 31, pp.65~110.

Bandler, R. and J. Grinder. 1975. *The Structure of Magic I: A Book About Language and Therapy*. Palo Alto, CA: Science and Behavior Books.

Bandura, A. 1977. "Self-efficacy: Toward a unifying theory of behavioural change." *Psychological Review*, 84, pp.195~215.

_____. 1982. "Self-efficacy mechanism in human agency." *American Psychologist*, 37, pp.122~147.

_____. 1986. *Social Foundations of Thought And Action: A Social-Cognitive Theory*. Englewood Cliffs, NJ: Prentice-Hall.

_____. 1997. *Self-efficacy: The Exercise of Control*. New York: W. H. Freeman.

Barchard, K. A. 2003. "Does emotional intelligence assist in the prediction of academic success?" *Educational and Psychological Measurement*, 63, pp.840~858.

Bargh, J. A., K. Y. A. McKenna and G. M. Fitzsimons. 2002. "Can you see the real me? Activation and expressions of the 'true self' on the Internet." *Journal of Social Issues*, 58(1), pp.33~18.

Barnes, F. P. and L. Mudin. 2001. *Values and Ethics in the Practice of Psychotherapy and Counselling*. Buckingham: Open University Press.

Bartlett, F. C. 1932. *Remembering: A Study in Experimental and Social Psychology*. Cambridge: Cambridge University Press.

Bass, B. M. 1985. *Transformational Leadership: Industrial, Military, and Educational Impact*. Mahwah, NJ: Erlbaum.

Bateson, G. 1972. *Steps to an Ecology of Mind*. New York: Ballanrine.

Beck, A., A. Rush, B. Shaw and G. Emery. 1979. *Cognitive Therapy of Depression*. New York: Guilford Press.

Beisser, A. R. 1970. "The paradoxical theory of change." in J. Fagan and I. L. Shepherd(eds.). *Gestalt Therapy Now* (pp.77~80). CA: Palo Alto.

Belenky, M. F., B. M. Clinchy, M. R. Goldberger and J. M. Tarule. 1986. *Woman's Ways of Knowing: The Development of Self Voice and Mind.* New York: Basic Books.

Bell, J. and R. Hardiman. 1989. "The third role: the naturalistic knowledge engineer." in D. Diaper (ed.). *Knowledge Elicitation: Principles, Technques and Applications.* Chichester: Ellis Horwood.

Bennet, D. T. 1997. "Telementoring young Women in science, engineering and computing." in S. S. Metz(ed.). *Proceedings of the Women in Engineering Conference* (pp.271~276). Hoboken, NJ: Stevenson Institute of Technology.

Blackler, F., N. Crump and S. McDonald. 1999. "Organisational learning and organisational forgetting, in Organisational Learning and Learning Organisation: Development." in M. Easterby-Smith, J. Burgoyneand and L. Araujo(eds.). *Theory and Practice.* London: Sage.

Bockler, J. 2006a. "Celebrating our story ⋯ 100 years of transpersonal psychology." *The Transpersonal Psychology Review*, 10(1), p.119.

_____. 2006b. "Alchemy: Ritual expeditions into the psyche." Presentation at the 10th Annual Conference of Transpersonal Psychology Section, British Psychological Society.

Bor, R. and C. Legg. 2003. "The systems paradigm in R. Woolfe, W. Dryden and S. Strawbridge (eds.). *Handbook of Counselling Psychology*, 2nd edn. London: Sage.

Bostic St. Clair, C. and J. Grinder. 2001. *Whispering in the Wind.* Scotts Valley, CA: J&C Enterprises.

Boud, D. 1995. *Enhancing Learning Through Self-assessment.* London: Kogan Page.

Boud, D., R. Keogh and D. Walker. 1985. *Reflection: Turning Experience into Learning.* London: Kogan Page.

Brehm, S. S., R. Miller, D. Perlman and S. M. Campbell. 2002. *Intimate Relations.* New York: McGraw-Hill.

Bresser, F. 2006a. "Best implementation of coaching in business. Part 1." *Coach the Coach*, 20, Fenman Ltd.

_____. 2006b. "Best implementation of coaching in business. Part 2." *Coach the Coach*, 21, Fenman Ltd.

British Psychological Society. 2009. *Code of Ethics and Conduct*, March.

_____. 2012. "Register of Coaching Psychologists." http://www.bps.org.uk/what-we-do/developing-profession/register-coaching-psychologists/register-coaching-psychologists(검색일: 2012.12.2).

Brookfield, S. D. 1998. *Developing Critical Thinking: Challenging Adult to Explore Alternative Ways of Thinking and Acting.* San Francisco: Jossey-Bass.

Bruner, J. S. 1964. "The course of cognitive growth." *American Psychologist*, 19, pp.1~15.

Brunner, J. 1986. *Actual Mind, Possible Worlds.* Cambridge, MA: Harvard University Press.

Buckley, A. and C. Buckley. 2006. *A Guide to Coaching and Mental Health: the Recognition and*

Management of Psychological Issues. East Sussex: Routledge.

Buss, D. and M. Barnes. 1986. "Preferences in human mate selection." *Journal of Personality and Social Psychology*, 50, pp.559~570.

Buzan, T. 2000. *The Mind Map Book*. London: Penguin.

Byrne, D. and D. Nelson. 1965. "Attraction and linear function of positive reinforcements." *Journal of Personality and Social Psychology*, 1, pp.659~663.

Cangelosi, V. and W. R. Dill. 1965. "Organizational learning: observations toward a theory." *Administrative Science Quarterly*, 10(2), pp.175~203.

Cannon-Bowers, J. A. and E. Salas. 1993. "Reflections on shared cognition." *Journal of Organizational Behavior*, 22, pp.195~202.

Carroll, M. 2006. "Key issues in coaching psychology supervision." *Coaching Psychologist*, 2(1), pp. 4~8.

Cavanagh, M. and D. Lane, 2012a. "Coaching psychology coming of age: the challenges we face in the messy world of complexity." *International Coaching Psychology Review*, 7(1), pp.75~89.

_____. 2012b. "Coaching psychology coming of age: a response to our discussants." *International Coaching Psychology Review*, 7(1), pp.127~129.

Chambless, D. L. 1988. "Empirically validated treatment." in G. P. Koocher, J. C. Norcross and S. S. Hill(eds.). *Psychologists' Desk Reference*. New York: Oxford University Press. pp.209~219.

Chao, G. T., P. M. Walz and P. D. Gardner. 1992. "Formal and informal mentorships. A comparison of mentoring functions and constraints with non-mentored counterparts." *Personal Psychology*, 45, pp.619~636.

Chaplain, R. 2003. "Teaching Without Disruption(Volume T)." *A Model for Managing Pupil Behaviour in the Secondary School*. Oxford: Routledge Falmer.

Chartered Institute of Personnel and Development. 2012. "Coaching and mentoring." http://www. cipd.co.Uk/hr-topics/coaching-mentoring.aspx#Informationpage(검색일: 2012.8.4).

Chattopadhyay, P., W. H. Glick, C. C. Miller and G. P. Huber. 1999. "Determininants of executive beliefs: comparing functional conditioning and social influence." *Strategic Management Journal*, 20, pp.763~789.

Cherniss, C. and M. Adler. 2000. *Promoting Emotional Intelligence in Organization*. Alexandria, VA: American Society for Training and Development.

Clawson, J. G. 1976. "Mentoring in the information age." *Leadership and Organisation Development Journal*, 17(3), pp.6~15.

Clore, G. I. and D. Byrne. 1974. "A reinforcement model of attraction." in T. L. Huson(ed.). *Foundations of Interpersonal Attraction*. New York: Academic Press.

Clough, P. and D. Strycharczyk. 2012. *Developing Mental Toughness: Improving Performance, Wellbeing and Positive Behaviour in Others.* London: Kogan Page.

D. Clutterbuck. 1998. *Learning Alliances: Tapping Into Talent.* London: Institute of Personnel Development.

_____. 2004. *Everyone Needs a Mentor,* 4th edn. London: Personnel Publication Ltd.

Clutterbuck, D. and D. Megginson. 2005. *Creating a Coaching Culture.* London: CIPD.

Collin, A. 1979. "Notes on some typologies of managerial development and the role of mentor in the process of adaptation of the individual to the organisation." *Personnel Review,* 8(4), pp.10~12.

Collins, A. M. and M. R. Quillian. 1969. "Retrieval time from semantic memory." *Journal of Verbal Learning andVerbal Behaviour,* 8, pp.240~247.

Combrink, A., J. Maree and M. Mabolo. 2006. "Breaking the silence: stories as a tool for healing in marginalized communities." Presentation at International Narrative Therapy Festive Conference, 1~3 March, Dulwich Centre, Adelaide, Australia.

Cranton, P. 1996. *Professional Development as Tranformative Learning.* San Francisco: Jossey- Bass.

Crawford, R. 1954. *Techniques of Creative Thinking.* New York: Hawthorn Books.

Csikszentmihalyi, M. 1991. *Flow: The Psychology of Optimal Experience.* New York: Harper Perennial.

Cyert, R. M. and J. G. March. 1963. *A Behavioral Theory of the Firm.* Englewood Cliffs, NJ: Prentice-Hall.

Daloz, L. 1999. *Mentor: Guiding the Journey of Adult Learners.* San Francisco: Jossey-Bass.

Davies, R. and L. Sedley. 2009. *Agile Coaching.* London: Pragmatic Bookshelf.

de Bono, E. 1970. *Lateral Thinking, Creativity Step by Step.* New York: Harper & Row.

_____. 1985. *Six Thinking Hats.* London: Penguin.

Department of Trade and Industry. 2006. "Evaluation of the impact of England's Regional Development Agencies: developing a methodology and evaluation framework." http://www.dti.gov.uk/about/evaluation/eval_guide.pdf(검색일: 2012.8.4).

Didion, J. 2006. *We Tell Ourselves Stories in Order to Live: Collected Nonfiction.* London: Everyman's Library.

Doran, G. T. 1981. "There's a S.M.A.R.T. way to write management's goals and objectives." *Management Review,* 70(11), p.35.

Downey, M. 1999. *Effective Coaching.* London: Orion Business Books.

Drake, D. B. 2006. "Narrative coaching: the foundation and framework for a story-based practice." Narrative Matters International Conference, Wolfville, Nova Scotia.

_____. 2007. "The art of thinking narratively: implications for coaching psychology and practice." *Australian Psychologist*, 42(4), pp.283~294.

_____. 2008a. "Finding our way home: coaching's search for identity in a new era." *Coaching: An International Journal of Theory, Research and Practice*, 1(1), pp.15~26.

_____. 2008b. "Thrice upon a time: narrative structure and psychology as a platform for coaching." in D. B. Drake, D. Brennanand and K. Gortz(eds.). *The Philosophy and Practice of Coaching: Issues and Insights for a New Era* (pp.51~71). San Francisco: Jossey-Bass.

_____. 2009. "Narrative coaching." in E. Cox, T. Bachkirova and D. Clutterbuck(eds.). *The Sage Handbook of Coaching* (pp.120~131). London: Sage.

_____. 012. "Anxiety and complexity in a post professional era: The challenge of practising what we preach." *International Coaching Psychology Review*, 7(1), pp.106~108.

Driscoll, M. P. 2005. *Psychology of Learning for Instruction*. New York: Pearson Education.

Duffy, M. and J. Passmore. 2010. "Ethics in coaching: an ethical decision making framework for coaching psychologists." *International Coaching Psychology Review*, 5(2), pp.140~151.

Duncan, R. and A. Weiss. 1979. "Organizational learning: implications for organizational design." in B. Staw(ed.). *Research in Organizational Behavior*. Greenwich, CT: JAI Press.

Dyer, J. G. and T. M. McGuinness. 1996. "Resilience: analysis of the concept." *Archives of Psychiatric Nursing*, 10(5), pp.276~282.

East Mentoring Forum. 2005. "Embracing diversity: cross-cultural coaching and mentoring." *Ment for Review*. EMF Spring.

Ebbinghaus, H. 1885(translated in 1913). *Memory: A Contribution to Experimental Psychology*. New York: Columbia University, Teacher's College Press.

Ekblom, P., H. C. Law and M. Sutton. 1996. "Domestic burglary schemes in the Safer Cities Programme." *Home Office RSD Research Findings No.42*. London: Home Office.

Elsbree, L. 1982. *The Rituals of Life: Pattern in Narrative*. New York: Kennikat.

EMCC. 2011. "Code of Conduct-for Coaching and Mentoring." http://www.emccouncil.org/src/ultimo/models/Download/102.pdf(검색일: 2012.8.4).

Eyerman, R. and A. Jamison. 1991. *Social Movements: A Cognitive Approach*. University Park, PA: Pennsylvania State University Press.

Festinger, V., S. Schachter and K. W. Back. 1950. *Social Pressures in Informal Groups: A Study of Human Factors in Housing*. New York: Harper.

Fiol, C. M. and M. A. Lyles. 1985. "Organizational learning." *Academy of Management Review*, 10, pp.803~813.

Fischer, H. 1992. "Theory of social comparison processes." *Human Relations*, 2, pp.117~140.

Fitzsimmons, G. and S. Guise. 2010. "Coaching for leadership style." in J. Passmore(ed.). *Leadership Coaching*. London: Kogan Page.

Fredrickson, B. L., R. A. Mancuso, C. Branigan and M. M. Tugade. 2000. "The undoing effect of positive emotions." *Motivation and Emotion*, 24, pp.237~258.

Freire, P. 1992. *Politics of Education*. Greenwich, CT: B runner/Mazel.

Gale, J. E. 1992. "Conversation Analysis of Therapeutic Discourse: The Pursuit of a Therapeutic Agenda." *Advances in Discourse Processes XLI*. Norwood, NJ: Ablex.

Gale, J. E. and N. Newfield. 1992. "A conversation analysis of a solution-focused marital therapy session." *Journal of Marital and Family Therapy*, 18, pp.163~165.

Gallwey, T. 2000. *The Inner Game of Work*. Texene: Random House.

Gardner, H. 1983. *Frames of Mind: The Theory of Multiple Intelligences*. New York: Basic Books.

Garvey, B. 2011. *A Very Short, Fairly Interesting and Reasonably Cheap Book about Coaching and Mentoring*. London: Sage.

Garvey, R. and H. R. Garrett. 2005. "The benefits of mentoring-literature review." Paper for East Mentoring Forum, February, Essex, UK.

Garvin, D. A. 1993. "Building a learning organization." *Harvard Business Review*, 71(4), pp.78~84.

Geertz, C. 1973. *The Interpretation of Cultures: Selected Essays*. New York: Basic Books.

_____. 1986. "Anti-anti-relativism." *American Anthropologist*, 86, pp.263~278.

Gibb, G. 1988. *Learning by Doing: A Guide to Teaching and Learning Methods*. Oxford: Oxford Brookes University.

Gilbourne, D. 2006. "Reflecting on the reflections of others: support and critique." *Sport and Exercise Psychology Review*, 2(2), pp.49~54.

Gillie, M. 2009. *I and Thou*. New York: Scribner's Sons.

Ginsberg, A. 1990. "Constructing the business portfolio: a cognitive model of diversification." *Journal of Management Studies*, 26, pp.417~438.

Goleman, D. 1995. *Emotional Intelligence, Why It Can Matter More Than IQ*. London: Bloomsbury.

_____. 1998. *Working with Emotional Intelligence*. London: Bloomsbury.

Gollwitzer, P. M., H. Heckhausen and H. Ratajczak. 1990. "Deliberative and implemental mind-sets: cognitive tuning toward congruous thoughts and information." *Journal of Personality and Social Psychology*, 59, pp.1119~1127.

Grant, A. and S. Palmer. 2002. "Coaching Psychology Workshop." Torquay, 18 May, Annual Conference of the Division of Counselling Psychology, British Psychological Society.

Greenberger, D. and C. A. Padesky. 1995. *Mind Over Mood: Change How You Feel by Changing the Way You Think.* New York: Guilford Press.

Greene, J. and A. M. Grant. 2003. *Solution-Focused Coaching: Managing People in a Complex World.* Harlow: Pearson Education.

Grenville-Cleave, B. and J. Passmore. 2009. *The Facebook Manager: The Psychology and Practice of Web-based Social Networking.* London: Management Books.

Grimley, B. 2012. *Theory and Practice of NLP Coaching: A Psychological Approach.* London: Sage.

Grotowski, J. 1970. *Towards a Poor Theatre.* California: Touchstone.

Haberman, J. 1971. *Knowledge and Human Interest.* London: Heinemann.

Hall, L. (ed.). 2006. "News: Sort it with a story from Down Under." *Coaching at Work*, 1(2), p.8.

Hamel, G. 1996. "Strategy as revolution." *Harvard Business Review*, July-August, pp.69~82.

Handy, C. B. 1989. *The Age of Unreason.* London: Business Books.

Hart, E. and M. Bond. 1996. "Making sense of action research through the use of action research." *Journal of Advanced Nursing*, 23, pp.1752~1759.

Hardey, J., S. Whomsley and I. Clarke. 2006. "Transpersonal encounter: honouring people's stories as a route to recovery." *The Transpersonal Psychology Review*, 10(1), pp.93~101.

Hawkins, P. and N. Smith, 2006. *Coaching, Mentoring and Organizational Consultancy: Supervision and Development.* Maidenhead: McGraw-Hill.

Hefferon, K. and I. Boniwell. 2011. *Positive Psychology: Theory, Research and Applications.* London: McGraw-Hill.

Heidegger, M. 1962. *Being and Time.* translated by J. Macquarrie and E. Robinson. Oxford: Basil Blackwell.

Hergenhan, B. R .H. and M .H. Olson. 1997. *An Introduction to Theories of Learning.* London: Pearson.

Herlocker, J. L. 2000. "Explaining collaborative filtering recommendations." *Proceedings of CSCW*, pp. 241~250.

Heron, J. 1981a. "Experiential research methodology." in P. Reason and J. Rowan(eds.). *Human Enquiry: A Sourcebook of New Paradigm Research.* Chichester: John Wiley & Sons, Ltd.

_____. 1981b. "Philosophical basis for a new paradigm." in P. Reason and J. Rowan(eds.). *Human Enquiry: A Sourcebook of New Paradigm Research.* Chichester: John Wiley & Sons, Ltd.

Higgins, J. (ed.). 2005. "Oil change." *Director*, December, pp.46~49.

Hill, D. and C. Jones(eds.). 2003. *Forms of Ethical Thinking in Therapeutic Practice.* Buckingham: Open University Press.

Hilpern, K. 2006. "Driving force." *Coaching at Work*, 1(2), pp.30~31.

HMSO. 1997. *Green Book: Appraisal and Evaluation in Central Government*. London: The Stationery Office.

Hodgkinson, G. P. and P. R. Sparrow. 2002. *The Competent Organisation*. Buckingham: Open University Press.

Honey, P. and A. Mumford. 2006. *The Learning Styles Helper's Guide*. Maidenhead: Peter Honey Ltd.

Hounsell, D. 1984. "Understanding teaching and teaching understanding." in F. Marton, D. Hounsell and N. Entwistle(eds.). *The Experience of Learning*. Edinburgh: Scottish Academic Press.

Houston, J. 1998. *A Passion for the Possible*. London: Thorsons.

Huber, G. P. 1991. "Organizational learning: the contributing process and the literatures." *Organization Science*, 2(1), pp.88~115.

Humphrey, S. and S. Holland. 2006. "A chemistry lesson." *Coaching at Work*, 1(2), pp.22~25.

Hunt, K. R. 2004. "DEFRA Ruraland FBAS E-Mentoring Project final evaluation." EMCC Conference Proceedings, November.

Hussain, Z., S. Ireland and H. C. Law. 2005. "Evaluation of a Universal Integrated Framework for Mentor/Coaching." European Mentoring and Coaching Council Conference Proceedings, Zurich, December.

ICF and PricewaterhouseCoopers. 2012. "ICF Global Coaching Study: Executive summary." http://www.coachfederation.org/coachingstudy2012(검색일: 2012.6.10).

Ireland, S., Z. Hussain and H. C. Law. 2006. "The perfect matchmaker." *Coaching at Work*, 1(2), pp. 26~29.

Jahoda, M. 1958. *Current Concepts of Positive Mental Health*. New York: Basic Books.

James, W.(first published 1902). 1960. *The Variety of Religious Experience: A Study of Human Nature*. London: Fontana.

Jarvis, P. 1987. "Meaningful and meaningless experience: towards an analysis of learning from life." *Adult Education Quarterly*, 37(3), pp.164~172.

_____. 1992. *Paradox of Learning: On Becoming an Individual in Society*. San Francisco: Jossey-Bass.

Johnson, G. and K. Scholes. 1999. *Exploring Corporate Strategy: Text and Cases*, 5th edn. London: Prentice-Hall.

Jones, J. and J. W. Pfciffeer(eds.). 1973. "The Johari Window: a model for soliciting and giving feedback." *The 1973 Annual Handbook for Facilitators*. San Diego: Pfciffeer.

Jung, C. 1933. *Modern Man in Search of a Soul*. New York: Harcourt, Brace & World.

Kauffman, C. and A. Scouler. 2004. "Towards a positive psychology of executive coaching." in P. A. Linley and S. Joseph(eds.). *Positive Psychology in Practice*. New Jersey: John Wiley & Sons, Inc.

Kegan, R. 1982. *The Evolving Self: Problem and Process in Human Development*. Cambridge, MA: Harvard University Press.

_____. 1994. *In Over Our Head: The Mental Demands of Modern Life*. Cambridge, MA: Harvard University Press.

Keller, J. M. 1984. "Use of the ARCS model of motivation in teacher training." in K. E. Shaw(ed.). *Aspects Of Educational Technology XVII. Staff Development and Career Updating*. New York: Nichols.

Kessels, J. W. M. 1996. "Knowledge productivity and the corporate curriculum." *Knowledge Management: Organization, Competence and methodology*. Proceedings of 4th International ISMICK Symposium, 21~22 October, Rotterdam.

Kiesler, S., J. Siegel and T. W. McGuire. 1984. "Social psychological aspects of computer-mediated communication." *American Psychologist*, 39, pp.1123~1134.

Kirkpatrick, D. 1959. "Evaluating training programs." *Coaching at Work*, 1(2).

Klohnen, E. C. and G. A. Mendelsohn. 1998. "Partner selection for personality characteristics. A couple centred approach." *Personality and Social Psychology Bulletin*, 24(3), pp.268~278.

Kobasa, S. C. 1979. "Stressful life events, personality, and health: Inquiry into hardiness." *Journal of Personality and Social Psychology*, 37(1), pp.1~11.

Koffka, K. 1935. *The Principles of Gestalt Psychology*. Princeton, NJ: Brace and World.

Kogan, M. 1998. "The politics of making meaning: discourse analysis of a 'post-modern' interview." *Journal of Marital and Family Therapy*, 20, pp.229~251.

Kogan, S. M. and J. E. Gale. 1997. "Decentering therapy: textual analysis of a narrative therapy session." *Family Process*, 36, pp.101~126.

Kohlberg, L. 1981. *The Philosophy of Modern Development. Moral Stage and the Idea of Justice*. New York: Harper & Row.

Kolb, D. A. 1984. *Experiential Learning: Experience as the Source of Learning and Development*. Englewood Clifts, NJ: Prentice Hall.

Koskela, L. 1992. "Application of the new production philosophy in construction." *Technical Report*, No.72, The Center for Integrated Facility Engineering(CFIFE), Stanford University.

Kram, K. E. and D. T. Hall. 1996. "Mentoring in the context of diversity and turbulence." in E. E. Kossek and S. A. Lobel(eds.). *Managing Human Resource Strategies for Transforming the*

Workplace (pp.108~136). Cambridge, MA: Blackwell Business..

Krause, I. -B. 1998. *Therapy Across Culture*. London: Sage.

Lane, D. 2005. "Building a model for coaching psychology practice." Workshop at the second National Conference of the Special Group in Coaching Psychology in the UK. The British Psychological Society.

Lave, J. and E. Wenger. 1991. *Situated Learning: Legitimate Peripheral Participation*. Cambridge: Cambridge University Press.

Law, H. C. 2002. "Coaching Psychology Interest Group: an introduction." *The Occupational Psychologist*, 47, pp.31~32.

_____. 2003. "Applying psychology in executive coaching programmes for organisations." *The Occupational Psychologist*, 49, pp.12~19.

_____. 2005a. "Embracing diversity: cross-cultural coaching and mentoring." *Ment for Review*, Spring.

_____. 2005b. "The role of ethical principles in coaching psychology. *Coaching Psychologist*, 1(1), pp.19~20.

_____. 2005c. "The new code of ethics, human rights, and coaching psychology." *Coaching Psychologist*, 1(2), pp.13~15.

_____. 2006a. "Ethical principles in coaching psychology." *Coaching Psychologist*, 2(1), pp.13~16.

_____. 2006b. "Can coaches be good in any context?" *Coaching at Work*, 1(2), p.14.

_____. 2007. "Reflection on spiritual performance in celebrating our story of 100 years of transpersonal psychology at the 10th Annual Conference." *Transpersonal Psychology Review*, 11(1).

_____. 2010. "Coaching relationship sand ethical practice." in S. Palmer and A. McDowall(eds.). *The Coaching Relationship*. London: Routledge.

_____. 2012. "The application of mindfulness." *Counselling Psychology Quarterly*, 26, pp.1~8.

_____. 2014. *The Psychology of Coaching, Mentoring and Learning*, 2nd edn. Chichester: John Wiley & Sons, Ltd.

Law, H. C. and C. Ackland. 2011. "Deconstruction of the NLP Meta Model within the context of coaching at work." Paper presented at the 3rd European Conference Of Coaching Psychology hosted by BPS Special Group In Coaching Psychology, 13 and 14 December 2011. Conference Abstracts. London: City University.

Law, H. C., S. Aga and J. Hill. 2006. "'Creating a 'camp fire' at home' Narrative coaching-Community Coaching and Mentoring Network Conference Report and Reflection." in H. C. Law(ed.). *The Cutting Edge*, Vol.7, No.1. England: Peterborough School of Arts Publication.

Law, H. C. and R. Aquilina. 2013. "Developing a healthcare leadership coaching model using action research and systems approaches: a case study: implementing an executive coaching program to support nurse managers in achieving organizational objectives in Malta." *International Coaching Psychology Review*, 8(1), pp.54~71.

Law, H. C. and R. FitzGerald. 2012. "Coaching psychology in education: evaluation of coach training in Bahrain." The BPS SGCP Annual Conference, 7 December. Conference Abstracts, Aston University, Birmingham, UK.

Law, H. C. and B. Grimley. 2011. "A Guide to NLP Coaching Psychology: Understanding and Applying NLP and Psychological Principles in Coaching." Unpublished Manuscript. Available from the author.

Law, H. C., S. Ireland and Z. Hussain. 2005. "Evaluation of Coaching Competence Self Review online tool within an NHS leadership development programme." Special Group in Coaching Psychology Annual National Conference, December, The British Psychological Society. London: City University.

Law, H. C., S. Ireland and Z. Hussain. 2007. *The Psychology of Coaching, Mentoring and Learning*. Chichester: John Wiley & Sons, Ltd.

Law, H. C., L. Lancaster and N. DiGiovanni. 2010. "A wider role for coaching psychology: applying transpersonal coaching psychology." *The Coaching Psychologist*, 6(1), pp.22~31.

Law, H. C. and R. Stelter. 2010. "Multi story: coaching narrative." *Coaching at Work*, 5(2), pp.28~33.

Law, H. C. and C. Wells. 2003. "Championing equality: an organizational perspective and the role of psychologists." Proceedings of the Division of Occupational Psychology Annual Conference, British Psychological Society.

Lee, G. 2003. *Leadership Coaching: From Personal Insight to Organisational Performance*. London: CIPD.

Leonard, N. H., R. W. Scholl and B. Kowalski. 1999. "Information processing style and decision malting." *Journal of Organizational Behavior*, 20, pp.407~420.

Lerner, B. S. and E. A. Locke. 1995. "The effects of goal setting, self, efficiency, competition and personal traits on the performance of an endurance task." *Journal of Sport and Exercise Psychology*, 17, pp.138~152.

Levinson, D. J. 1997. *The Season of a Woman's Life*. New York: Ballantine.

Levinson, D. J., D. N. Darrow, E. B. Klein, M. H. Levinson and B. McKee. 1978. *The Season of a Man's Life*. New York: Knopf.

Levitt, B. and J. G. March. 1988. "Organisational learning." *Annual Review of Sociology*, 14, pp.319~340.

Lewin, K. 1951. "Field theory in social science." in D. Cartwright(ed.). *Selected Theoretical Papers*.

New York: Harper& Row.

Lincoln, Y. S. and E. G. Guba. 1984. *Naturalistic Enquiry.* Newbury Park, CA: Sage.

Linley, P. A. and S. Harrington. 2005. "Positive psychology and coaching psychology: perspectives on integration." *The Coaching Psychologist,* 1(July), pp.13~14.

Linley, P. A. and S. Joseph. 2004. "Applied positive psychology: a new perspective for professional practice." in P. A. Linley and S. Joseph(eds.). *Positive Psychology in Practice.* New Jersey: John Wiley & Sons, Inc.

Linley, P. A. and S. Joseph(eds.). 2004a. *Positive Psychology in Practice.* New Jersey: John Wiley & Sons, Inc.

Lioukas, S. and D. Chambers. 1998. "Strategic decision-making process: the role of management and context." *Strategic Management Journal,* 19, pp.39~58.

Lipman-Blumen, J. 1996. *Connective Leadership: Managing in a Changing World.* New York: Oxford University Press.

Locke, E. A. and G. P. Latham. 1990. *A Theory of Goal Setting and Task Performance.* London: Prentice Hall.

Locke, E. A., K. N. Shaw, L. M. Saari and G. P. Latham. 1981. "Goal setting and task performance: 1969-1980." *Psychological Bulletin,* 90, pp.125~152.

Loevinger, J. and A. Blasi. 1976. *Ego Development.* San Francisco: Jossey-Bass.

Ludford, P. J. D. Cosley, D. Frankowski and L. Terveen. 2004. Think different: increasing on-line community participation using uniqueness and group dissimilarity in Proceedings of the SIGCHI conference on Human factors in Computing Systems, New York.

Luft, J. 1970. *Group Processes: An Introduction to Group Dynamics,* 2nd edn. Palo Alto, CA: National Press Books.

Magee, W. 2006. "Two heads, one mind." *Director for Business Leaders,* November, pp.68~71.

Magerman, M. H. and M. J. Leahy. 2009. "The lone ranger is dying: gestalt coaching as support and challenge." *International Gestalt Journal,* 32(1), pp.173~196.

Marienau, C. 1999. "Self-assessment at work: outcome of adult reflections on practice." *Adult Education Quarterly,* 49(3), pp.135~146.

Markoczy, L. 1997. "Measuring beliefs: accept no substitutes." *Academy of Management Journal,* 40, pp.1228~1242.

Maslow, A. H. 1954. *Motivation and Personality.* New York: Harper & Row.

_____. 1968. *Toward a Psychology of Being,* 2nd edn. New York: Van Nostrand Reinhold.

Mayer, J. D. and P. Salovey. 1997. "What is emotional intelligence?" in P. Salovey and D. J. Sluytrer (eds.). *Emotional Development and Emotional Intelligence: Emotional Implications.* New York: Basic Books.

Mbiti, J. 1969. *African Religions and Philosophy.* London: Tavistock.

McFee, G. 1993. "Reflections on the nature of action research." *Cambridge Journal of Education*, 23, pp.173~183.

McGoven, J. 2001. "Maximising the impact of executive coaching." *Manchester Review.* Manchester: Manchester Consulting.

McKenna, D. and S. Davis. 2009. "Hidden in plain sight." *Industrial and Organizational Psychology: An Exchange of Perspectives on Science and Practice*, 3(2), pp.244~260.

McKenna, K. Y. A., A. S. Green and M. E. Gleeson. 2002. "Relationship formation on the Internet: What's the big attraction?" *Journal of Social Issues*, 58, pp.9~31.

Megginson, D. and D. Clutterbuck. 1995. *Techniques for Coaching and Mentoring.* Oxford: Elsevier Butterworth-Heinemann.

_____. 2009. *Further Techniques in Coaching and Mentoring.* Oxford: Butterworth Heinemann.

Megginson, D., P. Stokes and R. Garrett-Harris. 2003. "Passport to export mentoring pilot scheme: East Midlands." An Evaluation Report on behalf of Trade Partners UK, MRCU Sheffield Hallam University, Sheffield.

Melnick, J. and S. Nevis. 2005. "Gestalt methodology." in A. Woldt and S. Toman(eds.). *Gestalt Therapy: History, Theory and Practice* (pp.101~114). Thousand Oaks, CA: Sage.

Mentkowski, M. et al. 2000. *Learning that Lasts: Integrating Learning, Development and Performance in College and Beyond.* San Francisco: Jossey-Bass.

Merriam, S. 1994. "Learning and life experience: the connection in adulthood." in J. Sinnott(ed.). *Interdisciplinary Handbook of Adult Learning.* Westport, CT: Greenwood Press.

Merton, R. K. 1948. "The self-fulfilling prophesy." *Antioch Review*, 8, pp.193~210.

Mezirow, J. 1990. *Fostering Critical Reflection in Adulthood: A Guide to Transformative and Emancipatory Learning.* San Francisco: Jossey-Bass.

_____. 1991. *Transformative Dimensions of Adult Learning.* San Francisco: Jossey-Bass.

_____. 1996. "Contemporary paradigms of learning." *Adult Education Quarterly*, 44(3), pp.158~173.

_____. 2000. *Learning as Transformation: Critical Perspectives on a Theory in Progress.* San Francisco: Jossey-Bass.

Miller, C. C., L. M. Burke and W. H. Glick. 1998. "Cognitive diversity among upper-echelon executives: implications for strategic decision process." *Strategic management Journal*, 19, pp.39~58.

Mintzberg, H. 1994. "The falland rise of strategic planning." *Harvard Business Review*, January-

February, pp.107~114.

Mischel, W. 1968. *Personality and Assessment*. New York: John Wiley & Sons, Inc.

Mohammed, S., R. Klimoski and J. Rentsch. 2000. "The measurement of team mental models: we have no shared schema." *Organizational Research Methods*, 3, pp.123~165.

Moon, J. A. 1999. *Reflection in Learning and Professional Development: Theory and Practice*. Oxford: Roudedge Falmer.

Moreland, R. L. 2000. "Transactive memory: learning who knows what in work groups and organizations." in L. Thompson, D. Messick and J. Levine(eds.). *Shared Cognition in Organizations: The Management of Knowledge*. NJ: Erlbaum, Hillsdale.

Murray, A. 1989. "Top management group heterogeneity and firm performance." *Strategic Management Journal*, 10, pp.125~141.

Myerhoff, B. 1980. *Number Our Days*. New York: Simon and Schuster.

_____. 1982. "Life history among the elderly: performance, visibility and re-membering." in J. Ruby (ed.). *A Crack in the Mirror: Reflexive Perspectives in Anthropology*. Philadelphia: University of Pennsylvania Press.

_____. 1986. "Life not death in Venice: its second life." in V. Turner and E. Brunner(eds.). *The Anthology of Experience*. Chicago: University of Illinois Press.

Myers, I. B. 1962. *The Myers Brings Type Indicator*. Palo Alto, CA: Consulting Psychologists Press.

Nandram, S. S. 2003. "Mentoring in the flexible learning toolboxes initiative with Ron Oliver." Australian Flexible Learning Framework, Australian National Training Authority.

Naranjo, C. 1993. *Gestalt Therapy: The Attitude and Practice of an Atheoretical Experientialism*. Carmarthen: Crown House.

Neenan, M. and S. Palmer. 2001. "Cognitive behavioural coaching." *Stress News*, 13(3), pp.15~18.

Nonaka, I. 1991. "The knowledge-creating company." *Harvard Business Review*, November-December, pp.96~104.

Nonaka, I. and H. Takeuchi and K. Umemoto. 1996. "A theory of organizational knowledge creation." *International Journal of Technology Management*, 11(7/8), pp.833~845.

Norman, D. A. 1983. "Some observations on mental models." in D. Gentner and A. L. Stevens(eds.). *Mental Models*. Hillsdale, NJ: Erlbaum.

O'Connor, J. and A. Lages. 2004. *Coaching with NLP: How to be a Master Coach*. New York: Harper Element.

Osborn, A. 1948. *Tour Creative Power*. New York: C. Scribner & Sons.

Palmer, S. 2006. "Coaching and coaching psychology: the coming of age?" *Professorial Lectures*, 29

March, London: Middlesex University.

_____. 2007. "Foreword." in H. C. Law, S. Ireland and Z. Hussain(eds.). *Psychology of Coaching, Mentoring and Learning* (p.xi). Chichester: John Wiley 8c Sons, Ltd.

Palmer, S. and A. Whybrow. 2004. "Coaching psychology survey: taking stock." Paper at the BPS SGCP Inaugural Conference, 15 December. London: City University.

_____. 2005. "The proposal to establish a Special Group in Coaching Psychology." *Coaching Psychologist*, 1, pp.5~12.

_____. 2006. "The coaching psychology movement and its development within the British Psychological Society." *International Coaching Psychology Review*, 1(1).

_____. 2007. *The Handbook of Coaching Psychology*. Hove, Sussex: Routledge.

Palmer, S., C. Cooper and K. Thomas. 2003. *Creating a Balance: Managing Stress*. London: British Library.

Parks, M. R. and K. Floyd. 1996. "Making friends in cyberspace." *Journal of Communication*, 46, pp.80~96.

Parsloe, E. 1992. *Coaching, Mentoring and Assessing: A Practical Guide to Developing Competence*. New York: Kogan Page.

Pask, R. and B. Joy. 2007. *Mentoring-Coaching: A Handbook for Education Professionals*. MiltonKeynes: Open University Press.

Passmore, J.(ed.). 2009. *Diversity-in-Coaching*. London: Association for Coaching and Kogan Page.

Passmore, J., G. McMahon, D. Brennan, B. Lee, B. Christain and M. Tenzyk. 2011. "Using case studies for reflective practice." in J. Passmore(ed.). *Supervision in Coaching*. London: Kogan Page.

Pavlov, I. P. 1927. *Conditioned Reflexes*. Oxford: Oxford University Press.

Pedlar, M. M., J. Burgoyne and T. Boydel. 1991. *The Learning Company: A Strategy for Sustainable Development*. London: McGraw-Hill.

Peltier, B. 2001. *The Psychology of Executive Coaching: Theory and Application*. Hove: Brunner-Routledge, Taylor & Francis.

Peris, F. S. 1969. *Gestalt Therapy Verbatim*. Utah: Real People Press.

_____. 1973. *The Gestalt Approach and Eye Witness to Therapy*. Palo Alto, CA: Science and Behaviour Books.

Perry, W. G. 1970. "Cognitive and ethical growth: the malting of meaning." in A. W. Chickering et al.(eds.). *The Modern American College* (pp.76~116). San Francisco: Jossey-Bass.

Peterson, C. and M. E. P. Seligman. 2004. *Character Strengths and Virtues: A Handbook and Classification*. American Psychological Association. New York: Oxford University Press.

Peterson D. B. 2009. "Book review: handbook of coaching psychology." *Coaching: An International Journal of Theory, Research and Practice*, 2(1), pp.89~89.

Petrides, K. V. and A. Furnham. 2001. "Trait emotional intelligence: psychometric investigation with reference to established trait taxonomies." *European Journal of Personality*, 15, pp.425~448.

Petrides, K. V., N. Frederickson and A. Furnham. 2004. "The role of trait emotional intelligence in academic performance and deviant behaviour at school." *Personality and Individual Differences*, 36, pp.277~293.

Petrides, K. V., A. Furnham and N. Frederickson. 2004. "Emotional intelligence." *The Psychologist*, 17(10), pp.574~577.

Piaget, J. 1954. *The Construction of Reality in the Child*. New York: Basic Books.

Porter, M. 1996. "What is strategy?" *Harvard Business Review*, November- December, pp.61~78.

Reason, P.(ed.). 1988. *Human Enquiry in Action*. Newbury Park, CA: Sage.

Reason, P. and J. Rowan(eds.). 1981. *Human Enquiry: A Sourcebook of New Paradigm Research*. Chichester: John Wiley & Sons, Ltd.

Rciff, H. B., N. M. Hatzes and M. H. Bramel. 2001. "The relation of LD and gender with emotional intelligence in college students." *Journal of Learning Disabilities*, 34, pp.66~78.

Reigeluth, C. M. 1979. "In search of a better way to organize instruction: the elaboration theory." *Journal of Instructional Development*, 2, pp.8~15.

_____. 1999a. *Instructional-design theories and models*, Vol. II. Mahwah, NJ: Erlbaum,.

_____. 1999b. "What is instructional-design theory and how is it changing?" in C. M. Reigeluth(ed.). *Instructional-design theories and models* (pp.5~29). Mahwah, NJ: Erlbaum.

Rentsch, J. R. and R. J. Hall. 1994. "Members of great teams think alike: a model of team effectiveness and schema similarity among team members." *Advances in Interdisciplinary Studies of Work Teams*, 1, pp.223~261.

Richards, J. T. 1999. "Mutimodal therapy: a useful model for the executive coach." *Consulting Psychology Journal*, 51(1), pp.24~30.

Roberts, J. 1994. "Theories of adult development: research status and counselling implications." in S. D. Brown and R. W. Lent(eds.). *Handbook of Counselling Psychology*. New York: John Wiley & Sons, Inc.

Roger, C. R. 1963. "Towards a science of the person." *Journal of Humanistic Psychology*, 3, Fall. Reproduced in *Behaviorism and Phenomenology: Contasting Bases for Modern Psychology* in T. W. Wann(ed.). Chicago, IL: University of Chicago Press, 1964.

Rosenbaum, M. E. 1986. "The repulsion hypothesis on the non-development of relationships." *Journal* of *Personality and Social Psychology*, 50, pp.729~736.

Rosinski, P. 2003. *Coaching Across Cultures*. London: Nicholas Brealey.

Rothbaum, B. O., E. A. Mesdows, P. Resick and D. W. Foy. 2000. "Cognitive behaviour therapy." *Journal of Traumatic Stress*, 13, pp.558~563.

Rotter, J. B. 1956. *Social Learning and Clinical Psychology*. Englewood, Cliffs NJ: Prentice-Hall.

Rowson, R. 2001. "Ethical principles, in Values and Ethics" in F. P. Barnes and L. Mudin(eds.). *the Practice of Psychotherapy and Counselling*. Buckingham: Open University Press.

Rumelhart, D. E. 1980. "Schemata: the building blocks of cognition." in R. J. Spiro, B. C. Bruce and W. F. Brewer(eds.). *Theoretical Issues in Reading Comprehension*. Hillsdale, NJ: Erlbaum.

Rumelhart, D. E. and D. A. Norman. 1978. "Accretion, tuning, and restructuring: three modes of learning." in J. W. Cotton and R. L. Klatzky(eds.). *Semantic factors in Cognition*. Hillsdale, NJ: Erlbaum.

_____. 1981. "Analogical processes in learning" in J. R Anderson(ed.). *Cognitive Skills and their Acquisition*. Hillsdale, NJ: Erlbaum.

Rushall, B. S. 2003. "Coaching development and the second law of thermodynamics [or belief-based versus evidence-based coaching development]." http://www-rohan.sdsu.edu/dept/coachsci/csa/thermo/thermo.htm(검색일: 2006.11.8).

Sackmann, S. A. 1991. *Cultural Knowledge in Organizations: Exploring the Collective Mind*. Newbury Park, CA: Sage.

_____. 1992. "Culture and sub-cultures: an analysis of organizational knowledge." *Administrative Science Quarterly*, 37, pp.140~161.

Safran, J. D. 1990. "Towards are finement of cognitive therapy in light of interpersonal theory." *Clinical Psychological Review*, 10, pp.87~105.

Salovey, P. and J. D. Mayer. 1990. "Emotional intelligence." *Imagination, Cognition and Personality*, 9, pp.185~211.

Sartre, J. -P. 1956. *Being and Nothingness: A Phenomenological Essay on Ontology*. London: Taylor & Francis.

Schon, D. A. 1983. *The Reflective Practitioner*. New York: Basic Books.

_____. 1991. *The Reflective Practitioner: How Professionals Think in Action*. London: Ashgate.

Schunk, D. H. and B. J. Zimmerman. 1994. "Self-regulation in education: retrospect and prospect." in D. H. Schunk and B. J. Zimmerman(eds.). *Self-regulation of Learning and Performance*. Hillsdale, NJ: Erlbaum.

Seligman, M. E. P. and M. Csikszentmihalyi. 2000. "Positive psychology: an introduction." *American*

Psychologist, 55, pp.5~14.

Senge, P. M. 1990. *The Fifth Discipline: The Art and Practice of the Learning Organisation*. London: Doubleday.

Shams, M. and H. C. Law. 2012. "Peer coaching framework: an exploratory technique." *The Coaching Psychologist*, 8(1), pp.46~49.

Sheehy, G. 1977. *Passages: Predictable Crises of Adult Life*. New York: Ballantine.

_____. 1996. *New Passages*. New York: Ballantine.

Simon, S. N. 2009. "Applying gestalt theory to coaching." *Gestalt Review*, 13(3), pp.230~239.

Slaski, M. and S. Cartwright. 2003. "Emotional intelligence training and its implications for stress, health and performance." *Stress and Health*, 19, pp.233~239.

Smith, J. A. and M. Osborn. 2003. "Interpretative phenomenological analysis." in J. A. Smith(ed.). *Qualitative Psychology: A Practical Guide to Research Methods*. London: Sage.

Smith, K. G., J. D. Olian, K. A. Smith and P. Flood. 1999. "Top management team diversity, group process and strategic consensus." *Strategic Management Journal*, 20, pp.445~465.

Solomon, H. M. 2000. "The ethical self." in E. Christopher and H. M.Solomon(eds.). *Jungian Thought in the Modern World*. London: Free Association.

Spence, G. B., M. J. Cavanagh and A. M. Grant. 2006. "Duty of care in an unregulated industry: initial findings on the diversity and practices of Australian coaches." *International Coaching Psychology Review*, 1(1).

Spinelli, E. 2006. "Applying existential psychology in a coaching psychology practice: the question of conflict." Paper presented at the Coaching Psychology Special Group's 2nd National Conference, 19~20 December, British Psychological Society.

Spinelli, E. and C. Homer. 2007. "An existential approach to coaching." in S. Palmer and A. Whybrown (eds.). *Handbook of Coaching Psychology* (pp.118~132). London: Roudedge.

Spreitzer, G. M. 1995. "Psychological empowerment in the workplace: construct definition, measurement and validation." *Academy of Management Journal*, 38(5), pp.1442~1465.

Stacey, R. D. 1995. "The science of complexity: an alternative perspective for strategic change processes." *Strategic Management Journal*, 16, pp.477~495.

_____. 1996. *Strategic Management and Organisational Dynamics: The Challenge of Complexity*, 2nd edn. London: Financial Times.

_____. 2012. "Comment on debate article: Coaching Psychology Coming of Age: the challenges we face in the messy world of complexity." *International Coaching Psychology Review*, 7(1), pp.91~95.

Staples, D. S., K. Greenaway and J. D. McKeen. 2001. "Opportunities for research about managing the knowledge-based enterprise." *International Journal of Management Review*, 3(1), pp.1~20.

Stelter, R. 2007. "Coaching: a process of personal and social meaning making." *International Coaching Psychology Review*, 2(2), pp.191~201.

_____. 2009. "Coaching asa reflective space in a society of growing diversity: towards a narrative, postmodern paradigm." *International Coaching Psychology Review*, 4(2), pp.207~217.

Stelter, R. and H. C. Law. 2009. "Narrative coaching - towards personal and social meaning-making." Master class at the Second European Conference of Coaching Psychology(December), London.

_____. 2010. "Coaching: narrative-collaborative practice." *International Coaching Psychology Review*, 5(2), pp.152~164.

Stokes, P. 2003. "Exploring the relationship between mentoring and counselling." *British Journal of Guidance and Counselling*, 31(1), pp.25~38.

Strata, R. 1989. "Organizational learning: the key to management innovation." *Sloan Management Review*, Spring, pp.63~74.

Sutcliffe, K. M. and G. P. Huber. 1998. "Firm and industry as determinants of executive perspective perception." *Strategic Management Journal*, 19, pp.793~807.

Sutherland, V. 2003. *Nurse Leadership Development Innovations in Mentoring and Coaching*. London: Modernisation Agency, NHS.

Swann, W. B. Jr. 1990. "To be adored or to be known: the interplay of self-enhancement and self verification." in R. M. Sorrentino and E. T. Higgins(eds.). *Handbook of Motivation and Cognition*, Vol.2(pp.408~448). New York: Guilford Press.

Swearingham, K. and R. Sinha. 2002. "Interaction design for recommender systems." *Proceedings of DIS*. ACM Press.

Szymanska, K. 2008. "The Downward Arrow Technique." *The Coaching Psychologist*, 4(2), pp.85~86.

Taylor, K., C. Marienau and M. Fiddler. 2000. *Developing Adult Learners: Strategies for Teachers and Trainers*. San Francisco: Jossey-Bass.

Thatcher, M. 2006. "Are ethical codes ethical?" *Counselling Psychology Review*, 21(3), pp.4~11.

Thornbury, J. 2000. *Living Culture: A Values-Driven Approach to Revitalising Tour Company Culture*. London: Random House Business Books.

Thorndike, E. L. 1920. "Intelligence and its use." *Harper's Magazine*, 140, pp.227~235.

Tinning, R. 1992. "Reading action research: Notes on knowledge and human interest." *Quest*, 4, pp.1~4.

Turner, V. 1967. *The Forest of Symbols: Aspects of Ndembu Ritual*. Ithaca: Cornel Paperbacks.

Turner, V. and E. Brunner(eds.). 1986. *The Anthology of Experience*. Chicago: University of Illinois Press.

Vaill, P. 1996. *Learning as a Way of Being: Strategies of How to Survive in Permanent White Water.* San Francisco: Jossey-Bass.

van Nieuwerburgh, C. 2012. *Coaching in Education: Getting Better Results for Students, Educators and Parents(Professional Coaching).* London: Karnac Books.

Veitch, R. and W. Griffitt. 1976. "Good news. Bad news. Affective interpersonal effects." *Journal of Applied Social Psychology,* 6, pp.69~75.

Verity, P. 2006. "Planning for growth." in A. Jolly(ed.). *The Growing Business Handbook.* London: Kogan Page.

Vosniadou, S. and W. F. Brewer. 1987. "Theories of knowledge restructuring in development." *Review of Educational Research,* 57, pp.51~67.

Vroom, V. 1964. *Expectancy Theory: Work and Motivation.* New York: John Wiley & Sons, Inc.

Vygotsky, L. S. [1926]1962. *Thought and Language.* Cambridge, MA: MIT Press.

_____. [1926]1978. *Mind in Society.* Cambridge, MA: Harvard University Press.

Walther, J. B. 1996. "Interpersonal effects of computer-mediated interaction. *A Relational Perspective Communication Research,* 19(1), pp.52~90.

Ward, P. 1997. *360-Degree feedback.* London: Institute of Personnel and Development.

Weick, K. E. 1995. *Sense making in Organizations.* Thousand Oaks, CA: Sage.

Weick, K. E. and K. H. Roberts. 1993. "Collective mind in organization: heedful interrelating on flight decks." *Administrative Science Quarterly,* 38, pp.357~381.

Weissman, A. 2008. "Lesson learnt from Enron: a lawyer's perspective on business ethics." Keynote address at Real World Real People, Professional Ethics Conference(1~3 July 2008), Kingston University, Surrey, UK.

Wenger, E. 1998. *Communities of Practice: Learning, Meaning and Identity.* Cambridge: Cambridge University Press.

_____. 2009. "Social learning capability: four essays on innovation and learning in social systems." *Social Innovation, Sociedade e Trabalho,* Booklets 12, separate supplement. Lisbon: MTSS/GEP and EQUAL Portugal.

_____. 2011. "What is a community of practice?" Posted by Team BE on 28 December, in FAQs, http://wenger-trayner.com/resources/what-is-a-com- munity-of-practice/(검색일: 2012.8.4).

Wenger, E., R. McDermott and W. Snyder. 2002. *Cultivating Communities of Practice: A Guide to Managing Knowledge.* Cambridge, MA: Harvard Business School Press.

Wenger, E., N. White and J. D. Smith. 2009. *Digital Habitats; Stewarding Technology for Communities.* Cpsquare.org.

Western, S. 2012. *Coaching and Mentoring: A Critical Text*. London: Sage.

White, M. 1995a. *Re-Authoring lives: Interviews and Essays*. Adelaide: Dulwich Centre Publications.

_____. 1995b. "Reflecting team-work as definitional ceremony." *ReAuthoring lives: Interviews and Essays*. Adelaide: Dulwich Centre Publications.

_____. 1997. "Definitional ceremony." *Narratives of Therapist's Lives*(M. White). Adelaide: Dulwich Centre Publications.

_____. 2000. "Reflecting team-work as definitional ceremony revisited." *Reflections on Narrative Practice*(M. White). Adelaide: Dulwich Centre Publications.

_____. 2006. Narrative Therapy Intensive Workshop, 20~24 February, Dulwich Centre, Adelaide.

_____. 2007. *Maps of Narrative Practice*. New York: Norton.

White, M. and A. Morgan. 2006. *Narrative Therapy with Children and Their Families*. Adelaide: Dulwich Centre Publications.

Whiteley, P. 2006. "Pioneering medicine." *Coaching at Work*, 1(2), pp.30~31.

Whitmore, J. 2002. *Coaching for Performance*. London: Nicholas Brealey.

Whybrow, A. 2008. "Coaching psychology: Coming of age?" *International Coaching Psychology Review*, 3(3), pp.227~240.

Whybrow, A. and S. Palmer. 2006. "Shifting perspectives: one year into the development of the British Psychological Society Special Group in Psychology in the UK." *International Coaching Psychology Review*, 1(2), pp.75~85.

Wiersema, M. F. and K. A. Bantel. 1992. "Top management team demography and corporate strategic change." *Academy of Management Journal*, 35, pp.91~121.

Willis, P. 2005. "Standards research." Proceedings of the European Mentoring and Coaching Council Annual Conference, Zurich.

Wills, T. A. 1991. "Social support and interpersonal relationships." *Review of Personality and Social Psychology*, 2, pp.26~89.

Wong, C. S. and K. S. Law. 2002. "The effects of leader and follower emotional intelligence on performance and attitude." *Leadership Quarterly*, 13, pp.243~274.

Zack, M. 1999. "Managing codified knowledge." *Sloan Management Review*, Summer, pp.37~56.

찾아보기

지은이

–

호 로
Ho Law

임상 심리학자이자 국제적인 컨설턴트이다. 또한 건강보건전문가협의회(HCPC)에
등록된 직업 심리학자이며, 영국심리학회(BPS) 준회원, 공인경영협회 회원(공인 경
영자), 고등교육아카데미(Higher Education Academy) 회원, 왕립의학협회(Royal
Society of Medicine) 회원, BPS의 등록 코칭심리학자, 공인 과학자, 공인 심리학자,
적응심리학의 등록 감독자이다. 25년간의 심리학과 경영 자문 경험을 기반으로 영
국과 해외에서 수많은 워크숍과 콘퍼런스를 진행하고 자문 역을 수행했다. 사람들
의 다양성을 소중하게 여기고, 그들의 문화를 존중하며, 모든 사람에게 동등한 기회
가 주어져야 한다고 믿는다. 영국 내무부 장관 산하 자문단의 1급 자문관과 BPS에
서 '동등한 기회 조성을 위한 상설위원회'의 부의장을 역임했다. 사람들이 코칭과 멘
토링을 통해 재능과 잠재력을 충분히 발휘할 수 있도록 돕는 일에 열정적이다. BPS
코칭심리학 분과 특별그룹의 창립 멤버이자 의장(2010)을 역임했고, 국제코칭심리
학회의 창립 의장이자 회계를 맡고 있기도 하다. 40여 편의 논문을 발표했으며, 뛰
어난 업적으로 수많은 상을 받았다. 2003년 문화다양성 프로젝트의 지역 공로자상,
2004년 비즈니스 분야에서의 긍정 이미지상, 2005년 참여경영 기업상, 제1차 학생
주관 교육자상 최우수 감독자상을 수상했다. 또한 코칭심리학 전문인단의 단장,
Empsy의 창립 사장, 코칭을 위한 Empsy 네트워크의 회장이다. 이스트 런던 대학교
심리학 대학의 전임강사이고, MSc 코칭심리학 프로그램의 공동 지도자이며, 방송통
신 학습 프로그램(Distant Learning Programme)의 기초반과 지도자반 교사로 활동
중이다.

옮긴이
–
원경림

연세대학교 대학원 사회복지정책협동과정 사회복지학 박사
이화여자대학교 대학원 기독교학과 문학 박사
전) 한국리더십코칭센터 교수
현) 남서울대학교 아동복지학과 조교수

김시원

이화여자대학교 대학원 기독교학과 문학 박사
이화여자대학교 신학대학원 이화목회상담센터 슈퍼바이저
한국목회상담협회 상담전문가

한울아카데미 2027

코칭심리학
실천 지침

지은이 **호 로** ǀ 옮긴이 **원경림 · 김시원** ǀ 펴낸이 **김종수** ǀ 펴낸곳 **한울엠플러스(주)** ǀ 편집 **정경윤**

초판 1쇄 인쇄 **2017년 8월 28일** ǀ 초판 1쇄 발행 **2017년 9월 10일**

주소 **10881 경기도 파주시 광인사길 153 한울시소빌딩 3층**
전화 **031-955-0655** ǀ 팩스 **031-955-0656** ǀ 홈페이지 **www.hanulmplus.kr** ǀ 등록번호 **제406-2015-000143호**

Printed in Korea.
ISBN 978-89-460-7027-1 93180 (양장)
      978-89-460-6371-6 93180 (학생판)

* 책값은 겉표지에 표시되어 있습니다.
* 이 책은 강의를 위한 학생용 교재를 따로 준비했습니다. 강의 교재로 사용하실 때는 본사로 연락주시기 바랍니다.